영유아 과학지도

Early Childhood Science Education

영유아 과학지도

이순형 · 권혜진 · 권기남 · 김혜라 · 최나야
김지현 · 김은영 · 안혜령 · 조우미

교문사

머리말

산업화가 진행된 후 정보화 사회에 이르면서 점차 과학이 중시되고 있다. 과학은 지구와 자연을 탐구하고 사고하는 학문이며, 과학 전공자들은 사물을 탐구하고 기술을 익히며 상품을 생산하는 일에만 전념하는 것으로 알려져 왔다. 한때 인문학이나 사회과학 전공자가 기업의 경영을 맡던 추세가 꺾이고, 요즘은 자연과학 전공자들이 기업의 경영을 맡고 있는 추세이다. 급변하는 IT산업 현장에서는 그 내용을 알고 있는 과학 전공자가 기업의 경영을 전환 내지는 변화시킬 때 신속히 결정할 수 있다는 점에서 과학 전공자가 우대되고 있는 실정이다.

어느 시대, 어느 사회에서나 과학은 문명의 발전을 가져왔고 개인만이 아니라 국가의 경쟁력을 증가시켰다. 구소련이 인공위성 스푸트니크호를 우주로 날린 후 미국에서 과학교육을 강화시킨 것은 잘 알려진 일이다. 이렇듯 과학능력은 개인의 사물과 자연현상에 대한 지식, 추리능력의 발달을 가져오는 것만이 아니라 국가의 경쟁력 향상에 중요한 요소가 됐으므로 선진국들은 영유아 과학교육에 관심을 두고 있다. 미국 등 여러 나라에서 대학에서 시도하는 영유아 과학교육에 관해 큰 관심을 보이고 정부가 적극 지원하고 있는 것은 이러한 이유에서이다.

특히 유아기에 과학에 관심을 가지고 과학능력을 키우면 성장 후에도 높은 과학능력을 발달시킬 수 있다고 생각하여 전문가들은 유아기 과학능력을 중시하고 있다. 사물의 형성 원인을 사고하고 자연을 탐구하며 자연현상에 대해서 탐구하는 것은 근본 사고 능력이다.

유아기 과학지도의 중요성을 고려하여 교문사에서 여러 차례 부탁을 해 그 정성에 감동한 저자들이 원고를 써 이 책을 엮었다. 여러 가지 부족한 점은 차후에 보완할 것이다. 아무쪼록 영유아를 보육·교육하려는 꿈을 가진 대학생들과 학부모들에게 이 책이 도움이 될 것을 기대한다.

2015년 3월
대표 저자 이순형

| 차례 |

PART 1

영유아
과학지도의 이해

CHAPTER 1

영유아 과학지도의 기초

1. 영유아 과학지도의 정의와 목표

1) 영유아 과학지도의 특성

인간은 모태에서 나온 후 낯선 환경에 적응하고 환경변화로 인해 초래되는 문제를 해결해야 하는 도전에 끊임없이 직면한다. 환경에 능동적으로 대처를 하기 위해서는 이 세계에 대한 지식을 획득하는 것이 생존에 필수적이고 절대적인 요소이다. 인간은 탐구를 통해 세계에 대한 지식을 획득해가며, 논리적이고 과학적인 사고는 새로운 지식을 획득·재생산하는 중요한 도구가 된다.

이러한 지식 획득에 대하여 가장 긴박함을 느끼는 존재가 바로 영유아일 것이다. 미숙하고 의존적인 존재로 태어난 영유아에게는 주변 환경, 더 나아가 자연은 온통 알아야 할 지식들로 가득하다. 영유아는 마치 과학자와 같이 호기심과 궁금증을 가지고 주변 세계에 대하여 적극적으로 탐색해가며 실험과 시행착오를 통해 사물과 현상에 대한 이해를 증진시킨다.

영유아 과학지도는 영유아가 자연현상에 대해서 의문을 가지고 탐구하도록 교육하는 것이다. 자연은 물질, 생물, 지구를 포함한 광범위한 것으로 우주를 포함한다. 영유아기는 신체·언어·인지·정서 등 모든 발달영역에서 괄목할 만한 성장을 이루는 시기이기 때문에 영유아기 과학지도는 이후 전생애 발달의 기초를 형성하는 중요한 의미를 지닌다.

영유아 과학지도는 영유아기의 발달특성이 반영되어 구성된다. 영유아의 인지발달 특성상 구체적이고 감각적인 것일수록 학습이 쉽기 때문에 감각적 내용을 토대로 자연의 물리, 생명현상을 널리 알도록 한다. 영유아기는 경험을 통해서 학습하기 때문에 직관적으로 이해하고 자연스럽게 학습할 수 있도록 촉진하는 교수자의 역할도 중요하다. 무엇보다 영유아기 과학지도의 목적이 영유아가 과학지식 및 과학적 탐구에 대한 흥미를 유지하고 발전시키는 데에 있기 때문에 교과내용은 영유아의 관심영역과 연장선상에 있어야 한다.

영유아 과학지도의 특성은 다음과 같다.

- 자연세계에 대해 알고, 자연세계를 이해하는 일의 소중함과 즐거움을 경험한다.
- 자연을 존중하는 마음을 바탕으로 창의적으로 사고하고 탐구하는 과학적 소양을 기른다.
- 개인적 의사결정과정에서 적절한 과학적 과정과 원리를 사용한다.
- 일상의 여러 문제를 논리적으로 해결하는 문제해결능력을 향상시킨다.
- 과학적 경험이나 발상을 다양한 표상을 통해 자유롭게 표현한다.

2) 영유아 과학지도의 정의

과학지도는 과학적 역량의 증진을 목표로 하는 활동이다. 과학적 역량이란 과학적 개념과 과정에 대한 지식 및 이해를 바탕으로 개별적 의사결정, 사회적·문화적 참여, 경제적 생산을 할 수 있는 능력을 의미한다. 과학지도는 과학에 대한 두 가지 정의를 통해 이해할 수 있다(Haim Eshach & Michael N. Fried, 2005).

- 과학은 실제 세계에 관한 것이다.
- 과학은 이성적 추론 능력을 발달시키는 것이다.

다시 말해 과학지도는 과학지식을 아는 것(knowing that)과 논리적 사고방법(knowing how to)을 포함하는 것이다. 영유아는 영역 특정적인 과학적 개념, 이론, 발상을 이해함으로써 세상에 대한 이해를 확장시킬 수 있다. 논리적 사고방법은 절차적 지식으로 영유아의 전반적인 발달에 기여하게 된다.

과학지도는 과학적 지식과 과학기술 모두를 포괄한다. 과학지식의 목표는 자연세계에 대한 이해이며, 과학기술의 목표는 인간의 필요를 충족시키기 위하여 자연세계에 변형을 가하는 것이다.

과학지도는 교육내용과 교육과정으로 구성된다. 과학지도의 내용은 과학과 관련된 특별한 기능, 이해, 능력을 포함하는 광범위한 개념이다. 과학지도 과정은 이러한 교육내용을 전달하는 방법이며, 교실 내에서 내용의 구조, 조직, 균형, 제시방법을 포함한다.

이 내용을 종합해 보면, 영유아 과학지도란 영유아를 대상으로 하는 과학에 대한 지도로서, 자연을 관찰 및 처리하여 얻어낸 과학적 원리를 이해하고 그것을 실행함으로써 영유아 발달에 바람직한 영향을 미치기를 기대하는 교육내용 및 교육과정이다.

2. 과학지도 표준과 세 가지 차원

1) 후세대 과학표준과 과학지도에 대한 개념 전환
미국은 후세대 과학표준(NGSS: Next Generation Science Standards)[1]을 통해 과

---

1 기존의 과학지도 표준(National Science Education Standards)은 2013년에 후세대 과학표준(NGSS: National Science Standards)으로 대체되었다(자료: http://www.nextgenscience.org/).

학지도에 대한 표준을 제시하고 있다. 후세대 과학표준은 미국 26개 주와 국립과학교사연합(National Science Teachers Association), 미국과학발전연합회(American Association for the Advancement of Science), 국립연구위원회(National Research Council)에 의해 개발되었다. 후세대 과학표준은 국제적으로 기준이 되는 과학교육을 모든 학생들에게 제공하기 위해 만들어진 새로운 교육 기준이다. 후세대 과학표준의 목표는 과학에 대한 무지에 맞서 싸우고 과학에 대한 흥미를 발달시켜 과학과 기술에 대한 적성을 증진시키는 것이다.

후세대 과학표준은 기존 과학표준으로부터 개념전환을 시도하였다는 의미가 있으며 개념전환의 방향성은 다음과 같다.

- 과학지도는 실제 세계에서 실행하고 경험하는 것이기 때문에 과학의 상호연관적 본질을 반영하여야 한다.
- 후세대 과학표준은 교과과정이 아니고 학생의 수행 경험이다.
- 후세대 과학표준은 전 연령에서 일관성 있는 과학개념을 사용한다.
- 후세대 과학표준은 내용의 적용뿐 아니라 심도 있는 이해에 초점을 맞춘다.
- 과학과 공학은 전 연령에서 통합되어 있다.
- 후세대 과학표준은 대학, 직업, 시민의식을 준비한다.
- 후세대 과학표준은 다른 교과의 핵심기준과 연장선상에 있다.

후세대 과학표준은 과학지식을 계속하여 확장하고, 정교화하여, 수정하는 증거 기반의 모델 및 이론을 포함하는 것으로 본다. 과학에 대한 정의에 근거하여 제시된 후세대 과학표준은 교수지도를 실천, 개념 가로지르기, 교과 핵심아이디어의 세 가지 차원으로 구성하였다.

그림 1-1 **후세대 과학표준의 세 가지 차원**

(1) 차원 1: 과학과 공학의 실천

실천이란 과학자들이 하는 행동을 지칭하는 것으로 탐색하여 자연 세계에 대한 모델과 이론을 개발하는 것과 공학자들이 모델과 체계를 만들 때 사용하는 공학적 실천을 포함한다. 기술(skill)이 아니라 각 실천에 특정적인 지식을 포함하는 과학적 탐구를 강조한다. 과학적 지식에만 초점을 맞출 때 과학적 의문의 생성을 약화시키고 학생들에게 과학이 분리된 사실들의 단순한 조합이라는 인상을 주기 때문이다. 반면, 과학을 실천하는 것은 영유아들이 과학지식이 어떻게 발달하는지를 이해하도록 돕는다. 영유아들은 실천을 통해 지식에 더 깊이 있는 의미를 부여하며 이는 세계관에 더욱 심도 있게 내재화된다.

과학교실에서 실천방법들은 다음과 같다.

- 질문하기(과학)와 문제 정의하기(공학)
- 모형(모델)의 개발과 적용하기
- 조사 계획과 실행하기
- 자료 분석과 해석하기
- 수학 및 컴퓨터를 사용한 사고하기
- 구성(과학)과 해결책 설계(공학)에 대한 설명하기
- 증거를 바탕으로 토의하기
- 정보를 획득하고, 평가하고, 의사소통하기

(2) 차원 2: 개념 가로지르기

개념 가로지르기(crosscutting concepts)는 일종의 통섭(通涉)이다. 개념 가로지르기는 서로 다른 영역의 과학을 연결시키는 방법으로 과학의 모든 영역에서 적용할 수 있다. 예를 들어, 패턴·유사성·다양성, 원인과 결과, 척도, 비율과 양, 시스템과 시스템 모델, 에너지와 물질, 구조와 기능, 안정성 및 변화와 같은 방법이 있을 수 있다. 개념 가로지르기는 다양한 과학영역의 지식을 상호연결하고 일관성 있고 과학에 근거를 둔 세계관을 위한 구조화된 도식을 제공한다.

개념 가로지르기는 과학과 공학의 이해에 기초적인 것이지만 영유아들은 이러한 통섭적 관점에서 명확히 교수지도를 받지 않았음에도 이러한 지식을 형성하도록 기대되었다. 차원 2를 강조하는 목적은 기준, 교과목, 지도, 평가를 개발할 때 개념 가로지르기의 역할을 강화하려는 것이다. 다양한 교과 맥락에서 개념들이 등장하고, 개념들에 대해 명확히 언급을 하는 것이 영유아들에게 일관성 있고, 사용가능한 과학 및 공학의 이해를 할 수 있도록 돕는다.

개념 가로지르기의 방법들은 다음과 같다.

- 패턴: 관찰된 형태와 현상의 패턴은 구조화와 유목화를 돕고, 패턴에 영향을 주는 관계와 요인들에 대해 질문을 촉진한다.
- 원인과 결과(기제와 설명): 현상은 단순하거나 다차원적인 원인을 가진다. 과학의 주요한 활동은 매개되는 인과적 관계나 기제를 탐색하고 설명하는 것이다. 이러한 기제는 주어진 맥락을 통틀어 검증되고 새로운 맥락에서 현상을 예측하거나 설명하는 데에 사용된다.
- 척도, 비율, 양: 현상에 대해 고려할 때, 무엇이 크기, 시간, 에너지를 다르게 측정하는 것과 연관이 있는지를 인지하는 것이 중요하다. 척도, 비율, 양이 어떻게 변화하는지를 인지하는 것은 체계의 구조와 수행에 영향을 미친다.
- 체계와 체계모델: 연구하고 있는 모델에 대해 경계를 정하고 체계의 모델을 명확하게 함으로써 과학과 공학에 걸쳐 적용 가능한 생각을 이해하고 검증하는 도구를 제공한다.
- 에너지와 물질(흐름, 순환, 보존): 에너지와 물질을 체계 안으로, 밖으로, 안에서 유동을 추적하는 것은 체계의 가능성과 제한점을 이해하는 것을 용이하게 한다.
- 구조와 기능: 물체나 생물체가 생긴 형태나 하부구조는 구성요소와 기능의 많은 부분을 결정한다.

- 안정성과 변화: 자연시스템, 인공시스템 모두 안정성의 조건과 체계의 변화나 진화 속도의 결정요소는 연구에서 매우 결정적인 요소이다.

(3) 차원 3 : 교과 핵심 아이디어

교과 핵심 아이디어는 과학의 가장 중요한 측면에 과학교육과정, 지도, 평가를 적용하는 강력한 힘을 가지고 있다. 핵심 아이디어는 다음 중 최소 2가지를 충족하거나 4가지 모두를 충족하면 이상적이다.

- 다양한 과학과 공학 교과에 걸쳐 광범위한 중요성을 지니거나 단일 교과의 중요한 구조화 개념을 가지고 있을 경우
- 복잡한 아이디어에 대한 이해와 탐구, 문제해결을 위해 중요한 도구를 제공하는 경우
- 영유아의 관심과 삶의 기대가 연결되어 있거나, 과학적이거나 기술적인 지식을 요구하는 사회적이거나 개인적인 관심과 관련되는 경우
- 깊이와 정교함이 증가하는 방식으로 여러 연령에 거쳐 가르칠 만하고 배울 만할 경우

3. 교과영역

앞에서 살펴본 차원 3의 교과 핵심 아이디어는 자연과학, 생명과학, 지구와 우주과학, 공학, 기술과 과학의 적용을 포함하는 4가지 영역으로 묶일 수 있다.

1) 자연과학

자연과학(physical science)에서는 영유아들이 일상적으로 접하는 물체와 물질의 특징에 대해 더 잘 이해할 수 있는 기회를 제공하는 주제들이 포함되어 있다.

표 1-1 교과영역의 분류

교과영역	하위분류
자연과학	물질과 물질의 상호작용(PS1)
	움직임과 안정성: 힘과 상호작용(PS2)
	에너지(PS3)
	파동과 정보전이를 위한 기술의 적용(PS4)
생명과학	분자에서 유기체까지: 구조와 과정(LS1)
	생태체계: 상호작용, 에너지, 역동(LS2)
	유전: 형질의 유전과 변형(LS3)
	생물학적 진화: 단일성과 다양성(LS4)
지구와 우주과학	우주에서 지구의 위치(EES1)
	우주의 체계(EES2)
	우주와 인간활동(EES3)
공학, 기술, 과학의 적용	공학 설계(ETS1)
	공학, 기술, 과학, 사회 사이의 연결(ETS2)

영유아들은 여러 가지 물체와 그 행동을 질적으로 조사하고 기술하는 것으로 물질에 대한 공부를 시작한다. 주의 깊게 관찰하고, 기술하고 측정하여 알게 된 물체의 성질, 시간에 따른 변화, 물질의 상호작용에 의해 발생하는 변화에 대한 이해는 연령이 증가하여 추상적인 아이디어를 도입할 때 필요한 선행지식을 제공해 준다.

2) 생명과학

생명과학(life science)은 생물의 출생과 성장에 대해 학생들이 잘 알 수 있도록 하는 주제들이 포함되어 있다. 영유아들은 생물의 일생, 서식지에 대한 직접적인 경험을 통하여 생물학적 개념에 대한 이해를 쌓을 수 있다. 이러한 경험은 영유아들의 호기심에서부터 출발한다. 영유아들은 "식물은 어떻게 음식을 먹나요?", "공룡은 어디로 갔어요?"처럼 유기체가 어떻게 생명을 유지하며 살 수 있는가에 대한 궁금증을 바탕으로 생물의 특징과 일생, 자연환경을 구성하는 모든 요소들 간의 복잡한 상호작용에 대한 이해의 기초를 구축하게 된다.

3) 지구 및 우주과학

지구 및 우주과학(earth and space science)은 지구와 행성의 탄생, 이동과 소멸 과정에 관련된 주제를 포함한다. 영유아들은 주변에서 볼 수 있는 흙, 암석, 냇물, 비, 눈, 구름, 무지개, 태양, 달, 별 등에 관심을 보인다. 영유아들은 자신의 주변 물체와 물질을 자세히 관찰하고, 성질을 파악하며, 서로 구별하고, 현상의 이유에 대해 설명해 보도록 격려해 주어야 한다. 영유아들이 자신의 주변 세계에 점차 익숙해지면 주기적인 변화나 불규칙적인 변화들을 관찰하고 기록할 수 있는 기회를 제공하여야 한다.

4) 과학과 기술

과학과 기술(science and technology)은 자연세계와 인공세계를 구분 짓는 지식과 개념을 말한다. 과학과 기술 표준은 학생들에게 자연과 인간에 의해 창조된 세계 사이를 연결하는 동시에 의사결정능력을 발달시킬 수 있는 기회를 제공한다. 이 표준은 문제에 대한 해법을 고안하는 능력과 과학과 기술의 관계, 과학과 기술에 사람이 관여하는 방식에 대한 이해를 강조한다. 과학기술을 이용한 문제해결능력은 과학기술적인 목적을 가지고 과제를 해결하는 직접 경험을 통해 발달할 수 있다.

5) 과학표준의 기타 주요내용

(1) 과학적 역량

과학적 역량이란, 개인적인 의사결정, 사회적·문화적 사건에의 참여, 경제적 생산성을 위해 필요한 과학적 개념과 과정에 대한 지식과 이해를 뜻한다. 과학적 역량은 한 개인이 경험에 관한 호기심으로부터 문제를 제기하고, 이에 대한 답을 찾거나 결정할 수 있음을 의미한다. 과학적 역량은 일생 동안 그 폭과 깊이를 더하지만 어렸을 때 확립된 과학에 대한 태도와 가치관은 성인으로서 과학적 역량을 계발하는 데 기초가 될 것이다.

(2) 과학, 기술, 사회, 환경

과학지도를 위해서는 과학, 기술, 사회, 환경의 관계를 이해하는 것이 중요하다. 첫째, 과학적 질문, 공학적 설계, 기술 발달이 상호의존적이라는 점은 매우 핵심적인 생각이다. 과학의 상호의존성은 과학과 공학의 영역들이 어떻게 상호연결될 수 있는지에 대한 다양한 아이디어를 제공해 준다. 과학에서 얻은 새로운 영감은 새로운 기술의 등장과 적용을 촉진시키고, 이것은 공학적 설계를 사용함으로써 발달된다. 반대로, 새로운 기술은 새로운 과학적 탐구를 위한 기회를 제공한다.

둘째, 과학과 기술의 발전이 사회와 환경에 심층적인 영향을 줄 수 있다는 것이다. 과학적 발견과 기술에 대한 결정이 인간 사회와 자연환경에 영향을 준다는 것이고, 두 번째는 사람들이 사회와 환경의 이치에 맞는 결정을 내린다는 것이다.

(3) 과학지식과 이해

과학지도 표준에서 수행이란 과학지식의 획득 및 이해를 의미한다. 과학지식은 사실, 개념, 원리, 법칙, 이론, 모형을 뜻하며, 이는 여러 가지 방법을 통해 획득될 수 있다. 이해는 지식의 활용능력을 포함하는 개념이며, 과학적 아이디어와 그렇지 않은 것들을 구별하는 능력을 수반한다. 과학을 이해하기 위해서는 과학의 아이디어와 그것 사이의 관계, 관계에 대한 합리적인 추론, 아이디어를 활용해 다른 자연현상을 설명하고 예측하는 방법, 관계를 다른 여러 사건들에 적용하는 방법 등 여러 가지 유형의 지식을 하나로 통합하는 능력이 필요하다.

(4) 과학적 탐구

과학적 탐구란 과학자들이 자연세계를 연구하고 자신들의 활동을 통해 얻어진 증거를 토대로 설명을 제안하는 다양한 방법을 뜻한다. 또한 탐구는 자연세계에 대한 과학자들의 연구방법을 이해하고 과학적인 아이디어에 대한 지식과 이해를 증진시키기 위한 학생들의 활동들을 의미한다. 탐구는 관찰, 문제 제기, 책이나 다른 정보원을 통해 알려진 지식의 확인, 탐구의 설계, 실험적 증거에 따른 기존 지식에 대한 재고, 도구를 사용한 자료의 수집과 분석 및 해석, 해답의 제안, 설명, 예측, 결과에 대한 의사소통과 같은 다양한 활동들을 수반하는 다면적 활동이다. 또한 탐구는 자신이 가정했던 것의 확인, 비판적·논리적 사고, 대안적인 설명에 대한 고려를 요구한다.

4. 영유아 과학지도 표준의 개발 원리

영유아 과학지도의 표준은 다음과 같은 원리들에 따라 개발되었다. 첫째, 과학은 모든 영유아들을 위한 것이다. 즉, 연령과 성별, 인종이나 문화적 배경, 신체장애, 과학에 대한 포부나 관심, 동기에 관계없이 높은 과학적 소양을 성취할 수 있는 기회가 모든 영유아들에게 제공되어야 한다. 둘째, 과학학습은 능동적 과정이다. 즉, 과학학습은 영유아들 스스로 하는 것이며 누군가가 그들을 위해 해주는 것이 아니다. 셋째, 학교 과학은 현대 과학활동을 특징짓는 지적·문화적 전통을 반영한다. 영유아들이 과학과 자연에 대한 풍부한 지식을 얻기 위해서는 영유아들이 과학적 탐구방법, 증거에 관한 규칙, 질문을 형성하는 방법, 설명을 제안하는 방식에 익숙해져야 한다. 넷째, 과학지도는 체계적인 교육 개혁의 일부이다. 국가적인 목표와 표준은 주와 지역 차원의 체계적 개혁을 촉발하는 데 기여하며, 국가와 지역 차원의 개혁 노력은 상호보완적으로 영향을 미친다. 과학지도는 보다 큰 교육 체제 내에서 다른 교육 체제들과 공통된 요소를 가질 뿐만 아니라, 교육의 독특한 요소를 가지고 있는 하나의 하위 체계라고 할 수 있다.

5. 영유아 과학지도의 방식

영유아를 대상으로 한 과학지도는 다음과 같은 방식으로 이루어져야 할 것이다.

첫째, 과학은 모든 영유아를 대상으로 지도받을 기회를 주어야 한다는 원리에서 영유아기 과학지도가 누구에게나 제공되어야 한다.

둘째, 과학학습은 능동적 과정이므로 영유아는 스스로 과학활동을 해야 한다. 특히 과학활동의 자발성이 중요한 이유는 스스로 문제를 제기하고 해답을 찾아야 하기 때문이다. 따라서 영유아의 어떤 탐구활동이나 실험활동도 존중되어야 한다. 심지어 영유아가 하는 물건 던지기나 깨뜨리기조차 비난해서는 안 된다. 성인들에게는 무의미한 파괴행동으로 보이는 것도 영유아에게는 사물의 특성을 알아보는 일종의 실험일 수 있기 때문이다.

셋째, 영유아의 과학활동은 현대사회를 특징짓는 지적·문화적 전통을 반영한다는 원리에서 이루어진다. 따라서 영유아들이 과학과 자연에 대한 풍부한 지식을 얻기 위해서는 지적 전통인 과학적 탐구방법, 증거에 관한 규칙, 질문을 형성하는 방법, 설명을 제안하는 방식에 익숙해지도록 지도해야 한다.

특히 영유아의 사물이나 자연현상에 대한 질문은 존중되어야 한다. 반복된 질문도 항상 응답을 해주어야 한다. 영유아의 질문은 곧 과학 탐구의 첫 단계 활동이며, 이러한 질문활동을 통해 적극적 실험이나 탐구가 이루어질 수 있기 때문이다. 달걀을 품고 둥지에 엎드렸던 에디슨이 어린 시절에 품었던 질문이 어머니의 존중을 통해 과학자로 성장할 수 있었다. 때로 부모들이나 교사들은 아무렇지도 않게 무관심과 일률적 통제로 어린 과학자의 꿈을 자르고 있지나 않은지 생각해 볼 일이다.

넷째, 과학지도는 체계적인 교육 개혁의 일부이다. 과학교육 개혁의 국가 목표와 표준은 지역 차원의 체계적 개혁을 도와주며, 국가와 지역 차원의 개혁 노력은 서로 간에 영향을 미친다. 과학지도는 보다 큰 교육 체제 내에서 다른 교육 체제들과 공통된 요소를 가질 뿐만 아니라, 교육의 독특한 요소를 가지고 있는 하나의 하위 체계라고 할 수 있다. 따라서 생애 초기에 이루어지는 혁신적 과학지도의 중요성은 매우 크다고 하겠다.

우리나라는 물론 세계 어느 나라도 국가의 과학기술이 경쟁력을 가지는 것만이 국가 발전의 지름길이라는 것을 부인하지 않을 것이다. 애플사를 창업한, 한 사람의 과학 천재가 수백만 명의 국민생활을 책임지고 있다는 사실을 잊지 말아야 한다. 여러 명의 과학자, 천재의 꿈이 우리 미래사회의 운명이 될 수 있다.

이러한 국가적 혁신의 맥락에서 생애 초기 과학지도는 매우 필요하고 또한 의미가 큰일이다. 이러한 중요성의 인식선상에서 영유아기 과학지도를 할 교사들을 대상으로 한 교육이 필요하다고 본다.

행여 영유아 과학지도가 개념적으로 어렵다고 생각한 교사가 있다면 보다 구조적으로 쉽게 접근함으로써 영유아 과학지도야말로 개념적으로나 논리적으로 명확하여 오히려 이해가 쉽다는 사실을 알게 될 것이다. 모호하거나 이중적으로 제시되는 것보다는 명확한 논리가 알기 쉬우므로, 영유아를 교육할 예비교사들에게도 과학적 개념이나 논리가 훨씬 이해하기 쉬울 것이다.

영유아기의 과학지도는 일상생활에서 많이 일어나고 사회적 상호작용으로 촉진되기 때문에 영유아 과학지도를 실시하는 시설과 교사의 역할이 중요하다고 할 수 있다. 이 책에서는 영유아 과학지도에 대한 이론을 살펴본 뒤 교육현장과 연관된 실제를 살펴보았다.

CHAPTER 2

영유아 과학교육의 이론적 기초

1. 몬테소리 이론과 과학지도

몬테소리(Montessori, 1870~1952)는 이탈리아 최초의 여의사이자 유아교육자로 1907년 로마의 슬럼가에 아이들의 집(Casa dei Bambini)을 열고 독특한 교육(몬테소리법)을 실천했다. 몬테소리는 영유아의 자발성, 자기활동을 중시하고 교사의 임무는 환경정비와 영유아의 능력개발조성에 있다고 했다. 교사의 상벌, 훈계로 영유아의 자율적 행위를 억압하는 것을 반대하였고 영유아의 자발적 활동을 돕는 몬테소리 교구를 고안하였다.

1) 몬테소리 이론의 중심개념

(1) 민감기

민감기는 결정적 시기와 유사한 개념으로서 영유아가 어떤 특정한 과제를 완수하고자 하는 열망이 강하며, 완수할 수 있는 능력이 유전적으로 계획되어 있는 기간을 말한다. 몬테소리는 영유아에게 적절한 학습 상황과 학습할 가능성이 주어진다면, 최적의 교육적 효과가 나타나는 특수한 학습 의욕의 발달 시기가 있음을 발견했다(민선혜·임승렬·김효생, 2008). 이 시기를 민감기라고 하는데 민감기가 지나면 완벽한 학습을 하기 어렵다고 생각하였다. 몬테소리는 언어, 운동, 사회적 행동, 질서 등에서 민감기가 존재하며 이 시기에 속한 영유아는 그에 상응하는 교육을 받아야 하고, 이러한 발달 욕구에 맞는 행동과 학습이 필요하다는 것을 발견하였다(조옥희·권영자, 2001).

(2) 흡수정신

영유아가 어떤 환경에 있는 동안 그 환경을 무의식적으로 흡수하여 지식을 획득하는 능력을 '흡수정신'이라고 하였다. 영유아는 환경과의 관계 속에서 자신을 스스로 형성해 가므로 교육은 출생부터 시작되어야 하고, 강압적으로 영유아에게 무엇을 학습하게 하는 것은 있을 수 없으며, 교육은 인간이 이루어 가는 자연스러운 과정으로서 다른 사람이 하는 말을 들으며 이루어지는 것이 아니라고 보았다.

(3) 정상화

교육환경이 각 민감기마다 영유아가 요구하는 것에 부합되는 자료를 제공하면, 영유아는 그 교구를 이용한 기능을 완전히 습득할 때까지 놀라운 집중력으로 스스로 반복 연습한다는 것을 관찰하여 알게 되었다. 어떤 과제에 집중하여 완수하고 나면 기쁘고 편안해지는 상태를 경험하는데, 몬테소리는 영유아가 이렇게 열중하여 어떤 과제를 해결하고 정상적인 상태에 도달하는 과정을 정상화라고 하였다.

(4) 준비된 환경과 준비된 성인

몬테소리 프로그램에서 가장 핵심적인 요소는 교구와 훈련을 포함하는 환경과 환경을 조성하는 교사이다. 몬테소리는 영유아의 학습 욕구를 충족시켜 주는 환경을 조성하는 것이 자신의 교육 프로그램에서 가장 중요한 것으로 보았다(조성자, 1997).

준비된 환경은 영유아 발달에 장애가 될 요소가 완전히 배제된 채 잘 정리되어 있고 아름다우며, 단순하고 영유아의 활동과 집중에 도움이 되는 환경을 의미한다. 영유아의 주의를 끌 수 있고 집중하게 할 수 있는 자극을 제공하도록 고안된 것이 몬테소리 교구이다. 준비된 환경으로서 몬테소리 교구는 다음과 같은 특징을 가지고 있다.

- 교구를 사용하는 과정에서 일어날 수 있는 오류는 교구 중 한 측면에서만 나타난다.
- 교구는 스스로 학습하도록 만들어져 있고, 오류의 통제는 교사가 하는 것이 아니며 교구에 내재되어 있다. 교구는 영유아가 사용하면서 사용방법을 스스로 터득하도록 되어 있고 자신의 실수를 인식하도록 만들어져 있다.
- 교구는 영유아가 앞으로 학습할 것에 대해 간접적으로 준비되도록 고안되어 있다.
- 교구는 디자인이나 사용방법에 있어서 단순한 것부터 시작하여 복잡한 것으로 진행하도록 구성되어 있다.
- 어떤 개념을 구체적으로 표현하는 교구 사용으로 시작하여 점차 추상적으로 표현하는 교구로 옮겨 간다.

준비된 성인은 영유아와 환경을 연결해 주는 안내자 역할을 하며, 영유아 개개인의 발달상태와 내적 요구를 파악하기 위해 관찰하고 영유아의 요구에 맞는 교구를 소개해 주는 역할을 한다.

(5) 책임을 동반한 자유

영유아는 성인이 소개해 준 교구를 가지고 독립적으로 활동하면서 스스로 학습한다. 자유는 영유아가 자신을 스스로 통제하며 논리적인 사고과정에 의해 선택한 활동을 할 수 있다는 의미이다. 영유아는 자신이 선택한 교구를 스스로 가져다 사용하고 사용을 마친 후에는 다른 영유아를 위해서 원위치에 정리한다. 그리고 영유아가 교구를 사용하는 동안은 교사나 다른 영유아에 의해 방해받지 않을 권리가 있다.

2) 몬테소리 이론의 과학지도에의 적용

(1) 몬테소리 이론과 과학활동

몬테소리는 영유아의 흥미를 증진하고 자발적으로 참여할 수 있도록 하기 위해 학습의 내용범위와 계열구성을 일상생활활동, 감각활동, 언어활동, 수학활동, 문화활동의 다섯 가지 교과로 나누었다. 더불어 체조, 정원 가꾸기, 자연관찰 등도 포함시켰다(김숙자·박현진, 2007). 몬테소리 과학활동은 문화활동에 포함되어 있다.

몬테소리에 따르면 영유아의 주변 세계에 대한 과학적 태도와 인간생활에 대한 과학적 이해는 영유아기에 형성되며, 그러한 영유아기의 과학적 경험은 영유아의 지적 발달 및 지식 형성 과정에 지대한 영향을 미친다. 이것은 영유아의 지식형성이 실제적인 감각적 체험, 즉 보고, 듣고, 느끼고, 맛보고, 냄새 맡는 구체적인 경험을 통해서 이루어지기 때문이다. 영유아는 다양한 과학활동에 적극적으로 참여함으로써 인지적 능력은 물론 정서적, 사회적, 언어적 능력 등을 발달시킬 수 있다.

① 과학활동의 선정기준

- 과학활동은 영유아의 생활과 관련이 있고 생활에 적용시킬 수 있어야 한다. 영유아의 과학학습은 언제 어느 곳에서든지 가능하기 때문에 영유아를 위한 과학활동의 내용은 영유아의 일상생활 속에서의 흥미와 사전경험 및 지식에서 출발해야 한다.
- 영유아의 연령 및 발달 적합성을 고려해야 한다. 같은 연령의 영유아라 하더라도 영유아가 갖는 배경과 경험에 차이가 있으므로, 교사는 보편적인 발달에 대한 이해는 물론 각 영유아의 개인차에 대해서도 민감해야 한다.
- 영유아가 사물의 변화와 움직임을 분명하게 관찰할 수 있는 것이어야 한다. 영유아가 과학활동에 직접 참여하여 사물의 특성과 변화에 대하여 관찰하고, 비교하며, 측정하고, 일어날 현상에 대해 예측해 보거나, 새로운 생각을 제안하고, 다양한 방법으로 사물을 조작해 보면서 변화되는 현상을 체험할

수 있어야 한다. 직접 경험할 수 없고, 관찰할 수 없는 것들은 주제로 적합하지 않다.

- 지역사회의 가치와 문화를 고려하여 사회 문화적 맥락 속에서 영유아에게 친숙한 주제로 선정해야 한다.

(2) 몬테소리 감각교구와 과학활동

① 감각교구의 의미

영유아들은 출생 시부터 자극적인 환경에 열중하게 되고, 무의식적으로 감각적인 느낌에 몰두하기 위해 모든 감각을 사용한다. 출생에서 6세까지는 감각의 민감기에 놓여 있는데, 특히 3세 이후 의식적인 민감기에 들어가면서 사물에 대한 감각적인 인상들을 분류하고 정돈함으로써 정신적 사고를 발달시켜 나간다고 보았다. 감각영역의 자극 대상물의 감각적인 특질인 크기, 색, 모양, 중량 등에 특히 주위가 끌려서 흥미를 갖는 시기이다. 영유아의 감각기관에 장애가 생기면 환경의 자극을 올바르게 수용하기 어려우며, 그 결과 정신적 발달이 저해된다는 것이 몬테소리의 주장이다. 따라서 영유아가 적절한 시기에 감각적 경험을 쌓을 수 있는 기회를 가져야 하며, 영유아가 감각을 훈련할 수 있는 환경을 마련해 주는 것이 중요하다.

감각교구는 〈표 2-1〉에서 제시된 것처럼 자연탐구영역의 과학적 탐구 내용범주의 '물체와 물질 탐색하고 알아보기'에 적절한 경험을 제공할 수 있다.

표 2-1 **감각교구와 표준보육과정 자연탐구영역 과학적 탐구 내용범주**

연령	내용	세부 내용
0~1세	물체와 물질 탐색하기	일상생활 주변의 몇 가지 친숙한 것들을 양육자와 함께 탐색한다.
2세		친숙한 물체와 물질을 능동적으로 탐색한다.
3세	물체와 물질 알아보기	친숙한 물체와 물질의 특성에 관심 갖는다.
4세		친숙한 물체와 물질의 특성을 알아본다.
5세		주변의 여러 가지 물체와 물질의 기본 특성을 알아본다.

② 감각교구의 종류

감각교구는 시각, 청각, 미각, 후각, 촉각 등의 5가지 단순감각뿐만 아니라 온도, 중력 등의 두 가지 이상의 복합감각을 포함한 교구로 구성된다(표 2-2). 영유아는 감각교구를 통하여 환경으로부터 받은 감각적 인상들을 분류하고 정돈하여 세련화시킬 뿐만 아니라, 동시에 감각에 대한 언어습득을 통하여 영유아가 사물의 속성을 개념화하게 된다. 감각교구는 감각을 이용하도록 중요한 물리적 특성에 따라 분류되어 있다. 감각교육은 영유아의 감각적 인식을 신장하고 확장하기 위한 교육이라고 할 수 있다(조옥희·권영자, 2001).

표 2-2 **몬테소리의 감각교구**

구분	교구의 종류	교구의 특성 및 목적
시각교구	• 꼭지원기둥 • 원기둥(1, 2, 3차원과 3차원의 역비례) • 분홍탑(크다 ↔ 작다(3차원)) • 갈색계단(굵다 ↔ 가늘다(2차원)) • 빨간막대(길다 ↔ 짧다(1차원))	• 길이, 색, 모양 구별하기 • 길이, 높이, 부피의 재는 법 익히기 • 크기, 굵기, 길이의 점차성을 시각으로 식별하기 • 예민한 관찰력, 주의력 집중, 논리적인 사고력, 근육의 조정, 수학적 두뇌 육성하기 • 수학적인 조화, 질서 안정감 인식하기
촉각교구	• 비밀주머니 • 촉각판(물체 표면의 거침 ↔ 부드러움) • 천 맞추기(천의 종류와 촉감) • 실체 인식감각의 비밀주머니(물체를 손으로 만져서 지각한다) • 온도 감각판(물체 자체가 가지고 있는 온도)	• 촉각을 세련되게 하기 • 중량감각의 발달과 감각 신체 정신의 협응동작을 발달시키기 • 입체를 보지 않고 감각적 식별하기 • 촉각, 온도, 압각, 냉각의 감각 발달 돕기 • 환경에 있는 기하입체 관심 갖기
청각교구	• 청각 교육을 위한 소리상자(잡음의 강약) • 음감벨(음의 고저)	• 청각의 세련된 발달 돕기 • 각기 다른 소리들 중에서 같은 소리를 찾는 활동을 통해 기억력과 주의력 기르기 • 간음, 파생음의 소리와 점차성 알기 • 음의 높이를 식별하기
미각/ 후각교구	• 맛보기(미각병) • 냄새 맡기병	• 4개의 기본적인 미각(단맛, 쓴맛, 신맛, 짠맛)을 구분하기 • 미각과 후각이 서로 관계가 있음을 알기 • 후각의 발달과 세련화, 자기를 둘러싸고 있는 냄새에 친숙하기

(3) 몬테소리 과학교구와 과학활동

몬테소리는 영유아에게 우주교육의 필요
성을 강조하였는데, 과학교육은 우주교육의
일부로 포함되어 있다. 몬테소리 우주교육
방법은 살아 있는 생명체를 사랑하는 것으
로서의 우주교육, 자연과학으로서의 우주교
육, 인간역사와 인간문화로서의 우주교육, 인
간생명 존엄성으로서의 우주교육, 생태계보
존으로서의 우주교육으로 구성되어 있다. 몬

그림 2-1 **몬테소리 과학교구**

테소리의 이러한 관점은 생태교육, 환경교육, 생명존중교육의 기초가 될 수 있다(김
영두, 2004).

몬테소리 과학교구에는 나뭇잎 도형 서랍장, 나뭇잎 도형 카드와 상자, 동물퍼즐
세트 A, 동물퍼즐세트 B, 동물퍼즐세트 C, 동물퍼즐세트 D, 콩성장퍼즐, 태양계 등
이 있다.

2. 피아제 이론과 과학지도

피아제(Piaget, 1896~1980)는 인간의 인지발달은 환경과의 상호작용에 의해서
이루어지는 적응과정이라고 하였으며, 이것이 몇 가지 단계를 거쳐서 발달한다는
인지발달이론을 체계화하였다. 특히 영유아의 정신발달, 논리적 사고 발달에 관한
연구를 통하여 인식론의 제반 문제를 탐구하였다.

1) 피아제 이론의 중심개념

피아제는 인간의 발달을 유기체와 환경 간 상호작용의 산물이라고 보았다. 유기
체에게 새로운 자극이 주어졌을 때 그대로 수용하거나 학습하는 것이 아니라 유

기체의 활동을 통해 자극을 재해석하여 재구조화할 때 발달이 이루어진다는 것이다. 피아제는 중요한 발달의 과정으로 동화, 조절, 평형화의 세 가지 과정을 언급했다(Singer & Revenson, 2005).

(1) 도식

도식(scheme)은 인간이 세상을 이해하고 사고하는 틀이다. 인간은 태어나면서부터 유전적 요인과 환경이 상호작용하여 도식이 양적·질적으로 확장된다. 이 도식(또는 구조)은 유기체가 생태적으로 가지고 태어나는 것이 아니라 환경과의 접촉에서 반복되는 유기체의 행동과 경험에서 형성되는 것이다. 도식이 발달해 가는 과정에서 동화와 조절이 사용된다.

(2) 동화

동화(assimilation)는 기존의 지식구조 안에서 새롭게 입력되는 정보를 이해할 수 있도록 그 정보를 해석하는 과정을 의미한다. 예를 들면, 발이 네 개이고 털이 난 동물은 모두 '멍멍'이라는 자기 나름의 도식을 가지고 있는 영유아가 고양이를 보고 "엄마, 멍멍"이라고 했다면, 이 영유아는 자기 자신이 가지고 있는 기존의 지식구조 안에서 새롭게 입력되는 정보인 '고양이'를 이해하고자 하는 '동화'과정이 일어나는 것이다.

(3) 조절

조절(accommodation)은 새로운 경험들에 대한 반응으로 이 세계를 이해하기 위해 현재 사용하는 방법들이 변화하는 과정을 의미한다. 영유아가 엄마로부터 "멍멍이가 아니라 야옹이야."라는 반응을 받으면, 영유아는 자신이 가지고 있는 지식구조와 새로운 경험 사이에 차이를 인식하면서 기존의 지식구조를 바꾸게 되는 과정으로 '조절'을 하게 된다.

(4) 인지적 평형

인지적 평형(cognitive equilibrium)은 동화와 조절을 포함하는 세 단계로 이루어지는 과정이다. 첫째, 영유아는 평형의 상태에 있다. 둘째, 새로운 정보를 동화하지 못하면 자신들의 현재 이해의 문제점들을 깨닫게 되는 인지적 갈등의 상태에 이른다. 마지막으로 좀 더 발전된 형태의 인지적 평형에 도달할 수 있도록 그들의 지식구조를 새로운 정보에 맞추어 조절한다.

① 인지발달단계

피아제는 인간의 지식구조가 발달해나가는 것을 인지발달로 보았다. 인간의 지식구조 발달의 네 단계는 감각운동기, 전조작기, 구체적 조작기와 형식적 조작기이다(표 2-3). 감각운동기는 출생 후부터 2세까지, 전조작기는 2~6, 7세까지, 구체적 조작기는 6, 7세부터 11, 12세까지, 형식적 조작기는 초기 청소년기부터이다. 여

표 2-3 **인지발달단계**

단계		연령	특징
감각운동기		0~2세	• 모방, 기억, 사고의 시작 • 대상영속성 발달 • 단순반사행동에서 목적을 가진 의도적 행동으로 발전 • 감각을 통한 물체 속성 알기
전조작기	전개념기	2~4세	• 자기중심적 사고 • 물활론적 사고
	직관적 사고기	4~6세	• 단순분류 • 논리적 관계 이해 • 수개념 • 보존성 원리 이해 시작
구체적 조작기		6~12세	• 논리적으로 구체적 문제해결 • 탈중심화 • 보존개념이해 • 유목화, 계열화 • 가역적 사고
형식적 조작기		12세 이상	• 논리적으로 추상적 문제해결 • 가설-연역적 문제해결

기에서 '조작(operation)'은 정보의 전환을 이해하는 논리적 정신능력의 기본단위로 특별한 종류의 인지활동이다. 조작적 사고는 구체적 사물에 대한 인지적 조작을 통해 가역적인 정신활동이 가능한 '구체적 조작'과 논리적 사고로 문제해결을 하는 '형식적 조작'으로 구분된다. 피아제는 영유아기는 조작적 사고가 불가능하다고 보았기 때문에 영아기는 '감각운동기(sensory-motor stage)', 유아기는 조작적 사고 전 단계라는 의미의 '전조작기(pre-operational stage)'로 보았다. 각 단계에서는 보존, 분류, 관계와 같은 중요한 개념들에 대한 이해에 중요한 변화가 일어난다(Ginsberg & Opper, 2006).

2) 피아제 이론의 과학지도에의 적용

(1) 지식의 유형

피아제는 물리적 지식(physical knowledge), 논리·수학적 지식(logical-mathematical knowledge), 사회적 지식(social knowledge) 등 세 가지 유형의 지식이 있다고 하였는데, 지식의 유형에 따라 학습과정에 차이가 있다고 보았다(Woodard & Davitt, 1987). 수학적 지식은 논리·수학적 지식의 범주에 속하지만 물리적 지식이나 사회적 지식과도 관련성이 있다. 영유아가 발달하면서 축적하는 물리적 지식과 사회적 지식은 논리·수학적 지식의 틀을 구성하는 데 반드시 필요하다.

피아제 이론에서 볼 때 과학은 물리적 지식을 포함한 논리·수학적 지식의 구성이라고 볼 수 있다. 따라서 영유아 과학활동은 영유아가 사물의 속성이나 사건의 이치, 즉 세상의 규칙성을 이해하며 이를 바탕으로 관계를 파악하는 과정이다. 또한 과학은 과학적 내용에 관해 적절한 언어로 표현하는 것을 배우는 것과 같이 사회적 지식을 동반하기도 한다.

① 물리적 지식

물리적 지식은 사물을 움직여 보고 그 물리적 속성을 관찰함으로써 생기는 것이다. 물리적 지식은 영유아가 사물을 움직이려 하고 사물의 속성을 발견할 때 발달하는 경험적 추상에 의해 얻어지는 지식이다. 물리적 경험은 물체와의 상호작용으로 물체와 사건의 속성을 추상하는 정신적 행동을 경험한다. 예를 들면 영유아는 물리적 경험을 통해 물은 압력 없이는 위로 거슬러 올라가지 않는다는 것을 알게 된다. 또 마른 모래는 뭉쳐지지 않으나 젖은 모래는 뭉쳐진다는 것을 알게 된다. 이렇듯 물리적 경험은 물체 그 자체로부터 유출된 물리적 지식을 이끈다(곽향림, 1998). 이 지식은 영유아가 사물을 조작해 보고 그 반응을 관찰함으로써 형성된다. 영유아기는 주로 주위환경에 있는 사물을 직접 조작하고 관찰함으로써 많은 물리적 지식을 쌓아나간다.

② 논리·수학적 지식

논리·수학적 지식은 사물과 사물 간의 관계에 대한 이해에서 얻어지는 지식으로 내성적 추상에 의해 만들어 내는 지식이다. 이러한 지식을 직접 가르칠 수 없으며 영유아는 사물에 대한 경험을 생각하고 그 가운데 관련성을 찾아내는 과정에서 논리·수학적 지식이 구성된다. 예를 들면, 영유아가 블록을 짧은 것에서 긴 것으로 배열할 때 서열에 대한 개념이 발달한다. 이렇게 해서 발전된 개념은 사물의 물리적 속성(물리적 지식)이 아니라 사물과 사물 사이에서 만들어진 여러 가지 관계(논리·수학적 지식)이다. 피아제가 물리적 지식과 논리·수학적 지식을 구분하기는 했지만 모든 지식들은 상호관계에 있다고 보았다. 특히 감각운동기와 전조작기의 영유아들은 사물을 직접적으로 조작하여 얻어지는 물리적 지식과 관련짓지 않고는 논리·수학적 지식을 발달시키는 것이 불가능하다.

③ 사회적 지식

사회에 의해 형성된 지식으로 다른 사람으로부터 배우는 것이다. 사람들에 의해 만들어진 관습이나, 규칙, 사물의 명칭 등과 같이 각 개인이 속한 사회와 문화에서 사람들 간에 임의적으로 정한 약속이 지식의 원천이 된다.

(2) 물활론

물활론(animism)은 사람들이 살아 있는 것처럼 자연적 사건들이 살아 있다고 여기는 성향이다(Ginsburg & Opper, 1988). 피아제에 따르면 물활론은 대개 4~6세 무렵에 현저하게 나타난다. 영유아는 생명이 없는 대상에게 생명과 감정을 부여하는 식으로 생각하는 경향이 있는데, 물활론은 다음과 같은 4가지 단계를 거치면서 변화한다.

- 1단계(4~6세경)는 모든 사물은 살아 있다고 생각한다.
- 2단계(7~9세경)는 움직이는 것은 모두 살아 있다고 생각한다.
- 3단계(10~11세경)는 스스로 움직이는 것만 살아 있다고 생각한다.
- 4단계(11~12세경)는 생물만 살아 있다고 생각한다.

이러한 특성 때문에 영유아들은 장난감 인형, 나무, 돌, 바람, 해 등에 생명을 부여하기도 하고 그들에게 말할 수 있다고 생각하며, 그런 이야기를 좋아한다(Singer & Revenson, 2005).

(3) 인공론

인공론(artificialism)은 어떤 행위자(사람 또는 신)가 자연적 사건을 만들었다고 믿는 성향이다(Ginsburg & Opper, 2006). 세상의 모든 물건은 사람의 필요에 의해서, 사람을 위해서 만들어졌다고 믿는 사고방식이다. 예를 들면 태양은 자연적 과정에 의해 생긴 것이 아니라 하나님이 개입하여 태양을 만들었다고 믿는다. 영유아의 "왜?"라는 질문은 이 인공론을 바탕으로 해석해야 한다. 이 시기의 영유아들은 과학적 대답보다는 인공론적 관점에서 대답해 주는 것이 영유아를 만족시킬 수 있다.

(4) 잘못된 개념

영유아들은 어떤 물체의 현상이나 사건에 대해 그들 나름대로의 논리에 의한 아이디어를 가지고 있는데, 이를 잘못된 개념(misconceptions) 또는 실수적인 아이디어(erroneous ideas), 초기 가설(naive theory)이라고 부른다. 영유아 과학지도는 이러한 잘못된 개념을 변화시키는 것이다. 피아제는 과학적 지식구성을 위해 영유아가 직접 실험해 보고 탐구해 보는 것이 핵심적이라고 보았다(곽향림, 1998). 피아제가 행동을 중요하게 여기는 것은 영유아가 자신의 행동으로 인한 물체의 반응을 관찰하면서 경험하는 사고 과정을 중요하게 보았기 때문이다. 영유아가 과학활동을 하는 동안 자신들의 잘못되거나 실수를 범하는 아이디어를 맘껏 표출하면서 나타나는 결과를 통해 모순을 느끼고, 인지적 갈등을 느껴서 자신의 도식을 변화시킬 계기를 갖는 것이 필요하다. 이때 손으로 해 보는 경험만으로 충분한 것이 아니다. 과학활동을 통해 영유아 자신이 직접 물체에 행동을 가해 보면서 그때 나타나는 반응을 관찰하면서 사고의 과정이 동반될 수 있는 또래 간 상호작용 기회를 충분히 제공해주는 것이 필요하다.

> **예시 1 물에 뜨는 것과 가라앉는 것**
>
> - 1차: 유아는 큰 나무블록을 집어 들고 "이것은 크니까, 가라앉을 거야."라고 예측하면서 물속 깊이 밀어 넣어본다. 그러나 손을 떼자마자 그 나무블록이 물 위로 떠오르는 것을 보고 놀라워한다.
> - 2차: "넌 가라앉아야 해. 왜냐하면 넌 크니까."라고 하면서 다시 블록을 물 밑으로 밀어 넣어본다. 다시 떠오르는 나무블록을 보면서 유아는 비로소 뭔가 자신의 생각이 잘못되었음을 의식한다.
> - 3차: "크다고 다 가라앉는 것은 아니다."라는 새로운 이론을 만든다.
> - 4차: 또래와 이러한 결과에 대해 각자의 생각을 교환한다.

3. 비고츠키 이론과 과학지도

비고츠키(Vygotsky, 1896~1934)는 피아제와 마찬가지로 인지의 발생과 발달에 관심을 가지고 있었다. 피아제가 영유아는 스스로 세계에 대한 이해를 구성해 나간다고 생각한 것과는 달리, 비고츠키는 영유아가 타인과의 사회적 상호작용을 통해 세상에 대한 이해를 공동 구성해 나간다는 사회문화적 관점으로 접근하였다. 비고츠키는 지식의 공동 구성과정에 관심을 두고 근접발달영역, 비계설정 등의 개념을 제안하였다.

1) 비고츠키 이론의 중심개념

(1) 지식의 구성과 내면화

비고츠키는 영유아를 지식이 채워지기를 기다리는 항아리와 같이 수동적인 존재로 보는 대신 이들이 학습하기 위해 들이는 적극적이고 인지적인 노력을 강조하였다(Bodrova & Leong, 1998). 그는 인간 사회에서 자라는 영유아는 세상에 대해 스스로 학습해나가는 독립적인 발견자가 아니라고 보았고, 영유아의 학습은 문화적 맥락에서 일어나며 문화적 지식을 내면화하는 과정이라고 보았다. 그 과정에서 영유아가 부모, 교사, 또래 등 다른 사람과 공유된 활동을 수행하는 것은 독립적인 수행만큼이나 그 영유아의 지적 위상을 결정짓는 데 가치 있는 자료가 된다.

사회문화적 맥락은 크게 두 가지 일반적 수준으로 나누어 볼 수 있다. 하나는 넓은 의미에서 영유아가 살고 있는 사회-문화-역사적 시점이다. 컴퓨터와 계산기, 텔레비전과 같은 문명지향적인 사회에 태어난 영유아는 그보다 덜 문명지향적 사회에 속한 영유아와는 다른 방향으로 사고를 발달시킨다. 이는 인지기능의 진보 문제가 아니라 각 문화마다 가치 있게 생각하고 따라서 권장하고 개발하는 인지기능이 서로 다르다는 것이다. 수학과 과학에 대해 그 사회가 부여하는 가치의 차이는 인지기능의 발달에 영향을 줄 수 있음을 시사한다.

두 번째의 사회문화적 맥락은 영유아 주변의 사회적, 물리적 환경으로 부모, 형제, 친구, 교사, 그 밖의 중요한 인물들과의 매일매일 갖는 상호작용을 포함한다. 이러한 일상적 상호작용을 통해 성인들은 사회-문화-역사적 영향력을 영유아에게 전달하는 역할을 한다. 사회문화적 접근은 사회적 영역과 인지적 영역이 절대로 분리할 수 없게끔 단단히 연결되어 있다는 믿음을 가지고 있다. 즉, 개념은 특정한 문화에 의해 만들어지고 해석되기 때문에 사고는 심지어 영유아가 혼자 있을 때조차도 언제나 사회적이라는 것이다(Flavell, Miller & Miller, 2003).

(2) 주도적 활동

비고츠키 이론가들은 인간의 사고발달은 인간의 사회적 상호작용인 활동(activity)으로부터 나온다고 보았다(Bodrova & Leong, 1998). 그리고 영유아가 사회적인 환경과 상호작용하는 정신적 도구의 유형이 발달시기에 따라 다르다고 보고 주도적 활동(leading activity)을 제안하였다. 영아기에는 안정적인 정서적 상호

표 2-4 **발단단계와 주도적 활동**

단계	연령	특징	발달적 성취
성인과의 직관적·감성적 접촉단계	0~1세	다른 사람과의 접촉욕구를 느끼고 그들에게 정서적 태도를 표현하며 물체를 붙잡고 다양한 지각행동을 한다.	• 애착 • 사물중심의 감각운동활동
물체조작단계	1~3세	사회적으로 용인된 방법으로 사물이나 사건을 다루는 방법을 익히고 성인과의 접촉을 통해 말과 사고가 발달한다.	• 사물조작을 통한 감각운동적 사고 • 자기인식의 출현
놀이단계	3~7세 (취학 전)	상징적 활동, 창의적 놀이에 몰두하며 집단에서 상호협조하는 것을 배운다.	• 상상 • 상징적 기능 • 감정과 사고의 통합
학습활동단계	7~11세 (초등)	객관적 사실에서 법칙을 찾고 추상적인 이론적 사고를 이해한다.	• 이론적으로 추론하는 능력의 시작 • 고등 정신 기능의 발현 • 내적 동기

자료: Bodrova & Leong(1998). 재구성.

작용이, 걸음마기 영아기에는 사물의 직접적인 조작이, 유아기에는 놀이가, 학령기에는 학습활동이 주도적 활동이 된다. 주도적 활동은 사고의 방법과 세계와의 상호작용 방법으로 영유아의 심리적 발달에 중요한 기능을 한다.

2) 비고츠키 이론과 과학지도에의 적용

(1) 자발적 개념과 과학적 개념

비고츠키는 개념의 형성 및 발달에 대한 연구를 통해 개념을 자발적 개념(spontaneous concept)과 과학적 개념(scientific concept)으로 구분하였다. 자발적 개념은 영유아들이 일상생활 경험을 통해 스스로 생각함으로써 자연스럽게 터득하는 개념이며, 과학적 개념은 구조화된 교실 환경 속에서 좀 더 형식적, 논리적, 문화적으로 합의된 개념으로 영유아들에게 두 개념은 상호 관련되어 있다. 예를 들면, 동물에 대한 일상적 경험은 학교에서 생물학에 대해 배울 때 체계적인 지식으로 변환되어 하나의 체계로 서로 연결된다. 즉, 일상생활의 경험을 통해 자연스럽게 과학적 개념을 획득하고, 이를 일상생활에 적용시키면서 과학적 사고가 발달한다는 것이다. 따라서 과학을 일상생활과 연결하여 가르치는 것이 가장 좋은 방법이라고 할 수 있다.

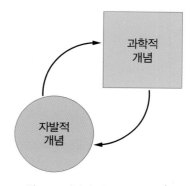

그림 2-2 **자발적 개념과 과학적 개념**

(2) 근접발달영역과 비계설정
① 근접발달영역

비고츠키는 영유아의 잠재능력을 강조하였다. 그는 근접발달영역(zone of proximal development: ZPD)의 개념을 제시하면서(Flavell, Miller & Miller, 2003) 영유아가 혼자서 해결할 수 있는 문제의 수준보다 성인이 도와주면 해결할 수 있는 문제의 수준을 중요시하고, 이 영역 안에서 세심한 성인의 교육을 통하여 인지발달이 촉진된다고 설명하고 있다.

- 실제적 발달 수준(actual development level)은 독자적으로 문제를 해결하는 수준이다. 이미 완성된 어떤 발달적 주기의 결과로서 수립된 영유아의 정신기능의 발달 수준이다. 검사를 이용해서 영유아의 정신발달연령을 결정하려 할 때 실제적 발달 수준을 사용하였다. 일반적으로 영유아의 정신발달에 관한 연구에서 영유아 스스로 할 수 있는 것만이 정신적 능력의 지표로 가정되어 왔다.
- 잠재적 발달 수준(potential development level)은 성인의 안내나 보다 능력 있는 또래들과 협동하여 문제를 해결할 수 있는 수준이다.
- 근접발달영역은 독자적으로 문제를 해결함으로써 결정되는 실제적 발달 수준과 성인의 안내나 보다 능력 있는 또래들과 협동하여 문제를 해결함으로써 결정되는 잠재적 발달 수준(potential development level) 간의 거리이다. 근접발달영역은 아직 성숙되지는 않았지만 성숙의 과정 중에 있는, 즉 현재는 발아상태에 있으나 미래에는 성숙하게 될 기능들로 정의한다. 이러한 기능들은 발달의 열매보다는 발달의 싹이나 꽃으로 정의될 수 있다.

근접발달영역은 다음의 네 단계를 통해 발달해 가며, 근접발달영역은 발달의 역동적인 측면을 설명할 수 있게 해 준다(강옥기 외, 2012).

- 1단계 타인조절: 유능한 타인(부모, 교사, 또래)에 의해 도움을 받아 이루어지는 수행단계이다.
- 2단계 자기조절: 자기조절, 자기안내와 같은 자기 자신에 의해 도움을 받는 수행단계로 영유아 혼자서 수행한다.
- 3단계 자동화: 수행은 발전되어 자동화되고 내면화되는 단계로 도움을 더

이상 필요로 하지 않는 단계이다.

• 4단계 탈자동화: 새로운 능력의 발달을 위해 근접발달지대로 회귀하는 단계이다.

근접발달영역과 놀이: 비고츠키 이론가들은 영유아가 놀이를 하는 동안 정신의 근접발달영역의 높은 수준, 즉 잠재적 발달 수준에 있으며 놀이하는 동안 더 높은 수준의 자기 조절력을 보였다고 하였다. 즉, 영유아는 놀이할 때 자신의 나이나 일상적 행동보다 높은 수준에서 행동한다는 것이다. 영유아는 일상적 놀이 속에서 자신의 잠재적 발달 수준을 드러낸다. 교사는 이를 관찰함으로써 영유아의 발달 수준을 평가하고 이를 바탕으로 적절한 상호작용을 할 수 있다. 따라서 영유아를 위한 과학지도는 사물의 직접적인 조작활동이나 흥미를 갖는 놀이상황 속에서 이루어질 수 있도록 하는 것이 과학적 개념발달을 지원하는 효과적인 방안이 될 수 있다.

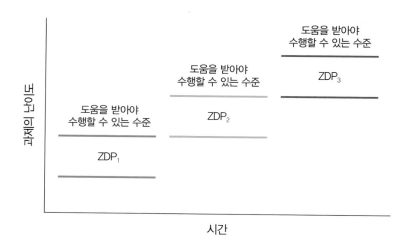

그림 2-3 **근접발달영역의 역동적 특성**

② 비계설정

비계(scaffolding)란 건축에서 유래된 용어로, 영유아가 궁극적으로 스스로의 힘으로 문제를 해결할 수 있도록 하는 견고한 이해를 확립하는 동안 제공되는 성인 또는 더 유능한 또래의 조력을 뜻한다(한국교육심리학회, 2000). 비고츠키는 영유아의 인지발달은 자기 문화 속에서 보다 성숙한 구성원과 상호작용을 통해 일어난다고 믿었다. 이러한 사람들은 영유아의 인지발달을 위한 지원 단서를 제공하고 격려해 주는 비계를 설정하여 주어 영유아가 독립적으로 성장 발달하도록 돕는다.

영유아가 더 높은 수준에서 수행할 수 있도록 근접발달영역 내에서 비계설정을 해야 한다. 하나의 과제를 수행할 때 비계설정을 한다고 해서 과제 자체가 변하지 않는다. 그러나 영유아가 과제를 처음 대할 때 도움을 받게 되면 과제를 수행하기가 한결 쉬워진다. 비계설정을 해주는 사람은 점차 영유아가 그 과제수행에 대해 더 많은 책임을 지게 됨에 따라 도움의 수준을 줄여 나간다.

활동 초기에는 성인이 적극적으로 개입하고 많은 양의 비계설정을 하며 더 많은 지시를 한다. 활동이 진행되면서 영유아가 활동결과에 대해 좀 더 큰 역할을 하게 됨에 따라 수행에 대한 책임은 영유아에게도 이동하게 된다. 이때 성인이나 교사가 할 일은 최종 목표로 정한 행동을 영유아가 독립적으로 수행하도록 비계설정해 오던 것을 제때에 제거하는 일이다. 비계설정은 과제를 좀 더 쉽게 만드는 것이 아니라 도움의 양을 변화시키는 것이며 과제수행에 대한 책임은 활동이 진행됨에

표 2-5 **과학활동에서의 교사의 비계설정의 예**

유형	예시
시범 보이기	영유아들이 새로운 과학교구를 사용하기 전에 교사가 먼저 사용하는 시범을 보여준다.
질문하기	교사가 문제해결하는 중요한 시점에서 관련 질문을 던짐으로써 영유아들이 확산적 사고를 할 수 있도록 돕는다.
활동자료 조정하기	처음에는 쉬운 활동자료나 문제를 제시하고 점차로 난이도를 높여 나간다.
조언과 단서 제공하기	영유아의 과제 수행을 지원하기 위해 과제수행에 필요한 조언이나 단서를 제공한다.

따라 점차 영유아에게 양도된다.

교사가 비계설정을 하는 방법은 다양하다. 영유아가 잊고 지나간 부분들에 직접적으로 주의를 환기시킬 수 있다. 또한 어떤 일을 하는 올바른 방법을 실제로 시범보이기도 한다. 비계설정은 흥미 있고 문화적으로 의미 있는 협동적 문제해결 활동에 성인-영유아, 유능한 또래-영유아들이 함께 참여하는 과정에서 이루어진다. 또한 비계설정은 어떤 과제를 시작할 때 서로 다르게 이해하고 있던 두 참여자가 공유된 이해에 도달하는 상호주관성 과정을 포함하며, 이때 교사는 따뜻한 반응으로 상호작용이 수용적이고 개방적인 분위기에서 이루어질 수 있도록 배려하는 것이 중요하다.

(3) 또래교수 및 협력 학습

영유아가 과제를 수행하는 데 있어 지원이 너무 부족하면 과제를 완수하지 못하게 되는 반면, 너무 많은 지원을 제공하면 영유아의 독립적인 과제 수행에 방해가 될 수 있다. 따라서 영유아에게 제시되는 지원의 정도는 영유아의 근접발달영역을 고려하여 현재 과제 수행 수준보다 약간 우위 수준에서 설정하는 것이 바람직하다. 이때 영유아보다 조금 더 유능한 또래는 자연스럽게 영유아에게 잠재적 발달 수준에 있기 때문에 영유아의 활동을 효과적으로 지원할 수 있다.

또래교수(peer tutoring)는 좀 더 유능한 또래로 하여금 다른 영유아의 학습이나 참여를 촉진하게 하는 전략이다(국립특수교육원, 2009). 또래교수는 도움을 주는 영유아나 도움을 받은 영유아에게 모두 좋은 효과를 가지고 있다. 도움을 받는 영유아는 자신에게 가장 적절한 수준의 도움을 받을 수 있다. 또래에게 도움을 제공하는 영유아는 자신이 알고 있는 내용을 다른 영유아에게 알려주는 과정을 통해 자신이 알고 있는 내용에 대해 반성적 점검을 경험하게 되고, 이는 자신이 알고 있는 내용에 대한 이해 수준을 높이는 데 기여한다.

또래교수상황은 자연스럽게 협력학습(collaborative learning) 기회를 제공한다. 협력학습은 학습목표 달성을 위해 학습자와 학습자 혹은 학습자와 교수자 사이의 인지적인 협력에 초점을 두는 방법이다. 학습자들 각 개인은 혼자서는 해결할 수 없는 과업을 서로에게 의존하여 공동으로 작업하여야 공동 과업에 참여하는 것이다. 공동의 학습목표 달성을 위해 대화를 통한 정보의 공유, 상호작용, 참여가 중요시된다. 이러한 또래교수와 협력학습 상황은 영유아들로 하여금 풍부하고 다양한 과학적 의견교환의 기회를 가질 수 있도록 한다.

4. 브루너 이론과 과학지도

브루너(Bruner, 1915~)는 1950년대 후반에 미국에서 일어난 초등학교와 중등학교 교육과정의 문제점과 개선운동을 주관하면서 지적으로 올바른 방법으로 표현만 할 수 있다면 어떤 발달단계에 있는 영유아에게도 효과적으로 가르칠 수 있다는 교육이론을 제시하였다. 피아제의 주된 관심은 인지발달의 근원 및 발생과정에 있었기 때문에 영유아가 한 단계에서 다음 단계로 발달하는 과정에서 자연스러운 성숙 이외의 요인에 대해서는 언급하지 않았다. 그러나 브루너는 피아제의 이론을 수용하면서도 피아제가 관심을 두지 않았던 영역인 "영유아가 어떻게 학습하는가?"에 대해 의견을 개진하였다. 브루너는 문제해결을 통해서 아동의 사고를 촉진하고 격려할 수 있는 교수방법으로 발견학습, 나선형 교육과정, 표상양식 등을 제시하였다(Bruner, 1996).

1) 브루너 이론의 중심개념

(1) 지식의 구조

브루너는 교육개혁을 주창하면서 그동안 학교에서 이루어지는 교육이 '죽은 지식'을 암기식으로 가르쳐 왔다고 비판하였다. 따라서 브루너는 학생들에게 일상생활에서 발생하는 문제를 해결하는 데 도움이 되는 '살아 있는 지식'을 가르쳐야 한다고 주장하면서, '지식 그 자체'가 아니라 '지식의 구조(structure of knowledge)'를 주요 교육내용으로 삼아야 한다고 하였다. '구조'란 '한 교과를 이루고 있는 기본개념의 상호 관련된 체계'로 무슨 교과에서든지 학생들에게 그 교과의 기본적 구조를 가르친다는 것이다. 기본적 구조를 안다는 것은 곧 지식을 다른 상황에서도 적용하여 문제를 해결할 수 있다는 것을 의미한다. 브루너는 '지식의 구조'를 가르치는 방법상의 원리로서 발견학습, 그리고 '지식의 구조'를 반영하는 교육과정 계획의 원리로서의 나선형 교육과정을 제안하였다(이홍우, 1988).

(2) 발견학습

브루너는 영유아가 사물이나 현상에서 일찍이 깨닫지 못했던 규칙성을 발견하거나 사물이나 현상 사이의 유사성을 발견하는 경험을 하게 되면 거기서 희열을 느끼게 되고 또 자신의 능력에 대해 자신감을 가지게 된다(이홍우, 1988)는 것에 기반을 두어 발견학습 교수법을 제안하였다. 발견학습(discovery learning)은 영유아 스스로 어떤 사실로부터 원리를 발견하도록 안내하는 학습 방법이다. 따라서 사실에 대한 지식이 아니라 사실들 간에 내재되어 있는 원리를 발견하는 것이 발견학습의 핵심이다. 브루너는 영유아 스스로 탐구과정을 통해 수·과학적 개념을 발견하여야 진정한 의미의 학습이 이루어진다고 보았다. 학습자들이 자신의 행동과 마음을 통해 스스로 탐구하여 예측하고 문제해결하는 발견학습을 통할 때 가장 학습효과가 크다고 보았다. 발견학습의 장점은 다음과 같다. 첫째, 시행착오나 시간소모가 많을 수 있지만 학습자의 지적 능력을 증진하고, 둘째, 외적 보상을 내적 보상으로 변환하며, 셋째, 발견하는 방법을 학습할 수 있다. 넷째, 발견학습으로 얻어진 개념은 장기 기억으로 저장되며, 다섯째, 필요한 문제해결 상황에서 적절하게 활용할 수 있다. 따라서 교사의 지시는 최소한으로 줄이고 유아에게 답을 제시하기보다 유아 스스로 또는 집단에 의해 문제를 해결하도록 격려하는 것이 중요하다.

하지만 교육 현장에서 완전한 발견학습은 활동이나 수업 내용의 관리 측면에서 현실적 제한이 있기 때문에 종종 "안내된 발견(guided discovery)"이 더욱 효과적일 수 있다(국립특수교육원, 2009). 안내된 발견에서 교사는 일정한 방향을 제시하는 질문이나 자료를 제공하고 학생들이 이를 관찰하고 가설을 세워 해답을 검증할 수 있도록 격려한다.

(3) 나선형 교육과정

브루너는 학자가 하는 일과 영유아가 하는 일 사이의 연속성을 강조하였다. 어떤 교과이든 그 지적 성격에 충실한 형태로 어떤 발달단계에 있는 영유아에게도 효과적으로 가르칠 수 있다는 말은 그 연속성을 유지하는 데 필요한 논리적 조건을 나타내는 말이라고 할 수 있다. 왜냐하면 영유아가 배우는 물리에 관한 지식과 물리학자가

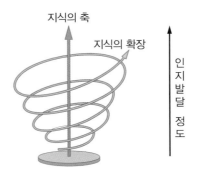

그림 2-4 **지식의 구조와 나선형 교육과정**

연구하는 물리학이 지적 성격, 즉 지식의 구조가 다르지 않기 때문이다. 지식의 구조를 가르치기 위한 교육과정의 조직 형태이자 앞서 언급한 가정에 의하면 교육내용으로서의 지식의 구조는 교육의 수준에 관계없이 그 성격에 있어서 동일하다. 또 이 동일한 성격의 내용이 발달 수준이 높아짐에 따라 더 폭넓게, 깊이 있게 가르쳐야 한다. 이와 같이 조직된 교육과정이 마치 달팽이 껍질 모양과 같다고 하여 나선형 교육과정이라고 부른다(서울대교육연구소, 2011). 나선형 교육과정(spiral curriculum)에서는 같은 주제를 반복해서 다루면서 좀 더 심도 깊게 배우도록 계획된다. 새로운 학습은 이미 배운 지식 위에 계속해서 더해지므로 하나의 학습주제는 그 전에 학습한 것을 반영하면서 동시에 그 이상으로 발전할 수 있도록 계획되어져야 한다는 것이다.

2) 브루너 이론의 과학지도에의 적용

(1) 표상양식

브루너는 영유아의 발달 수준에 따라 어떤 자료를 사용할 것이며 그 효과가 정확하게 무엇인가 하는 것을 여러 방면으로 연구되어야 할 문제로 보았다. 영유아의 인지적 발달 수준에 적합한 표현수단만 찾을 수 있다면 효과적으로 가르칠 수 있다는 것이다.

각각의 인지적 발달단계는 그 단계마다 고유의 지각방식과 학습의 방식을 가지고 있어서 그 단계에 맞는 과학적 개념의 표현방식이 존재하는 것이다. 따라서 과학적 개념을 가르친다는 것은 영유아의 발달단계에 맞는 이해방식을 따라야 한다. 브루너는 그 원리로서 지식의 구조에 따른 세 가지 표상방식을 제안하였다. 영유아는 동작적 표상(enactive representation)으로 시작하여 영상적 표상(iconic representation), 상징적 표상(symbolic representation)으로 발달한다는 것이다(김영민 외, 2014).

① 동작적 표상

동작적 표상은 실물 그대로의 제시를 통해서 지식의 의미를 표현하려는 것이다. 즉, 지식을 유희와 같이 움직이는 동작으로 표현한다. 과학적 개념과 원리를 탐구하기 위해서 구체적 물체를 실제적으로 조작·탐색해 보는 것을 말한다. 물리적 대상의 조작이나 사물의 조작을 통한 학습이 효과적이다. 학령 전기의 영유아들은 이전의 사건을 적절한 행동이나 동작을 통해서 재현할 수 있기 때문에 지식을 동작적 표상으로 번역해서 제시하는 것이 이해에 도움을 줄 수 있다.

② 영상적 표상

영상적 표상은 비교적 구체적인 영상(image)으로 환경 또는 지식을 지각하고 표현하는 것으로 시각적, 또는 다른 감각적 방법에 의존한다. 사물 대신 물체의 사진, 도표, 그림 등을 사용하여 효과적으로 학습할 수 있다.

③ 상징적 표상

상징적 표상은 언어사용, 기호를 활용하는 것으로 가장 강력한 표상의 형태이다. 실제 경험이 없이도 논리적 경험에 의해 사실을 알 수 있다.

영유아의 이해능력은 그의 발달 수준에 따라 제한되어 있지만 특정한 단계에 반드시 특정한 이해방식 또는 지각방식이 있다는 것은 아니다. 영유아들은 세 가지 표상양식(modes of representation)을 모두 사용할 수 있다. 즉, 동일한 생각을 일련의 동작으로 표현할 수 있고 영상이나 도표로 표현할 수 있으며 언어나 수식 등과 같은 상징적 표상양식으로도 표현할 수 있다.

(2) 학습의 준비성

브루너는 동일지식이지만 표상양식을 달리하면 학습이 가능하다고 보았다. 즉, 학습의 준비성은 영유아의 특성(발달 수준)뿐만 아니라 교재(표상양식)와 관련이 있다. 브루너의 이러한 관점은 영유아의 개념 형성을 촉진시킬 수 있도록 교수매체를 사용할 것을 장려하였다. 브루너는 교사가 영유아의 수준에 맞는 표상양식을 제시하면 영유아는 어떤 내용도 이해할 수 있다고 보았으며, 이를 기초로 조기교육의 가능성에 대해 언급하였다.

5. 오수벨 이론과 과학지도

학문적 교과의 유의미한 언어적 학습(meaningful verbal learning)을 강조하는 정보처리 인지학습 이론에 기초한 오수벨(Ausubel)은 교사 중심, 설명 중심의 지시적이고 설명적인 교수방법에 반대하여 영유아 중심, 경험 중심의 탐구 및 발견학습이 강조되던 시대인 1960년대에 강의식, 설명식 수업이 여전히 효과적이고 가

표 2-6 **학습의 종류와 예시**

종류	예시	
	수용학습(reception learning)	발견학습(discovery learning)
기계적 학습 (rote learning)	지식의 단순한 전달, 암기	시행착오
유의미학습 (meaningful learning)	개념 간의 관계 명료화	과학적 탐구 문제해결

자료: 김영민 외(2014).

치 있다고 주장하였다. 오수벨은 많은 양의 정보가 교사에 의해 효과적으로 조직되고 유의미하게 전달되는 방법과 원리가 무엇일까에 관심을 두었다(김영민 외, 2014).

1) 오수벨 이론의 중심개념

오수벨은 학습이 주요 개념을 중심으로 구조화된 지식의 본체를 조직해 나가는 것이어야 한다는 점에서는 발견학습을 주장한 브루너와 공통된다. 그러나 브루너가 영유아 나름대로 지식을 구조화하도록 하는 것과는 반대로, 오수벨은 교사의 임무는 전달하고자 하는 새로운 지식을 이미 영유아들이 알고 있는 것과 연관지어 제시함으로써 영유아들이 사실과 원리들을 무선적으로 암기하게 하기보다는 더 의미 있게 받아들일 수 있게 하여야 한다고 주장한다.

(1) 유의미학습

오수벨은 발견학습으로 얻어진 지식처럼 수용학습에 의해서도 유의미한 지식이 얻어질 수 있다고 주장하면서 수용학습도 충분히 유의미한 학습(meaningful reception learning)이 될 수 있다고 하였다(김영민 외, 2014). 오수벨은 발견학습도 기계적으로 이루어질 수 있으며 설명학습이 기계적 학습이 되는 것은 설명학습 자체가 갖는 문제점이라기보다는 그것을 잘못 실시한 데서 기인한다고 하였다.

오수벨은 학습에 있어서 인지구조의 중요성을 강조하였고, 학습자의 인지구조에 변화를 가져오는 학습을 진정한 학습이라고 보았다. 오수벨에 따르면 영유아는 수동적으로 교사의 설명을 받아들이는 존재인 것처럼 보이나 이는 겉으로 보기에만 그럴 뿐이며 실제로 영유아 내부에서는 학습내용을 수용하기 위한 인지과정이 활발하게 일어나고 있을 수 있다. 교수의 진정한 가치는 이해를 통한 학습이며 교사가 영유아의 인지구조를 파악하여 알맞은 과제를 제시하고 학습자의 사고를 활성화하는 분위기를 이끌어내어 영유아가 관심과 흥미를 가짐으로써 학습에 능동적이 된다. 이러한 과정을 거쳐 학습내용이 인지구조 속에 수용되고 인지구조의 변화가 일어나게 된다. 이는 곧 유의미학습이 이루어졌음을 의미한다. 유의미학습은 새로운 정보를 기억 속에 지식과 연계함으로써 아이디어, 개념, 법칙을 학습하는 것이다.

오수벨에 의하면 사람이 무엇인가를 기억할 때에는 두 가지 중의 한 가지 방법을 사용한다. 하나는 새로운 것(아이디어)을 이미 가지고 있는 지식과 연계시키지 않고 기억하려 하는 기계적 학습(rote learning)과 다른 하나는 새로운 학습 과제를 이미 가지고 있는 지식과 연계시킴으로서 이치를 이해하려는 의미 있는 학습(meaningful learning)이다. 유의미학습이론은 새로이 배워야 할 내용들은 영유아가 이미 가지고 있는 기존의 인지구조와 관련지어질 때 영유아에게 새로운 의미를 부여하게 되어 학습이 유의미하게 된다는 개념이다. 유의미학습은 암기식 학습보다 더 오랫동안 기억되고 다른 지식과 더 잘 통합되며 전이 또는 적용을 위해 쉽게 활용된다. 오수벨은 교사들이 효과적인 설명식 강의를 통하여 영유아들로 하여금 유의미학습이 가능하도록 내용을 구조화하는 방법을 모색하는 데 주력하였다.

오수벨에게 있어 학습이란 새로운 학습과제가 이미 존재하는 영유아의 인지구조와 상호작용하여 그 안으로 포섭(subsumption)되는 것을 말한다. 새로운 명제나 아이디어가 이미 학습자의 머릿속에 조직되어, 기존하고 있는 보다 포괄적인 인지구조 속으로 동화(同化) 또는 일체화되는 과정을 포섭이라고 하는데, 이는 유의미학습이론을 설명하는 데 필요한 중심적 개념이다(서울대학교 교육연구소, 2011).

2) 오수벨 이론의 과학지도에의 적용

(1) 설명식 교수

설명식 교수(expository instruction)는 영유아가 알아야 할 내용을 교사가 영유아에게 제시하는 형태로 이루어진다. 교사가 중심이 되는 입장에 있고 영유아가 수용적 또는 수동적 입장에 있다는 점에서는 설명식 교수와 주입식 교수는 같다. 그러나 주입식 교수는 영유아의 흥미·의욕·능력·선행학습 수준에 관계없이 무의미한 학습을 기계적으로 행하도록 하는 의미가 강한 데 대해 설명식 교수는 영유아의 능력, 특히 사전경험 수준을 고려한 유의미한 수용학습을 자극한다는 특징을 지니고 있다. 오수벨은 설명식 교수를 주입식 교수와 동일한 개념으로 보아 무조건 비효과적이라 판단하는 것은 잘못된 것이라고 하였다.

영유아가 알아야 할 내용에 따라서는 설명식 교수로도 대단히 효과적인 것이 많이 있다. 사물의 이름·사실·사건과 같은 정보, 그리고 이들의 체계적 조직으로서 지식 같은 것은 설명식 교수가 더 효과적일 수 있다.

(2) 선행조직자

선행조직자(advance organizer)는 새로운 정보를 학습하기 전에 제시되는 관련 정보이다. 영유아가 기존 지식을 회상하여 새로운 정보에 적용하고 새로운 정보를 의미 있게 조직하여 해석할 수 있도록 유도한다. 선행조직자는 오수벨이 제시한 인지전략으로서 만약 기존 지식과 새로운 정보 간에 연결이 이루어지면 학습 경험은 보다 의미 있게 된다는 가설에 근거한다. 선행조직자는 영유아에 의해 사용되는 전략이라기보다는 교사에 의해 사용되는 교수 전략이며, 간단한 문장이나 질문, 지도나 도표, 개념도나 인지도 등 다양한 형태로 제시될 수 있다. 따라서 선행조직자를 설계함에 있어, 기존 지식에 대한 언급을 통해 새로운 정보와 관련된 기존 지식을 회상하게 하고, 또한 새로운 정보에 대한 개념적 개요의 제시를 통해 선행 지식과 새로운 정보 간 연결을 촉진하는 것이 중요하다(국립특수교육원, 2009). 오스벨은 ① 선행 조직자를 제시한 후, ② 학습과제나 자료를 제시하여, ③ 인지적 조직(지식구조)을 견고하게 하는 선행조직자를 활용한 유의미학습모형(meaningful learning model)을 제시하였다.

6. 가드너 이론과 과학지도

가드너(Gardner, 1943~)는 다중지능이론의 창시자로, 이 이론에서는 기존의 지능이론과는 달리 인간의 지능은 서로 독립적이며 다른 여러 종류의 능력으로 구성되어 있다고 본다. 그의 이론에 근거한 연구소와 단체가 우리나라를 비롯한 세계 여러 곳에 설립되어 운영되고 있다.

1) 가드너 이론의 중심개념

(1) 다중지능

다중지능이론(multiple intelligence)이란 각 개인이 특정 분야의 개념과 기능을 어떻게 배우고, 활용하며, 발전시켜 나가는가 하는 특정 분야에서의 '문제해결 능력' 또는 '가치 있는 결과를 생산하는 능력'으로서 한 개인이 속한 문화권에서 가치 있다고 인정하는 분야의 재능을 말한다(한국교육심리학회, 2000). 가드너는 초기에는 음악지능, 언어지능, 공간지능, 논리수학지능, 신체운동지능, 인간친화지능, 자기성찰지능 등 7가지 지능의 특징과 준거를 제시하였고, 이후 자연친화지능을 새롭게 확인된 지능으로 제시하였다(Gardner, 2007). 개인의 지능을 필기시험으로 직접 측정할 수 있는 단일한 문제해결능력으로 보기보다는 오히려 여러 지능의 집합으로 보았다. 인간능력의 다양성은 여러 지능이 만들어내는 다양한 프로파일에 기인한 것으로 보았다.

- 언어지능(linguistic intelligence): 말로 하든 또는 글로 표현하든 언어를 효과적으로 구사하는 능력을 말한다. 이 지능에는 언어의 구조, 언어의 소리, 언어의 의미, 그리고 언어의 실용적 차원 또는 실제 활용 등을 통제하는 능력이 포함된다. 이 지능의 활용방법 가운데는 설득, 언어를 이용해서 정보를 기억하는 기억 조성술, 설명, 그리고 언어를 통해 언어 자체를 논하는 초언어 등이 포함된다.
- 논리수학지능(logical-mathematical intelligence): 숫자를 효과적으로 사용하고, 추론하는 능력을 말한다. 이 지능에는 논리적 유형과 논리적 관계, 진술문과 명제(원인-결과, 만약~라면~이다), 함수와 기타 이와 관련된 추상적 사고능력이 포함된다. 범주화, 추리, 일반화, 계산, 가설검증 등이 논리·수학적 지능이 작용하는 예들이다.
- 공간지능(spatial intelligence): 시각적·공간적 세계를 정확하게 지각하는 능력과 그런 지각을 통해 형태를 바꾸는 능력을 말한다. 또한 이 지능에는 색, 선, 모양, 형태, 공간과 이런 요소들 간에 존재하는 관계에 대한 감수성(sensitivity)이 포함된다. 또 추상적인 것을 구체화하는 시각화 능력, 시간적·공간적 아이디어를 기하학적으로 표현하는 능력 및 자신을 어떤 공간상에 적절하게 위치시키는 능력 등이 포함된다.
- 신체운동지능(bodily kinesthetic intelligence): 자신의 모든 신체를 이용해서 어떤 생각이나 감정을 표현하는 능력과 자신의 손을 이용해서 사물을 만들거나 변형시키는 능력을 말한다. 이 지능에는 자기 자극에 대한 감수성(proprioceptive), 촉각적 능력뿐 아니라 협응, 균형, 손재주, 힘, 유연성, 속도 등과 같은 특정한 신체적 기술이 포함된다.
- 음악지능(musical intelligence): 인간의 지능은 서로 독립적이며 다른 여러 유형의 능력으로 구성되어 있다는 가드너의 다면적 지능이론에서 명명한 개념으로서 언어지능, 논리수학지능, 공간지능, 음악지능, 신체운동감각지능, 대인적 지능, 개인 내 지능으로 분류하고 있다. 음악적 지능은 개개의 음과 음

절에 대한 민감성, 음과 음절들을 더 큰 음악적 리듬이나 구조로 결합하는 방법에 대한 이해, 음악의 정서적 측면에 대한 이해 등이 포함되고 있다.

- 자기성찰지능(intrapersonal intelligence): 개인 내 지능, 자기이해 지능으로도 불리며 자아를 이해하는데 관련된 지식과 그 지식을 기초로 적용하는 행위 능력과 관계되는 지능이다. 이 지능은 자신의 정확한 모습, 즉 강점과 약점을 알고, 자신의 기분, 의도, 동기, 느낌을 인식할 수 있는 능력과 자아이해, 자존감을 위한 능력을 포함한다. 또한 자기 자신을 정확히 이해하고 삶 속에서 효과적으로 자신을 조정할 줄 아는 지능이다.

- 인간친화지능(interpersonal intelligence): 개인 간 지능, 타인이해지능으로도 불리며 타인의 기분, 의도, 동기, 느낌을 분별하고 지각하는 능력과 관계된다. 이 지능은 타인의 기분, 의도, 동기, 느낌 등이 자신과 다르다는 것을 알면서 타인과의 대화와 이해를 가능하게 하며 적절히 반응할 줄 안다. 또한 타인과 관계를 형성하고 유지하는 능력과 집단 속에서 구성원이나 지도자 같은 다양한 역할을 맡는 능력 모두를 포함한다. 이 지능이 발달된 사람은 다른 사람들의 내면으로 들어가 다른 사람들의 분위기, 기질, 의도와 욕구를 알아내고 그 사람의 관점으로 세상을 바라보는 능력을 가지고 있다.

- 자연친화지능(naturalistic intelligence): 자연을 이해하고 자연적 현상이나 상황을 효과적으로 이용하는 능력을 말한다. 자연친화지능이 뛰어난 사람들을 생태학적 분야에서 식물, 동물, 산, 구름의 형상을 민감하게 구별한다. 이때 시각적, 청각적 인식이 수반된다.

2) 가드너 이론의 과학지도에의 적용

(1) 강점지능과 프로젝트 스펙트럼

다중지능이론은 모든 사람의 지능은 수준차가 있고, 개개인에 따라 우수한 지능이 다르다고 하였다. 그러나 학교에서 학생들은 똑같은 것을 똑같은 방식으로 배우고 평가받는다. 가드너는 이런 접근법이 공평해 보이지만 사실 공평하지 않다고 말한다. 학교는 언어지능과 논리수학지능이 강한 사람에게는 유리하고 다른 지능 프로파일을 나타내는 사람들에게는 불리하기 때문이다.

개개인마다 우수한 지능영역이 다르며, 이를 '강점지능'이라고 하였다. 다중지능이론은 개개인의 강점지능을 교수학습에 활용하여 학습효과의 증대 및 학습의 개별화를 꾀하였다. 가드너는 개인중심교육을 제시하였는데, 이는 자기중심적이거나 이기주의적인 것이 아니라 개인차를 존중하는 교육법(Gardner, 2007)이라고 하였다.

다중지능이론에 기반하여 개인차를 존중하고 교수와 평가를 통합한 프로젝트 스펙트럼 접근이 제안되었다. 프로젝트 스펙트럼 활동은 유아의 강점영역을 발견할 수 있도록 돕는다. 프로젝트 스펙트럼의 영역은 동작영역, 언어영역, 수학영역, 과학영역, 사회영역, 시간예술영역, 음악영역 등 7개 영역으로 구성되어 있다. 스펙트럼 평가방식은 영유아가 다양한 영역에 참가할 수 있게 하는 기회를 제공하기 때문에 영유아기 발달 이론에 기초한 평가와 교육 실제를 보여주는 데 적합하다. 또한 지금까지 강조되지 않았던 활동능력을 평가함으로써 영유아의 강점이 무엇인지 찾도록 도와준다(정태희·김명희, 2003).

과학적 개념을 지도할 때 영유아의 흥미, 관심을 고려하고, 강점지능을 파악하여 이를 활용하는 것이 효과적이다.

(2) 프로젝트 스펙트럼의 과학영역

프로젝트 스펙트럼의 과학영역은 발견분야, 보물찾기 게임, 뜨고 가라앉는 활동, 조입활동의 4개 활동으로 구성되어 있다.

- 발견분야: 영유아에게 1년 단위로 자연현상에 대한 관찰, 탐구, 실험활동을 제공한다. 평가항목(세밀한 관찰, 관계구분, 가설 형성, 실험, 자연세계에 대한 관심, 자연세계에 대한 지식)에 따라 교사의 공식적, 비공식적 관찰을 참조로 서술 평가한다.

- 보물찾기 게임: 논리적 추론 능력과 두 개의 관련된 정보를 연결시키고 이를 일반화시키는 능력을 평가한다. 평가 시 평가항목(암호 풀기, 파란색이 무엇인지 앎, 말로 규칙 표현하기, 분류상자의 적절한 사용)의 활동점수 준거에 따라 점수화한 후 서술 평가한다.
- 뜨고 가라앉는 활동: 주의 깊은 관찰, 다양한 사물들 사이의 관계 확인, 가설의 일반화와 검증 능력을 평가한다. 평가 시 평가항목(예상과 이유 대기, 물에 뜨는 것과 가라앉는 것을 분류한 후 이유 말하기, 영유아의 자유놀이(실험) 묘사, 물에 뜨는 것을 가라앉는 것으로, 물에 가라앉는 것을 뜨는 것으로 바꾸기, 숨겨진 물건 추측하기)의 활동점수 준거에 따라 점수화한 후 서술 평가한다.
- 조립활동: 영유아가 물건을 분리하고 조합하는 활동을 할 수 있게 한다. 평가 시 평가항목(부분, 전체에 대한 감각, 문제 풀기, 세부사항에 주의하기, 훌륭한 운동기술)의 활동점수 준거에 따라 점수화한 후 서술 평가한다.

CHAPTER 3

영유아 과학능력의 발달

어린 영유아들도 과학적 이론을 가지고 있을까? 아니면 과학능력은 오로지 교육에 의해서만 생기는 것일까? 발달심리학자들은 매일 주변 세계에서 일어나는 과학적 현상을 경험하는 영유아들이 세상에 대한 지식을 '흡수'한다기보다는 '구성'해 간다고 본다. 이는 그들 나름의 이론을 가지고 있는 꼬마 이론가들이라고 보는 것이다.

영유아들이 이론을 지니고 있다는 이론을 '이론-이론(theory theory)'이라고 한다. 영유아 발달의 선천론을 주장하는 이들도 영아들의 뇌는 신경학적으로 이미 '프로그램'되어 있어서 세계에 대한 지식을 담고 있다고 본다. 과거에 알려졌던 것에 비해, 영유아가 지닌 능력은 훨씬 더 큰 것으로 밝혀졌다(Duschl, Schweingruber & Shouse, 2007). 영유아들은 능력 있는 과학자이며 문제 해결자로서, 그들이 선천적으로 가지고 태어난 능력은 일상생활에서의 경험과 교육을 통해 더욱 발달한다.

영유아를 위한 과학활동은 '쉽게 유지해야만 한다'는 것이 전통적 인식이다. 그러나 이와 대조적으로 '어렵기 때문에 재미있다'고 느끼는 영유아들의 호기심을 반영하는 것도 요구된다(Andrews & Trafton, 2002). 영유아기의 인지발달 과정을 이해하고, 개별 영유아의 인지적 발달 수준을 파악하는 것은 발달적으로 적합하게 교육 환경을 구성하고, 과학활동을 제공하는 교사에게 중요한 과업이다. 이 장에서는 영유아들의 과학적 태도, 기초 개념, 과정기술의 발달 과정을 살펴본다.

1. 탐구하는 태도의 발달

영아들은 감각을 이용해 세상을 탐색한다. 즉, 눈으로 보고, 귀로 듣고, 코로 냄새 맡고, 혀로 맛을 보고, 손가락과 입술로 촉감을 느낀다. 영아들이 이러한 기회를 갖지 못하면, 단순히 탐색 경험이 부족한 것이 아니라, 그 경험을 바탕으로 세상에 대한 지식이 쌓이지 못하게 된다. 따라서 영아들에게 안전하게 주변을 탐색할 기회를 풍부하게 제공해야 한다.

영아들이 걸음마기에 접어들면 기동성을 발휘하게 되어 탐색이 가속화된다. 이때부터는 더 다양한 사물을 손으로 잡아보고, 나르고, 밀거나 당기고, 분류하게 된다. 또한 하루의 일과를 통해 시간의 흐름에 대한 감각도 생긴다.

유아기가 끝날 때까지 영유아들은 스스로, 혹은 적절한 성인의 도움을 받아 수많은 탐색을 경험한다. 이 과정에서 탐구하는 태도가 발달된다. 영유아가 다음과 같은 과정을 거치며 답을 찾기 위해 자료를 모으고 조직하는 동안 새로운 개념과 기술이 형성된다.

- 질문을 만들어낸다.
- 자료를 수집한다.
- 조사한다.
- 조사한 것을 조직한다.
- 결과를 여러 가지 방법으로 나타낸다.
- 생각을 다른 사람과 나누고 토론한다.
- 스스로 질문에 대한 답을 내기도 한다.

영유아들은 주변 세계를 경험하면서 자발적이고 일상적인 개념들을 발달시켜 간다. 그러나 이러한 개인적 지식은 저절로 깊어지지 않는다. 다만, 새로운 정보, 사실, 경험을 끌어들이는 출발점이 된다. 새로 접한 정보가 풍부할수록 지식 간의 관계를 인식하고 일반화할 수 있는 가능성이 높아진다.

과학적 탐구에는 관찰하기, 질문하기, 조사하기, 분석하기, 결론 도출하기, 타인과 결과에 대해 의사소통하기 등이 포함된다(Seefeldt, 2005). 영유아들은 이러한 행동을 자연스럽게 시도하지만, 때로는 교사의 도움이 필요하다. 예를 들어, 관찰은 영유아들이 언제나 하는 행동이지만, 과학적인 관찰에는 초점이 필요하기 때문에 성인의 모델링이 요구된다. 또한 영유아는 호기심이 많은 것이 정상이어서 늘 질문을 던지지만, 자기가 알고 싶은 것을 정확히 표현해 내는 것은 쉽지 않다. 따라서 교사가 질문을 위한 시범을 보여주고, 마음 편히 질문할 수 있는 분위기를 만들어주는 것이 중요하다.

영유아가 능동적으로 활동에 참여하며 탐색하고 조사하는 동안 개념이 형성된다. 이를 위해 과학적 과정기술의 발달이 필요하다(Harlen, 2000). 이러한 과학적 과정기술에는 앞에서 말한 행동을 포함해 관찰, 측정, 분류, 의사소통, 어림하기, 예측, 실험 등이 포함된다(Jones, Lake & Lin, 2008). 과학활동에 국한하지 않더라도, 발달적으로 적합한 프로그램을 운영하는 영유아기관의 일상적 활동에서 이러한 기술이 활용된다.

킬머와 호프만(Kilmer & Hofman, 1995)이 사용한 '과학하기(Sciencing)'라는 표현은 영유아가 과학학습 활동에 능동적으로 참여하는 의미가 담겨 있다. 즉, 과정을 강조하는 말이라고 볼 수 있다. 과학하기는 직접적인 체험이 되어야 하며 세 가지 목표를 가진다.

- 영유아가 지닌 세상에 대한 선천적 호기심을 발달시킨다.
- 영유아가 세상에 대해 탐구하고 문제를 해결하며 결론을 내리기 위해 필요한 절차적, 사고 기술을 발달시킨다.
- 자연 세계에 대한 영유아의 지식을 증가시킨다.

유아기에 이르면 과학적 추론에 가까운 방식으로 사고할 수 있지만, 이러한 추론은 유아가 형성하고 있는 개념 지식, 과제의 특성, 스스로의 사고에 대한 인식 등에 따라 제한을 받는다(Duschl et al., 2007). 이 때문에 과학학습에서의 진보는 발달적으로 이루어져야 한다. 기초적인 기술과 개념은 영아기에도 소개할 수 있고, 유아기와 초기 학령기에 걸쳐 점차 확장될 수 있다. 장기간에 걸쳐 흥미롭고 직접적인 경험을 충분히 하면서 과학적 개념을 접한 영유아는 더 추상적인 일반화에 이르게 하는 인지적 기술이 발달됨에 따라 점차 더 확장된 과학 원리를 이해하게 된다(Kilmer & Hofman, 1995).

과학능력이란, 다음과 같이 네 가지로 요약된다(Duschl et al., 2007).

- 자연 세계에 대한 과학적 설명을 인식하고, 사용하고, 해석한다.
- 과학적 증거와 설명을 만들고, 평가한다.
- 과학적 지식의 특성과 발달을 이해한다.
- 과학활동과 대화에 생산적으로 참여한다.

2. 영유아기 과학 개념의 발달

1) 물체와 물질 개념

(1) 대상 개념

대상 개념은 영아기에 가장 먼저 나타나는 표상능력이다. '표상(representation)'이란 정보가 저장되거나 표현되는 방식을 의미한다. 피아제가 영아들의 무능력을 주장했던 것에 반해, 이후의 연구자들은 영아들의 놀라운 표상 능력을 밝혀냈다. 생후 3~4개월의 어린 영아도 대상에 대한 개념을 가지고 있다.

대상 개념은 물체의 실재에 대한 개념이다. 즉, 물체가 실제 공간을 차지하는 사물이라는 생각으로 매우 기본적인 물리 지식이다. 2~5개월 영아들은 두 개의 물

그림 3-1 대상물을 탐색하고 있는 4개월 영아
감각운동기의 영아는 입으로 빨고, 손으로 만지며,
눈으로 보는 감각을 통해 대상을 탐색한다.

체가 동시에 같은 공간을 차지할 수 없음을 이해한다(Baillargeon, 2004; Spelke, 1994).

'대상영속성'이란 사물이 더 이상 눈에 보이지 않더라도 계속 존재한다는 개념을 말한다. 영아가 가지고 놀던 놀잇감을 어른이 눈앞에서 보이는 곳에 숨겼다고 하자. 대상영속성을 아직 획득하지 못한 어린 영아는 사라진 놀잇감을 찾지 않는다. 놀잇감이 가까운 어딘가에 숨겨져 있다고 생각하지 못하는 것이다.

생후 2년이 지나는 동안, 즉 피아제가 제시한 감각운동기를 지나면서 영아들은 대상영속성을 획득하게 된다. 대상영속성을 습득해 가는 영아들은 까꿍놀이를 재미있어 한다. 이 놀이는 사람이나 사물이 눈앞에서 사라졌다가도 금방 다시 나타날 것이라는 기대를 확인하게 되는 게임이기 때문이다. 영아가 대상영속성 개념을 갖는다는 것은 보이지 않는 대상에 대한 정신적 표상을 형성했음을 의미한다. 〈표 3-1〉은 영아기에 해당하는 감각운동기를 세분화하여 대상영속성의 발달 과정을 정리한 것이다.

(2) 대상물 움직임 개념

대상물을 파악하는 데에 있어서 움직임에 대한 이해는 중요한 단서이다. 생후 2~5개월의 영아들은 물체가 이동을 해도 그대로 존재하며, 움직일 때 그 형태가 변하지 않음을 이해한다(Baillargeon, 1994; Spelke, 1994). 대상물의 물리적 특성에 대한 표상은 생후 1년 동안 발달이 진행되면서 획득되는 것으로 보인다. 발달심리학자들이 제시한 대상물의 움직임에 관한 제약을 살펴보면 다음과 같다(Spelke, Breinlinger, Macomber & Jacobson, 1992).

- 연속성(continuity): 대상물이 하나의 경로를 따라서만 움직이고, 한 지점에서 다른 지점으로 갑자기 불연속적인 이동을 하지 못한다.

표 3-1 감각운동기의 발달과 대상영속성 개념의 발달

발달단계	영아의 행동	대상영속성 개념 발달	교사의 역할
반사활동기 0~1개월	생득적 반사활동	개념 전혀 없음	영아의 감각에 반응, 자극(미각, 청각, 시각, 후각, 피부 접촉)
1차 순환반응기 1~4개월	우연히 일어났던 행동을 반복-손가락 빨기	초기 형태 나타남-물체의 움직임을 따라 시선을 움직이다가, 물체가 사라지면 바로 전에 머물렀던 지점을 잠시 바라보다가 고개를 돌림	예: 기본 욕구 충족, 흑백 대조 보여주기, 밝고 흔들리는 장난감을 걸어두기, 자장가 들려주기
2차 순환반응기 4~8개월	물체를 조작-의도성 목표지향적 행동	주변의 물체가 보이지 않아도 어딘가에 존재한다는 사실을 어렴풋이 이해함-물체가 부분적으로 눈에 보이는 경우에는 잡으려고 애쓰나, 물체가 사라지는 과정을 보았음에도 완전히 사라진 경우에는 찾지 않음	딸랑이, 모빌 등을 제공 예: 침대를 발로 찰 때 모빌이 움직이게 함
2차 반응의 협응기 8~12개월	물체의 영속성 개념 모방의 시작	시야에서 사라진 물체를 적극적으로 찾으려함-영아가 지켜보고 있는 동안에 물체를 처음 감춘 장소에서 다른 장소로 옮겨 놓아도 처음 감추었던 장소에서 그 물체를 찾으려함	여러 가지 모양, 질감, 색깔의 놀잇감 제공
3차 순환반응기 12~18개월	• 물체의 실험시도 (새로운 결과 얻기 위해 여러 가지 방법 시도) • 물체를 따라 눈길을 줌	• 영아가 보는 앞에서 빠른 속도로 장난감을 이리저리 숨겨놓아도 그것을 찾을 수 있음 • 보이는 곳으로의 이동은 이해하지만 보이지 않는 곳으로의 이동은 이해하지 못함	• 영아가 보는 앞에서 놀잇감 숨김 (까꿍놀이) • 인형, 공, 여러 크기의 상자 등을 제공 • 모방을 격려함
사고의 시작 18~24개월	지연된 모방행동 시행착오	완전하게 발달-숨기는 장면을 목격하지 않은 대상물도 찾을 수 있음	• 물놀이, 모래놀이 장려 • 열고, 닫고, 뒤집는 등 조작할 수 있는 놀잇감 제공 • 물체의 속성을 이해하는 활동을 함께함 예: 공을 바닥이나 담요에 던져봄

- 고체성(solidity): 대상물이 다른 물체를 통과하지 못한다.
- 중력(gravity): 지탱해주는 것이 없으면 대상물은 중력의 법칙에 의해 아래로 떨어진다.
- 관성(inertia): 움직이는 대상물은 갑자기 또는 스스로 궤도를 바꾸거나 멈추지 못한다.

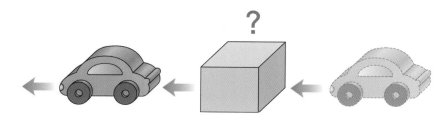

그림 3-2 물체의 불가능한 움직임을 바라보는 영아
앞서 설명한 대상 개념과 함께 움직이는 물체와 관련된 연속성과 고체성 제약을 이해하는 영아는 차가 나무상자를 뚫고 나온 듯한 상황을 신기하게 여긴다.

생후 4개월 정도가 지난 영아들은 연속성과 고체성에 대한 지식을 보인다. 움직이는 자동차 장난감이 나무상자를 뚫고 앞으로 나아간 듯한 결과를 보여주면 영아들은 놀라는 표정을 보이며 한참동안 바라본다. 자동차가 딱딱한 나무상자를 통과할 수도, 가던 길을 벗어나 갑자기 다른 곳에서 나타날 수도 없다는 것을 알기 때문이다(Baillargeon, 1986, 1994). 이때 영아들이 놀라거나 흥미로워하는 반응을 보이는 것은 그들이 알고 있던 개념에서 벗어나는 '개념적 신기성(conceptual novelty)'을 접했기 때문이다.

그러나 중력과 관성은 생후 6개월이 넘어서야 이해하기 시작한다. 6개월 영아들은 위에서부터 떨어지고 있던 공이 바닥에 닿는 경우보다 중간에서 멈추어 떠 있는 경우를 더 오래 쳐다보았다(사실 공의 뒤에는 막대가 연결되어 있어 영아들이 보지 못하게 공을 멈출 수 있었다). 반면, 4개월 영아들은 차이를 보이지 않았다(Spelke et al., 1992). 영아기에 표상능력이 점차 발달하면서 중력과 관성의 제약에 대해서도 알게 되고 낙하하던 물체가 멈추는 것을 불가능한 사건으로 여기게 되는 것이다.

물체의 움직임에 대한 이와 같은 표상능력은 단지 어린 시기에 나타난다는 것 이상의 의미를 갖는다. 영유아들이 이후에 다양한 물리적 사건을 경험하면서 과학 지식을 습득하는 데에 이러한 능력이 기본 요소로 작용하기 때문이다.

(3) 물체의 특성 개념

부모와 교사는 영아들이 주변 환경을 안전하게 탐색하면서 물리적 사물들을 직접 다루어 볼 수 있게 배려해 주어야 한다. 유아들과는 '어떤 물체는 물에 뜨고 어떤 물체는 가라앉는다.' 같은 사물의 물리적 특성을 지적하면서 자연 현상을 이야기할 수 있다.

영유아가 다양한 종류의 물체를 모으고 쌓아보면서 원하는 결과가 어떻게 만들어지는지 알게 되어, 기초적 개념들이 발달한다. 자성이 있는 물체, 물에 뜨는 부력을 보여주는 물체, 거울이나 유리처럼 반사를 경험할 수 있는 물체, 돋보기처럼 확대를 시켜주는 물체 등, 과학적 탐색에 적합한 물체를 발달 단계에 맞게 경험하도록 해 주어야 한다.

그림 3-3 **자석의 특성을 실험하는 유아**
유아들은 자석판이나 블록 같은 자석 교구와 놀잇감뿐만 아니라, 클립, 광고용 자석 조각, 냉장고 등을 활용해 어떤 물체에 자성이 있는지, 자성은 어떤 특성인지 알게 된다.

(4) 물질 개념

영유아들은 주변에서 접하기 쉬운 물질을 관찰하고 조작하면서 선천적인 호기심을 채우고 과학능력을 발달시킬 수 있다. 물질의 색, 촉감, (먹을 수 있는 경우에는) 맛 등과 같은 상태와 그 변화는 영유아에게 매력적인 주제이다. 즉, 물질 개념은 감각 경험을 통해 습득되는 기초적 수준의 화학 지식이라고 할 수 있다.

유아는 고체, 액체, 기체와 같은 물질의 상태에 대한 비교적 어려운 개념도 늘 접할 수 있는 물을 이용해 처음으로 이해할 수 있다. 물을 얼려서 얼음이 되거나 끓여서 수증기가 되는 상태 변화는 일상적인 경험이므로 비교적 쉽게 인식된다. 또한 초콜릿 볼을 물에 넣었을 때 색소가 녹아 분해되는 과정도 어린 유아가 쉽게 파악할 수 있는 실험 과정이 된다. 재료를 물에 녹이는 용해, 염료에 의한 색의 변화, 재료에 따라 다른 음료수의 맛 등도 영유아기에 경험하며 개념 습득을 할 수 있는 과학활동의 주제이다.

그림 3-4 물을 이용한 실험을 하는 만 3세 유아
물은 온도 차이 따른 상태 변화를 경험하기에 가장 적합
한 소재이다. 어린 유아도 염료를 활용한 색의 변화, 용해
또는 증발 등을 직접 실험할 수 있다.

그림 3-5 소금의 특성을 탐색하는 만 3세 유아
혀의 미뢰로 소금의 맛이 어떤지 미각 경험을 하고, 비커
에 담긴 물에 소금을 녹여 달걀이 물에 뜨는 정도의 전후
를 비교해 보고 있다.

처음에는 단순한 도구부터 시작해서 점차 관습적인 도구를 사용하면서 물질의
양을 측정할 수 있다. 모래, 밀가루, 소금, 설탕 등의 가루 형태가 영유아기에 다루
기 적합한 물질이다. 이러한 물질 중 일부는 열에 의한, 또는 용해나 요리 과정에
따른 상태 변화가 일어나므로 다양한 통합적 활동에 이용할 수 있다.

2) 생명체와 자연환경 개념

(1) 생물 – 무생물 개념

영유아를 위한 과학프로그램에는 다양한 생물, 그 한 살이와 서식지를 직접적으
로 경험하는 내용이 반드시 포함되어야 한다. 영유아들은 생물과 무생물의 개념,
지구에 사는 다양한 생물의 종류, 생물을 범주화하는 과정, 환경을 포함해서 생물
체가 살아가기 위해 필요한 것과 행동, 그리고 생물을 존중하는 마음 등을 발달시
키게 된다.

피아제(1973)는 어린 영유아가 생명이 없는 자연 사물을 자신과 동일한 유형인
살아있는 존재로 보는 사고 경향을 가리켜 물활론이라 하였다. 그는 이러한 물활
론적 사고가 몇 단계를 거쳐 발달한다고 보았다(표 3-2).

생물과 무생물을 구분하는 것은 영아들의 초기 이론 형성에서 중요한 단계이

표 3-2 피아제(1973)의 물활론적 사고 발달 과정

사고의 발달 수준	사고의 예
기능을 수행하거나 활동적인 모든 사물은 생명이 있다고 본다.	사람과 동물뿐만 아니라 자전거나 난로도 생명이 있다.
움직이는 모든 것이 생명이 있다고 본다.	사람이나 동물뿐만 아니라 자동차나 태양도 살아 있다. 그러나 식물은 움직이지 않으므로 살아 있지 않다.
스스로 움직이는 것만이 생명이 있다고 본다.	사람이나 동물뿐만 아니라 태양도 살아 있다.
성인 수준의 생명 개념을 가진다.	사람이나 동물은 물론이고 식물도 살아 있다.

다. 유아들이 생물과 무생물을 구분하는 근거, 즉, 바탕 개념 역시 취학 전후의 시기 동안 계속적으로 발달한다. 생물과 무생물을 구분하는 개념을 의미하는 생명 개념은 생물학의 기본 개념으로서뿐만 아니라 주변 환경에 대한 이해의 대상 및 철학적 사유의 대상으로 매우 중요하게 여겨진다(Carey, 1985; Richards & Siegler, 1984). 영유아기에 구성된 생명 개념은 학령기 이후에도 학습에 영향을 미친다(강민정·권용주·정완호, 2004). 지금까지 연구를 통해 밝혀진 영유아의 생명 개념을 정리하면 다음과 같다.

- 3세 유아들도 비생물 사물에게 생명이 있다고 생각하지 않는 경우가 많다(Gelman & Gottfried, 1996).
- 3, 4세경의 유아들은 사람과 동물이 무생물과 달리 스스로 움직일 수 있으며, 생물과 무생물은 서로 다른 방식으로 '자란다'는 것을 알게 된다(Jipson & Callanan, 2003).
- 4세 유아들은 대부분 식물과 동물은 성장하며 상처를 입었을 때 치료를 해 주면 낫지만 비생물 사물은 그렇지 않다는 것은 인식한다(Beckschneider, Shatz & Gelman, 1993).
- 유아들의 생물 변별능력에서 동물 범주가 가장 앞서고, 상대적으로 식물 범주, 특히 열매에 대해서는 매우 느린 발달이 나타난다(강민정 등, 2004; 이경

희·정완호·정진수, 1995).

영유아들은 다음과 같이 동물의 움직임에 대해서도 민감한 지식을 보인다.

- 6개월 된 영아들은 대부분 사람과 동물은 무생물과 다른 방식으로 움직인 다는 것을 이해한다(Cohen & Cashon, 2006). 즉, 살아 있지 않은 사물을 밀 거나 던졌을 때와 달리, 사람이나 동물은 리듬감 있게 걷는다는 것을 안다.
- 3~4세 유아들은 말 모양의 목각 인형은 스스로 움직이지 못하지만, 처음 보는 생소한 동물인 바늘두더지는 스스로 움직일 수 있을 것이라고 예측한 다. 이는 영유아들이 생물이 스스로 하는 운동과 외부에서 이끌어낸 운동 을 구별해주는 단서에 주의를 기울이게 하는 처리 기제를 갖고 태어나기 때 문이다(Gelman, 1990).

유아들의 생명 개념은 생물의 분류와 종류별 특징에 대한 보다 발전된 사고로 발전한다. 이러한 사고는 범주화와 관련이 있다.

쉬어가기

생물과 비생물에 대한 유아들의 변별능력

강민정 등(2004)의 연구에서는 만 4, 5, 6세가 된 유아들에게 생물과 비생물의 사진들을 보여 주며 살아 있는지의 여부를 물었다. 우선 생물에 대해 '살아 있다'고 응답한 유아들의 비율을 나 타내면 다음과 같다. 평균 점수가 1이면 100%의 유아들이, 0.48이면 48%의 유아들이 살아 있 다고 응답하였다. 나비, 물고기, 애벌레, 달팽이, 개구리 같은 동물성 생물에 대해서는 대부분 살 아 있다고 응답하였으나, 식물에 대해서는 48~76%만이 살아 있다고 보았다. 또한 동물의 배인 새알에 대해서는 일부 식물보다도 낮은 비율인 67%만이 살아 있다는 응답을 보였다.

	나비	물고기	애벌레	달팽이	개구리	소나무	제비꽃	새알	버섯	감자	밤
평균	1.00	1.00	1.00	0.95	0.95	0.76	0.76	0.67	0.67	0.57	0.48
표준편차	0.0	0.0	0.0	0.22	0.22	0.51	0.44	0.48	0.48	0.44	0.52

반대로 유아들이 비생물에 대해 살아 있지 않다고 응답한 비율을 살펴보면, 다음 표와 같다. 연기나 곰인형에 대해서는 70% 이상의 유아들이 살아 있지 않다고 보았으나, 구름, 자동차, 시냇물, 헬리콥터에 대해서는 30%에 가까운 유아들만이 살아 있지 않다고, 즉, 70% 정도의 유아들이 살아 있다고 응답하였다.

	연기	곰인형	눈사람	전화기	게임기	고드름	로봇	구름	자동차	시냇물	헬리콥터
평균	0.76	0.71	0.67	0.57	0.51	0.48	0.38	0.29	0.29	0.29	0.24
표준편차	0.44	0.46	0.48	0.51	0.52	0.52	0.50	0.46	0.46	0.46	0.44

따라서 유아들이 생물을 생물로 변별하는 능력이 비생물을 비생물로 변별하는 능력보다 높은 것을 알 수 있다. 이는 생물개념의 발달이 비생물 개념의 발달보다 빠르게 나타남을 의미하며, 로젠그린, 겔만, 칼리쉬, 맥코믹(Rosengreen, Gelman, Kalish & McCormick, 1991)의 연구에서도 나타난 결과이다.

이 연구에서 유아들이 생물의 특성으로 삼는 바탕 개념으로 몇 가지가 나타났다. 움직임, 동물의 형상과 말하기, 식용 가능성, 생장 및 호흡, 형체의 유지 등이다. 각각에 해당하는 유아들의 발화를 인용하고자 한다.

① 움직임 – "헬리콥터는 살아 있어요. 긴 막대기가 돌아가면서 움직이니까요." – 6세 2개월 여아
　　　　　 "로봇은 살아 있지 않아요. 사람이 조종하는 거니까요. 저절로는 못 움직여요."
　　　　　　　　　　　　　　　　　　　　　　　　　　　　　　　　　　– 5세 9개월 남아
② 동물 형상 및 말하기 – "시냇물은 살아 있지 않아요. 눈, 코, 머리, 입도 없으니까요."
　　　　　　　　　　　　　　　　　　　　　　　　　　　　　　　　　　– 6세 3개월 여아
③ 식용 가능성 – "감자는 삶아서 먹을 수 있기 때문에 살아 있어요." – 5세 9개월 남아
④ 생장 및 호흡 – "소나무는 물을 주면 크니까 살아 있어요." – 5세 7개월 남아
⑤ 형체의 유지 – "고드름은 눈처럼 햇빛에 녹고 깨면 부서지니까 살아 있지 않아요."
　　　　　　　　　　　　　　　　　　　　　　　　　　　　　　　　　　– 5세 7개월 여아

그림 3-6 자연사박물관 견학
박제된 조류를 바라보고 있는 유아이다. 자연사박물
관은 다양한 동물과 식물에 대한 유아들의 호기심을
키워주며 정보를 제공한다.

그림 3-7 내 몸의 뼈는 어떻게 생겼을까?
엑스레이의 기능과 인체 골격에 대해 관심을 보이는
유아이다. 평소에는 볼 수 없는 뼈대의 생김새를 관찰
하며 퍼즐처럼 위치를 조정하여 붙일 수 있는 자석 형
태의 교구이다.

그림 3-8 공룡에 대한 선호의 발달
공룡에 대한 대부분 남아들의 지속적인 관심은 대단하다. 예비 교사들은 공룡에 대한 기본적인 지
식을 쌓아두는 것이 현명하다.

그림 3-9 나무는 놀이터
농장에 간 만 4~5세 유아들이 거대한 나무에 오르며
놀고 있다.

그림 3-10 역사를 담은 화석
공룡과 같은 동물의 뼈 화석을 발굴하기 위한 도구와
탐사 과정에 대한 설명을 듣고 있다.

- 4세 유아들은 같은 범주 안의 생물은 비록 서로 다르게 생겼더라도 공통점을 많이 갖는다는 것도 이해한다(Gelman & Markman, 1986). 예를 들어, 까마귀는 크기나 생김새에 있어서 타조보다는 박쥐와 더 비슷하지만, 새(조류)에 속하기 때문에 타조와 공통점을 더 많이 갖는다고 판단할 수 있다.

그림 3-11 **까마귀는 누구와 더 비슷할까?**
타조와 까마귀는 조류에 속하고, 박쥐는 포유류이다. 동물의 범주에 대한 지식이 증가하는 유아는 범주에 따른 동물 특성의 유사성도 이해한다.

생물에 대한 유전과 환경의 영향에 대한 지식도 영유아기에 발달한다. 영유아들의 키가 크거나 작은 것과 같은 신체적 특징은 유전에 의해 결정되지만, 개보다 고양이를 좋아하는 것과 같은 심리적 특징은 주로 경험에 의해 결정된다고 판단한다(Springer, 1996).

(2) 자연환경 개념

영유아들은 주변에서 볼 수 있는 모든 것에 자연스러운 호기심을 보인다. 흙, 모래, 조개껍데기, 돌멩이, 시냇물, 바다 등은 어린이의 호기심을 자극하기에 충분하다. 자연환경에서 흔히 접할 수 있는 이러한 물질의 특성을 탐색할 수 있는 기회가 충분히 마련되어야 한다. 물, 암석, 광물에 어떤 패턴과 순환 과정이 있는지도 발견할 수 있다. 예를 들어, 시냇물이 강을 지나 바닷물이 되고, 증발한 물이 대기 중에서 무거운 구름이 되어 다시 비로 지면에 떨어지는 물의 순환 과정을 학습하게 된다. 또한 커다란 바위도 바람과 물의 작용으로 돌멩이와 모래알 같은 점점 작은 단위가 될 수 있음을 알게 된다.

자연환경은 영유아의 놀이터이자, 실험실이 된다. 이들은 혼자서, 소집단의 또래들과, 또는 성인의 도움을 받아 자연 속에서 원하는 대로 놀면서 관찰한 것을 그리거나, 숫자와 기호를 이용해 기록하거나, 그래프를 그릴 수 있다. 자연환경에 대한 영유아의 개념 발달은 직접적 경험 없이 이루어질 수 없다.

3) 자연현상 개념

자연현상에 대한 영유아의 개념은 취학 전부터 매우 커다란 발달적 변화를 겪으며, 이후의 개념 변화에 큰 영향을 미친다(de Lima Moteiro, Gatista, Mendes, Rodriguess & Teixeira, 1993).

영유아기에는 태양계나 우주에 대한 암기 위주의 형식적인 교육보다는 일상생활을 통해 직접 접할 수 있는 환경을 탐색하면서 자연현상에 대한 개념을 학습하는 것이 좋다. 예를 들어, 달의 주기 변화는 어린이들에게 친숙하고 자연스러운 자연현상이지만, 동시에 오해하기 가장 쉽기도 하다. 지구, 달, 해의 모양과 상대적인 위치를 잘 알고 있는 초등학생도 그러한 정보를 이용해 달의 주기를 설명하기 어려워한다(Trundle & Troland, 2005). 영유아들은 매일의 기온, 바람이나 눈·비와 같은 다양한 날씨, 계절의 변화를 중심으로 경험을 통해 자연현상에 대한 개념을 습득할 수 있다.

4) 도구와 기계 개념

영유아들의 선천적인 호기심과 놀잇감은 자연스럽게 연결된다. 도구와 기계에 대한 개념은 놀잇감에 대한 탐색 경험으로부터 습득되기 시작한다. 용수철이 있거나, 전지를 이용하는 놀잇감을 통해 힘의 근원을 이해할 수 있다. 분리되어 망가지거나 더 이상 작동하지 않는 놀잇감을 다시 조립하고, 전지를 새로 넣거나, 고쳐보게 하는 것이 좋다. 이 과정에서 원래의 작동원리를 이해하게 되고, 필요한 도구에 대해서도 알게 되며, 실제로 다시 작동하도록 고치는 경험도 얻을 수 있다(Seefeldt, Galper & Jones, 2012).

그림 3-12 **시소의 운동**
유아가 놀이터에서 역동적으로 놀이에 참여하는 과정에서 동력을 이용하지 않는 간단한 기계(simple machine)에 대한 기본적인 이해가 발달한다.

그림 3-13 **도구와 기계의 조작**
과학박물관에 간 만 4세 유아가 톱니바퀴와 도르래 등이 포함된 기계장치들을 작동시켜 보고 있다. 기계에 힘이 전달되어 움직이는 장면을 관찰할 수 있다.

물론 이때는 성인의 도움이 필요하며, 3세 이하의 영아들은 참여하기 어렵다. 특히 영아가 삼킬 수 있는 작은 부품을 주의해야 한다.

3. 영유아기 과학적 과정기술의 발달

과학적 과정기술로는 관찰, 분류, 예측, 추론, 측정, 의사소통 등을 들 수 있다. 마틴(Martin, 1997)과 조부월, 이영석(2004)의 과학적 과정기술의 하위 요소와 평가 준거는 〈표 3-3〉과 같다. 여기에서는 예측과 추론을 묶어 총 다섯 가지의 과정기술에 대한 영유아의 발달에 대해 살펴보고자 한다.

1) 관찰
관찰은 감각기관을 이용해 정보를 모으는 기초적 과정을 의미한다. 과학적 탐구는 관찰하기로부터 비롯되고 관찰은 주의 집중에 의해 시작된다. 영유아들은 발달 특성상, 학령기 아동이나 청소년에 비해 주의 집중 시간이 짧다.

표 3-3 **과학적 과정기술의 하위 요소와 평가준거**

과학 과정기술	내용
관찰	• 제시된 사물을 주의 집중하여 감정하기 • 하나 이상의 감각을 사용하여 관찰하기 • 사물의 특성을 정확하게 묘사하기 • 관찰하기 위해 돋보기 등의 도구를 사용하기
분류	• 분류할 수 있는 사물의 주요 특징을 말로 표현하기 • 준거에 의해 사물을 두 집단으로 정확히 분류하기 • 다양한 방법으로 정확하게 분류하기 • 분류 준거를 설명하기
예측	• 알고 있는 지식에 기초하여 예측하기 • 새로 얻은 정보에 기초하여 예측하기 • 예측하기 위해 적절한 이유를 제시하기 • 자신의 예측과 실제 일어난 일을 비교하여 설명하기
추론	• 일어난 일의 원인을 추측하기 • 최소한의 발견한 증거를 바탕으로 추론하기 • 추론하기 위해 모든 정보를 사용하기 • 올바른 근거를 토대로 추론 과정을 설명하기
측정	• 적절한 측정 유형에 대하여 말하기 • 적절한 측정 도구를 선택하기 • 측정 기술을 적절하게 적용하기 • 적절한 측정 단위를 선택하기
의사소통	• 타인과 생각을 주고받기 • 타인이 알지 못하는 사물의 특성을 잘 설명하기 • 질문을 하기 • 결론을 내리기 위해 근거를 설명하기

사물에 직접 행위를 가하고 그 반응을 관찰하는 것은 영유아들에게 발달적으로 적합한 활동이므로, 교사는 이에 적합한 매체와 활동을 제공해야 한다. 관찰할 매체가 있는 활동을 통해 탐구를 진행하는 동안 영유아의 개념 이해가 심화된다(이경우·조부경·김정준, 1999).

2) 범주화와 분류

세상에 존재하는 실체들을 어떤 기준에 따라 나누어 주는 것을 범주화라고 한다. 영유아는 범주화를 통해 사물과 사건을 이미 알고 있는 개념이나 범주로 구분할 수 있다. 따라서 범주화는 보다 효율적으로 세계를 경험하고 학습을 할 수 있게 해 주는 인지적 기술이다.

영유아들이 형성하는 개념들 가운데 자연범주(natural kinds)가 있다. 자연에서 생겨나는 범주인 자연범주는 그 존재와 특성이 인간의 활동과는 상관이 없다. 동물, 식물, 광물은 모두 자연범주에 속한다.

자연범주 이외에 더 일반적인 명목범주나 인공범주도 존재한다. 명목범주(nominal kinds)는 자연보다는 인간의 관습에 따라 규정되는 범주이다. 예를 들면, 짝수, 네모, 할아버지 등은 분명하게 정의내릴 수 있는 개념이다. 네모, 즉 사각형은 '네 개의 선분으로 둘러싸인 평면 도형', 할아버지는 '아버지의 아버지'로 정의된다. 인공범주(artifacts)는 사람이 만들어낸 물체를 말한다. 자동차, 책상, 전화, 사전 등이 인공범주에 속한다.

자연범주를 이용해 설명을 하자면, 세상의 존재들은 생물과 무생물로, 생물은 동물과 식물로 나눌 수 있고, 동물은 다시 포유류, 조류, 양서류, 파충류 등으로 나뉜다. 이 중에서 조류를 예로 들면, '알에서 태어나고, 날개가 있으며, 다리가 두 개 있고, 깃털을 가진다'와 같은 공통점을 찾아 볼 수 있다. 이와 같이 범주를 구성하는 각 집합들은 유사성을 가지며, 이에 따라 각각의 집합으로 묶이게 된다.

3~4개월의 어린 영아들도 동물에 대한 기본 수준의 범주를 표상하고 있다. 이 경우도 역시 피아제의 예상을 뛰어넘는 것이다. 습관화 절차[1]를 통한 연구에서 영아들은 '말'의 범주에는 고양이, 얼룩말, 기린을 포함시키지 않았고, '고양이'의 범주에는 말과 호랑이를 넣지 않았다(Eimas & Quinn, 1994). 이는 어린 영아들도 서로 다른 집단에 속하는 대상물을 구분할 수 있음을 보여 준다.

분류는 특정한 속성을 기준으로 사물이나 현상을 나누는 것 자체를 말한다. 영유아는 일상생활에서 색깔, 크기, 모양, 용도, 소유자, 시간, 위치, 계절 등에 따라 사물, 사람, 사건 등을 분류하는 것을 자주 경험하게 된다. 자석에 붙는 것과 붙지 않

---

[1] 습관화 절차란 동일한 자극에 반복적으로 노출시켜 익숙해지게 한 다음, 변화를 주었을 때 습관화에서 벗어나는지, 즉, 탈습관화되는지 알아보는 실험 방식을 말한다.

그림 3-14 범주 구분하기
사자의 다양한 사진에 반복 노출되어 습관화된 영아들은 호랑이 사진을 보면 탈습관화된다. 즉, 뭔가 다르다는 것을 느끼고 더 오랫동안 주의를 기울인다. 이러한 실험을 통해 영아들에게 기초적인 범주화 능력이 있음을 알 수 있다.

는 것 또는 물에 뜨는 것과 뜨지 않는 것을 실험을 통해 비교하여 분류할 수 있고, 가을에 산책하며 발견한 다양한 나뭇잎들을 색깔과 모양에 따라 분류할 수 있다.

단순 유목 과제를 하는 4~6세 유아들은 색, 모양, 크기의 세 가지 속성 중 주로 색을 준거로 유목하는 경향이 있다. 또한 연령이 증가할수록 단순 유목 과제를 더 잘 해결한다. 4세 19.2%, 5세 28%, 6세 45%, 7세 90%, 8세 100%로 유목 성공률이 높아졌다(박현경, 1999). 유목 과제에서 5세 유아들은 3, 4세 유아들에 비해 정답률이 훨씬 높고, 응답속도도 유의하게 빠른 것으로 나타났다(박윤현, 2013).

여러 가지 속성에 따른 유목 수행을 살펴본 김신옥(2004)의 연구에서 4세 유아들은 한 속성으로도 성공하지 못한 경우가 57.5%, 한 가지 속성으로 유목한 경우가 30%, 두 가지 속성으로 유목한 경우가 7.5%, 세 속성 모두에 대해 성공한 경우가 5%였다. 반면, 5세 유아들은 0, 1, 2, 3가지 속성으로 잘 유목한 비율이 각각 20%, 30%, 40%, 10%로 나타나, 4세 유아들보다 더 많은 속성으로 대상을 유목할 수 있음을 보여주었다.

3) 인과관계와 예측 및 추론

우리 주변에서 일어나는 일들은 우연히 일어나기도 하지만 대부분은 어떤 원인에 의해 일어난다. 유리창이 깨지는 것은 날아오는 공에 맞았기 때문이고, 유아가 우유를 쏟으면 신문이 젖는다. 이와 같이 원인과 결과를 잇는 것을 '인과관계'라고 한다.

영아들도 사건의 원인과 결과에 대한 표상을 형성하고 있다. 아기 침대 안에 영아가 누워 있다. 천장에 달린 모빌에 끈을 연결해 영아의 발에 묶는다. 영아는 처음에는 모빌이 우연히 흔들리는 것이라고 여긴다. 그러다가 점차 자기가 다리를 꼼지락거릴 때마다 모빌이 움직인다는 것을 알게 된다. 어떠한 행동이 특정한 결과로 이어지는 사건들을 반복적으로 경험하면서 영아들은 원인−결과 간의 관계에 대한 지식을 습득해 나간다.

그림 3-15 **대상물에 영향을 미치는 놀이의 반복**
모빌 형태의 장난감 중에서 쉽게 떼어낼 수 있었던 사물을 기억하는 5개월 영아로, 아기 놀이터에 들어서자마자 주황색 원숭이 인형을 잡아당겨 떼어내는 데에 성공했다.

이러한 인식은 목적 지향적인 행동으로 이어진다. 일부러 발을 힘차게 움직여 춤추는 모빌을 보고자 하는 것이다. 또한 사건 간의 인과관계에 대한 인식은 기억으로도 연결된다. 영아는 다음 날, 또 그 다음 날이 되어도 모빌을 바라보며 발을 움직이고 모빌이 춤추길 기대한다.

〈그림 3-16〉처럼 왼쪽에서 오른쪽으로 움직이던 빨간색 벽돌이 녹색 벽돌과 만나 멈추고, 그 때부터 녹색 벽돌이 움직이기 시작하는 장면에 습관화된 6개월 영아들은 빨간색 벽돌이 녹색 벽돌과 채 만나기 전에, 또는 만나고 나서 몇 초가 지난 후에야 움직이면 탈습관화를 보인다(Leslie, 1984). '빨간색 벽돌이 녹색 벽돌을 움직이게 하는 것'이라는 인과관계가 깨진 상황에 대해 놀라기 때문이다.

원인과 결과 간의 관계를 추론하는 능력은 생후 2년 동안 계속 발달한다. 이와 같이 영아기부터 나타나는 사건 간의 인과관계에 대한 이해는 이후 유아기, 아동기의 과학적 사고를 형성하는 중요한 부분이다. 인과관계는 '왜 이렇게 되었을까?', '만약 ~하다면 어떻게 될까?'와 같은 추론, 예측, 가설의 수립과 검증 과정의 핵심이기 때문이다.

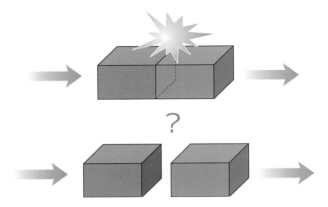

그림 3-16 **인접한 사물에 영향 미치기**
• 움직이는 빨간색 벽돌이 녹색 벽돌과 만나서(원인) 녹색 벽돌을 움직이게 하는(결과) 상황이다(위).
• 위의 상황에 습관화된 유아들은 이 그림처럼 깨진 인과관계에 대해 놀라는 반응을 보인다(아래).

4) 측정

측정은 과학적 과정기술 중에서 수학과의 통합적 성격이 가장 강한 요소라고 볼 수 있다. 또한 측정을 통해 관찰, 분류, 타인과의 의사소통 등의 다른 과학적 과정기술도 향상된다(이정화·한희승, 2010).

영유아들은 자신의 신체와 주변 사물들의 크기, 무게, 부피, 넓이 및 시간 등에도 관심을 가지고 있다. 어린 유아들은 '큰' 것에 대한 관심을 많이 보이기 때문에, 가장 먼저 발달하는 인식은 무엇이, 또는 누가 더 '큰'지에 대한 것이다. 이들은 단순히 크기뿐만 아니라 길이, 무게, 부피, 넓이와 혼용하여 '크다'의 개념을 사용되는 경향이 있다. 즉, 긴 것, 무거운 것, 더 많이 담은 것, 더 넓은 것을 모두 더 '크다'고 인식하고 표현하는 것이다. 측정하는 대상의 특성과 그에 따라 차별화되는 측정도구, 그리고 언어로 측정 결과를 표현하는 방법은 어린 유아에게 혼란을 줄 수 있다.

측정은 차이 비교로부터 시작된다. 예를 들어, 서로 다른 무게의 물건 두 개를 집어 든 첫 경험은 영아에게 무게의 차이에 대한 인식을 준다. 잴 수 있는 많은 사물들로 차이를 비교하는 경험이 반복되면서 측정에 대한 일반적 지식이 발달하게 된다.

측정에 대한 영유아의 이해가 발달하는 과정은 예측 가능하다.

- 처음에는 두 가지 사물을 바로 붙여 놓고 어떤 게 더 크고 어떤 게 작은지 보려 한다.
- 두 사물을 줄지어 놓기가 어려울 수도 있음을 안다. 이때, 도구를 사용해 보도록 권유받을 수 있다. 대표적으로 끈 같은 것을 이용할 수 있다. 또한 차이를 비교하기 위해 임의적 단위를 여러 개 함께 사용한다. 블록을 여러 개 써서 더 긴 블록 길을 재거나, 트럭 모형의 무게와 균형을 맞추기 위해 작은 자동차 모형 여러 개를 양팔저울에 올려놓는 식이다.
- 위의 임의적 단위를 하나만 쓰면서 여러 차례 반복해서 차이를 비교한다. 하나의 블록으로 전체 길이를 재는 식이다.
- 자, 저울, 컵 등의 표준 단위를 사용해서 차이를 비교한다.
- 표준 단위를 사용해서 수치를 얻어내며 정확히 측정한다.

유아들에게도 측정의 필요성은 광범위하다. 예를 들어, 체육활동에서 자신에게 필요한 공간을 준비하거나, 쓰기 활동에서 종이 위에 공간을 계획할 때, 요리나 공작 활동 등에서 거리, 길이, 무게, 부피, 시간 등을 재는 것은 필수적으로 요구된다.

특히 과학적 활동에서 과정기술로서의 측정이 필요한 경우가 많다. 물과 얼음의 상태 변화에 따른 부피 비교, 모형자동차의 무게에 따른 속도 비교, 씨앗을 심어 자라난 식물의 높이 측정, 날씨의 변화에 따른 온도와 습도의 측정, 모양이 다른 종이비행기들이 땅에 떨어지기까지의 시간과 비행거리 측정 등, 영유아가 경험할 수 있는 과학활동에 측정의 요소가 결합되는 것이 일반적이다. 교사는 영유아의 발달 수준에 맞는 측정 경험이 제공되도록 해야 할 것이다.

5) 의사소통

유아들이 물리 관련 활동에 참여하는 동안 교사의 개방형 질문과 서로 간의 토론이 적극적으로 이루어지면 과학적 과정기술의 사용 기회가 많아진다(이정화·한희승, 2010; Atkinson & Fleer, 1995; Chaille & Britain, 1997). 영유아가 궁금한 것, 스스로 생각한 것을 표현할 수 있도록 교사가 적극적으로 도와야 하는데, 이때 적절한 발문의 의미가 크다.

어린 영아들도 '이건 왜 이래요?'와 같은 질문을 통해 과학적 호기심을 표현하므로, 성인이 이러한 호기심에 적극적으로 반응해주며 함께 답을 찾아보려는 태도를 키워주는 것이 좋다. 영유아기가 진행되면서 다양한 양식의 표상능력이 발달하게 되어 말뿐만 아니라, 그림, 지도, 도표, 그래프, 보고서 등으로 관찰한 사실이나 실험 결과를 나타낼 수 있게 된다.

과학능력 발달의 개인차, 성차, 문화차

장애가 있는 영유아들은 과학능력의 발달에 있어서 어려움을 겪는다. 시각이나 청각 등의 감각 장애를 지닌 영유아는 주변의 과학적 현상을 경험할 수 있는 기회가 적을 것이다. 예를 들어, 시각장애로 앞을 못 보는 유아는 달걀에서 병아리가 부화하고, 커다란 수탉이나 암탉으로 자라는 것을 볼 수 없다. 반면에, 시공간 기술이 또래보다 발달한 경우에는 과학적 개념 습득이 더 빠를 수 있다(Friedman, 1994).

과학은 전통적으로 남성의 영역으로 여겨져 왔다. 유명한 과학자 중에도 남성이 많고, 여아들보다 남아들이 과학을 더 좋아하거나 과학과 관련된 직업을 더 많이 희망해왔다(Bandura, Barbaranelli, Carprara & Pastorelli, 2001; Nakazawa et al., 2001; Penner, 2003). 그러나 효율적으로 과학을 지도하고, 활발한 상호작용 활동을 이끌며, 과학 관련 직업을 장려하는 것이 여아들의 과학능력 발달을 위해 중요하다(Burkam, Lee & Smerdon, 1997). 특히 영유아기부터 여아와 남아가 모두 과학에 호기심과 흥미를 가지도록 지도할 필요가 있다.

문화적 믿음과 수행 또는 거주 환경도 과학적 지식 및 추론 기술의 발달에 영향을 준다. 아시아 문화권의 영유아들은 식물을 정성들여 가꾸거나 사물을 존중하는 경우를 자주 보았기 때문 식물이나 무생물이 '마음'을 가지는 것으로 생각하는 가능성이 더 높다(Hatano & Inagaki, 1996). 도시 지역에서 자라는 영유아는 농촌의 영유아에 비해 송아지가 태어나거나, 벼가 자라고 밤이 열리는 것과 같은 생물학적 주기를 경험할 가능성이 낮다. 따라서 성인이 감독을 잘 할 수 있는 선에서 영아들이 작고 부드러운 동물들과 상호작용할 수 있도록 배려할 필요가 있다. 유아들에게는 주변에서 볼 수 있거나 야생의 동물들을 다룬 정보책을 읽어 주고, 동물원, 식물원, 수족관, 농장 등에 견학을 데려갈 수 있다.

◀ **동물에 대한 정보책** 영아용 그림책 시리즈 중 《산짐승과 나무 열매》편(보리출판사)-세밀화 기법을 사용하여 동물들을 사실적으로 묘사하고 있다.

◀◀ **글 없는 그림책** 《알과 암탉》(엘라 마리 지음, 시공주니어)-닭이 낳은 달걀에서 병아리가 태어나 성장하는 과정을 단순한 그림과 색상으로 보여 준다.

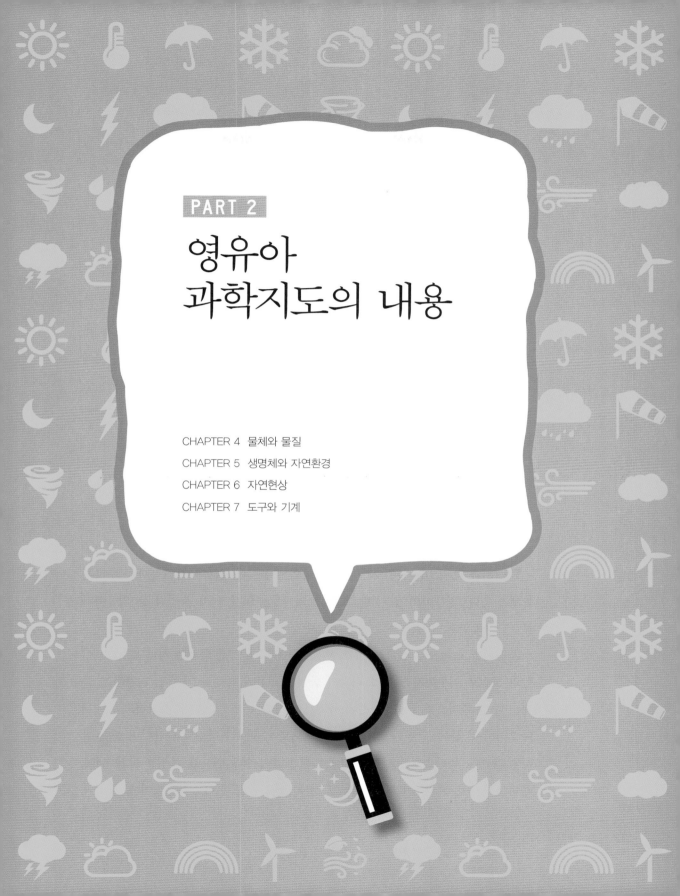

CHAPTER 4

물체와 물질

영유아는 모빌의 움직임을 주시하며 모빌이라는 물체를 탐색하고 물장구를 치면서 물이라는 물질을 탐색한다. 또한, 친구들과 공놀이를 하면서 공이라는 물체를 알아가고 모래놀이를 하며 모래라는 물질을 알아간다. 이와 같이 영유아는 일상생활을 통해 다양한 물체와 물질의 특성을 탐색하고 그 성질을 자연스럽게 알아가며 물체와 물질에 대한 나름대로의 지식을 구성해 간다.

1. 물체와 물질 개념

물체(物體, object)는 물질로 구성된 하나의 사물이다. 영유아의 주변에는 수많은 물체가 있다. 영유아의 옷, 신발, 가방, 모자, 책상, 의자, 액자, 숟가락 등 영유아가 볼 수 있고 만질 수 있는 모든 비생명체는 물체이다.

물질(物質, matter)은 물체를 이루는 재료를 말한다. 모든 물체는 하나 또는 그 이상의 물질로 이루어져 있으며, 각각의 물질은 고유의 특성을 가진다. 의자라는 물체는 나무, 플라스틱, 금속, 천 등의 물질로 구성되어 있다. 나무는 단단하고 금속보다 가벼우며 불에 잘 탄다. 금속은 일반적으로 나무보다 무겁고 단단하며 불에 잘 타지 않는다. 플라스틱은 가볍고 열에 의해 모양이 쉽게 변한다. 물질은 고체, 액체, 기체의 상태로 존재하며 열에 의해 그 상태가 변하기도 한다. 예를 들어 물은 액체이지만, 가열에 의해 수증기로, 냉각에 의해 얼음으로 변화한다.

영유아는 일상생활 속에서 무수한 물체와 물질을 접하고 탐색하며 사물의 특징이나 본질을 알아간다. 예를 들어 영유아는 풍선을 불면서 풍선의 부피가 점점 커지는 경험을 한다. 또한, 한껏 부풀었던 풍선에서 공기가 빠져나오면 다시 풍선의 부피가 줄어드는 경험을 한다. 이 과정에서 영유아는 정확한 과학적 원리나 이론은 몰라도 공기의 출입과 풍선의 부피 변화에 대해 경험하고 생각하게 된다. 그뿐만 아니라 호기심을 가지고 부피 변화의 원인에 대해 추론할 수 있다. 이와 같이 영유아는 사물을 조작하고 그 반응을 관찰하는 경험을 통해 물체와 물질에 대한 지식, 즉 물리지식을 형성해 간다.

물리지식은 사물의 속성 및 그와 관련된 물리현상을 이해하기 위한 지식이다. 즉, 물리지식은 물리세계에 대한 지식(Povinelli, 2003)이다. 물리세계는 물리대상과 물리현상으로 이루어진다. 물리대상에 대한 지식은 물체의 외관상으로 나타나는 색, 모양, 크기, 무게처럼 눈으로 보면 알 수 있는 지식이다(Charlesworth & Lind, 2007). 물리현상에 대한 지식은 물체의 움직임을 일으키는 중력이나 부력 같은 힘처럼 눈으로 볼 수 없지만 물체와 관련된 물리현상을 이해하기 위한 지식이다(Kamii, 1985). 예를 들어, 풍선의 색, 모양, 크기, 무게에 대한 지식은 풍선이라는 물리대상에 대한 지식이다. 불지 않은 풍선을 물에 넣으면 가라앉지만, 크게 부푼 풍선을 물에 넣으면 물에 뜬다. 이 현상을 이해하려면 물체의 밀도, 부력과 같은 물리현상에 대한 지식이 필요하다.

피아제는 영유아의 물리지식에 대한 연구를 가장 먼저 시작했다. 그는 그림자, 지렛대, 진자, 자동차, 배, 물 등 다양한 물체와 물질을 이용해 영유아의 물리지식을 살펴보았다. 그 결과 영유아의 사고 구조의 특성을 밝혀냈다. 즉, 피아제에 의하면 전조작기의 영유아는 사물의 실제가 아닌 외관에 의존하며, 지각할 수 있는 상태에 초점을 두고, 가역성이 결여되어 있다. 구체적 조작기에 이르러 영유아는 가역성과 보존개념을 획득하지만, 구체적 대상에만 조작이 가능할 뿐이다.

'이론-이론(theory theory)'에서는 여러 실험 연구들을 근거로 전조작기의 유아보다 더 어린 영아도 물체의 존재와 움직임에 대한 지식을 가지고 있음을 주장했다. 베일라전(Baillargeon, 1991)은 습관화 과제를 이용해 4개월 영아도 이미 대상 개념을 이해하고 있음을 밝혔다. 역시 습관화 과제를 이용해 스펠케(Spelke, 1994)는 6개월 영아도 아래로 떨어지는 물체에 대해 중력과 관성에 관련된 물리지식이 있음을 보고했다. 이와 같은 연구들은 아기들이 태어날 때부터 물체의 출현과 소멸, 움직임, 대상의 종류에 대한 이해가 가능함을 밝혔다(Baillargeon, 1994; Spelke, 1994). 즉, 영아도 초보적이기는 하나 물체의 존재나 움직임을 이해한다는 것이다.

영유아의 물리지식의 출현 시기에 있어 피아제와 이론−이론의 견해 차이는 조심스럽게 해석될 필요가 있다. 두 이론의 입장에서 영유아의 물리지식 연구 방법이나 과제가 각각 달랐기 때문이다. 예를 들어 피아제는 물체가 물에 뜨고 가라앉는 현상에 대한 영유아의 지식을 연구하기 위해 4~10세 유아를 대상으로 나무, 못, 돌 등의 구체물을 제시하여 물체가 물에 뜰지 가라앉을지를 예측하고 그 이유를 설명하도록 하였다. 이에 비해 베일라전이나 스펠케는 습관화 방법을 이용하여 영아의 물리지식을 살펴보았다. 즉, 6개월된 영아에게 아래로 떨어지던 공이 받침이나 지지가 없이 공중에 멈추어 있는 상황을 보여주었을 때, 영아는 자신의 예상과 다르기 때문에 한참이나 그 모습을 쳐다본다는 점에서 '영아도 중력에 대한 물리지식이 있다'라고 보았다.

어떤 방법을 이용하여 영유아의 물리지식을 어떻게 측정하느냐에 따라 지식 여부에 대한 결과는 달라질 수 있다. 영유아가 물리지식을 가지고 있느냐의 여부보다 더 중요한 것은 영유아는 능동적으로 스스로 과학지식을 구성해 나간다는 점이다. 피아제는 전조작기 유아의 능력을 과소평가했지만, 물리적 지식활동을 통해 영유아가 과학지식이나 개념의 의미를 스스로 구성한다고 보았다. 즉, 피아제의 인지적 구성주의에 의하면, 영유아는 자신이 이미 가지고 있는 선 개념을 근거로 결과를 예측하고 이 예측이 맞지 않을 때 인지갈등을 경험한다. 그리고 동화와 조절을 통해 평형화에 이르면서 새로운 지식을 구성하게 된다. 예를 들어 영유아는 고무찰흙 덩어리를 물에 넣었을 때 바닥으로 가라앉는 모습을 관찰하게 된다. 영유아가 물 위에 뜬 배의 모습을 떠올리며 고무찰흙을 배 모양으로 만들어 물에 넣으면 물에 뜬 고무찰흙을 보게 된다. 이 과정에서 영유아는 똑같은 양의 고무찰흙의 모양을 어떻게 변형시키는가에 따라 그 부피가 달라져 고무찰흙이 물에 뜨기도 하고 가라앉기도 함을 경험하게 된다. 영유아에게 중요한 것은 이 현상에서 부력이나 밀도와 같은 과학 개념을 정확하게 습득하고 과학원리를 이해해야 하는 것이 아니다. 그보다는 영유아가 호기심을 가지고 자발적으로 탐색하여 능동적으로 지식을 구성해 나가는 과정 그 자체에 과학활동의 의미와 중요성이 있다. 교사는 이를 위해 영유아가 일상생활 속의 물체와 물질을 탐색하고 그 특성을 스스로 알아가는 기회를 충분히 제공할 필요가 있다. 영유아의 안전에 방해가 되지 않는 선에서 영유아가 다양한 물체와 물질을 경험하는 것은 영유아의 과학지식 습득 및 과학적 사고 형성의 기반이 된다.

2. 물체와 물질 지도

영유아 대상 '물체와 물질'에 대한 표준보육과정 및 누리과정의 내용은 〈표 4-1〉과 같다. 영아를 대상으로 한 '물체와 물질 탐색하기'는 유아를 대상으로 한 '물체와 물질 알아보기'로 확대된다.

표 4-1 **물체와 물질에 대한 표준보육과정 및 누리과정 내용**

연령	0~1세	2세	3세	4세	5세
내용	물체와 물질 탐색하기		물체와 물질 알아보기		
연령별 내용범주	일상생활 주변의 몇 가지 친숙한 것들을 양육자와 함께 탐색한다.	친숙한 물체와 물질을 능동적으로 탐색한다.	친숙한 물체와 물질의 특성에 관심을 갖는다.	친숙한 물체와 물질의 특성을 알아본다.	주변의 여러 가지 물체와 물질의 기본 특성을 알아본다.
				물체와 물질을 여러 가지 방법으로 변화시켜 본다.	

1) 영아 대상 '물체와 물질' 지도[1]

0~1세 대상 '물체와 물질 탐색하기'는 일상생활 주변에서 시각, 청각, 후각, 미각 등의 다양한 감각을 통해 탐색할 수 있는 친숙한 환경과 놀잇감을 제공함으로써 영아가 이에 관심을 갖고 탐색하도록 격려하는 데 중점이 있다. 2세 대상 '물체와 물질 탐색하기'는 주변에서 탐색할 수 있는 친숙한 환경과 다양한 물체, 물질을 제공해 주어 영아가 호기심과 흥미를 보이도록 격려하는 것에 중점을 둔다.

(1) 지도지침

① 0~1세

물체와 물질에 대한 표준보육과정 0~1세 내용은 다음 〈표 4-2〉와 같다.

표 4-2 **물체와 물질에 대한 표준보육과정 0~1세 내용**

목표	감각과 조작을 통하여 주변 사물에 대해 지각한다.			
내용	세부 내용			
	1수준	2수준	3수준	4수준
물체와 물질 탐색하기	일상생활 주변의 몇 가지 친숙한 것들을 양육자와 함께 탐색한다.			

0~1세 영아기는 주변 세계에 대해 지각하는 수준에서 점차적으로 감각 경험을 통해 인식하고 개인적 의미를 구성해가는 탐색 수준으로 발달해가는 특성이 있는 시기이다. 따라서 0~1세 영아는 일상생활 주변의 친숙한 사물이나 물질에 관심을 가지고, 생활주변의 자연물을 감각으로 느끼고 탐색하는 것을 좋아한다. 이와 같은 발달 특성에 근거해 0~1세 보육과정 자연탐구영역은 영유아가 보고, 듣고, 만지면서 주변 환경에 관심을 가지는 것을 그 목표로 한다. 특히 0~1세 영아의 과학적 탐구하기는 주변 사물에 대한 탐색을 시도하고, 감각과 조작을 통하여 주변 사

---

1. 이 부분은 〈제3차 어린이집 표준보육과정 해설서〉 및 〈제3차 어린이집 표준보육과정 지침서〉를 참고하여 내용에 맞게 재구성하였다.

물과 자연환경에 대해 지각하는 것을 그 목표로 한다.

0~1세 영아는 일상생활의 친숙한 물체와 물질을 양육자와 더불어 탐색해 봄으로써 스스로 주변 물체와 물질에 대한 지식을 구성하게 된다. 따라서 이 시기의 물체와 물질 관련 과학지도는 영아가 주변 물체와 물질을 탐색하는 것에 중점을 둔다.

영아는 타고난 감각 능력을 이용하여 주변 환경의 수많은 자극에 반응하고 사물의 특징을 지각한다. 예를 들어, 태어난 지 얼마 되지 않은 영아도 엄마와 타인의 젖 냄새를 구분하고, 빛이 있는 쪽으로 시선을 집중하며, 색다른 소리가 나는 방향으로 고개를 돌리고, 익숙하지 않은 맛이나 나쁜 냄새에 대해 거부 반응을 보인다. 이는 영아가 태내에서부터 감각적인 지각을 습득함을 보여준다.

성장하면서 영아는 다양한 감각을 이용해 사물의 특징을 지각하게 된다. 즉, 영아는 주변의 자극에 반응하여, 보고, 듣고, 만지고, 맛보는 감각적 행위를 하며 연령이 증가함에 따라 다양한 감각을 이용해 주변의 물체와 물질을 지각하게 된다. 예를 들어 영아는 두 손을 모두 사용하여 사물을 이 손에서 저 손으로 옮겨가며 만지작거리고, 사물을 다른 각도에서 살펴보며 진보된 감각적 탐색을 한다. 또한 영아는 여러 가지 음식을 통해 다양한 모양, 냄새와 맛을 탐색하는 과정에서 물체와 물질에 대한 기초 지식을 구성해 나간다. 사물을 감각적으로 지각하는 능력은 과학적 탐구 능력 형성의 기초적 기능이라는 점에서 중요하다.

'물체와 물질 탐색하기'는 영아의 감각 능력 발달을 증진시킬 수 있다. 0~1세 영아의 '물체와 물질 탐색하기'를 돕기 위해 교사는 다음과 같은 점에 유의하도록 한다.

- 영아의 물체와 물질에 대한 탐색을 돕기 위해 교사는 영아의 시선을 따라가면서 영아가 관심을 보이는 사물에 함께 주의를 기울여 주는 민감성이 필요하다.
- 교사는 영아가 관심 있는 사물을 직접 감각적으로 탐색할 수 있도록 지원해 줄 필요가 있다. 예를 들어 영아가 마음대로 구기고 찢을 수 있는 종이

나, 파고 문지르고 주무를 수 있는 밀가루 반죽, 끌거나 당겨서 움직임이나 변화가 나타나는 놀잇감, 다양한 맛과 냄새 등을 맡아 볼 수 있는 여러 가지 과일 등을 제공하여 직접 손으로 탐색할 수 있도록 해 주어야 한다.

- 교사는 영아가 일상생활 주변의 친숙한 것들에 관심을 보일 때 적극적으로 탐색해 볼 수 있도록 적절한 몸짓, 표정, 언어로 상호작용해 준다.

예시1 교사-영아의 상호작용

- "(종이를 구겨 소리를 들려주며) 바스락바스락, 종이에서 소리가 나네."
- "(영아의 손에 종이를 쥐어주며) 여기 바스락거리는 종이가 있네. 우리 ○○가 한번 만져볼까?"
- "(종이티슈에 관심을 보이는 영아에게) 여기 부드러운 종이티슈가 있네. 선생님처럼 쭉~쭉~쭉~ 찢어볼까?"
- "(잘게 찢은 종이를 영아의 머리 위에 뿌리며) ○○ 머리 위에 비가 오네. 주룩주룩, 종이 비가 내려."

영아에게 일상생활 주변의 친숙한 사물을 탐색할 수 있도록 환경을 미리 계획하여 구성해 주되, 영아가 입에 넣거나 피부에 닿더라도 안전한지 반드시 확인한다.

② 2세

물체와 물질에 대한 표준보육과정 2세 내용은 다음 〈표 4-3〉과 같다.

표 4-3 **물체와 물질에 대한 표준보육과정 2세 내용**

목표	다양한 탐색을 통하여 주변 사물을 인식한다.	
내용	세부 내용	
	1수준	2수준
물체와 물질 탐색하기	친숙한 물체와 물질을 능동적으로 탐색한다.	

2세 보육과정 자연탐구영역의 목표는 주변 환경에서 호기심을 갖고 탐색하기를 즐기는 것이다. 특히, 2세 영아가 다양한 탐색을 통하여 주변 사물과 자연환경을 인식하는 것을 과학적 탐구하기의 목표로 한다. 2세 영아기는 주변의 자극에 반응하고, 사물에 대해 감각적으로 지각하는 수준에서 벗어나면서, 점차 감각 경험을 통해 물체와 물질을 다양하게 능동적으로 탐색하고 인식하여 개인적 의미를 구성해가는 탐색 수준으로 발달해가는 시기이기 때문이다.

2세 영아의 물체와 물질에 대한 능동적 탐색은 2세의 발달특성과 관련된다. 돌이 지나면서 걸음마를 하게 된 2세 영아는 행동반경이 확장될 뿐만 아니라, 인지발달로 주변 사물과 자연환경에 대한 호기심에 가득 차 있다. 2세 영아는 궁금증을 해결하기 위해 주변의 물체를 누르고, 집어넣고, 짜보고, 굴리고, 차보고, 올라서고, 던져보고, 굴려보고, 섞어보는 등의 다양한 탐색 행동을 즐긴다. 사물의 움직임에 관심을 가져 물체를 만져보고 움직이거나 떨어뜨려 본다. 예를 들어, 다양한 종류의 공을 굴려 보고, 발로 차보고, 만져보고, 던져본다. 승용 놀잇감을 타보고, 밀고, 끌어본다. 그뿐만 아니라, 2세 영아는 물질의 변화에도 관심을 가지고 능동적 탐색을 한다. 영아는 비누거품을 내어보고, 물감을 꼭 눌러 짜보거나 물에 풀어보기도 한다. 성인의 관점에서 볼 때 끊임없이 일거리를 만들어 내는 영아의 활동은, 영아의 관점에서는 능동적 탐색이라 할 수 있을 것이다. 영아는 이러한 자신의 탐색 행동에 대해 격려 받고, 탐색행동의 결과와 변화 과정에 대한 적절한 상호작용을 통해 보다 능동적으로 탐색할 수 있게 된다.

2세 영아의 '물체와 물질 탐색하기'를 돕기 위해 교사는 다음과 같은 점에 유의하도록 한다.

- 교사는 영아에게 물체를 움직이거나 물질을 변화시키는 놀이를 제공하여 능동적인 탐색을 격려해 준다. 이때 영아의 탐색 시도를 그대로 따라해 보이며 영아의 탐색행동과 결과를 관련지을 수 있도록, 적절한 언어적 상호작용을 해 주도록 한다.

예시2 교사-영아의 상호작용

- "(비눗물과 빨대에 관심을 보이는 영아에게) 빨대로 비눗물을 저어보자. 비눗물이 뽀글뽀글 올라오고 있네."
- "(비눗방울을 신기해하는 영아에게) 와, 비눗방울이 뽀글뽀글 생겼네. 비눗방울이 어떻게 해서 생긴 걸까?"

- 영아가 보다 능동적인 탐색을 할 수 있도록 굴려보고 던져보고 발로 차볼 수 있는 다양한 종류의 공, 올라타고 밀고 끌어볼 수 있는 승용 놀잇감, 휘저어보면서 물질의 변화를 관찰할 수 있는 비누거품, 손으로 눌러 짜보거나 만져볼 수 있는 물감 등 주변의 친숙한 물체와 물질을 다양하게 제공해 준다.
- 목표했던 행동과 결과에 초점을 두기보다는 영아에게 탐색할 수 있는 시간과 기회를 충분히 주어 탐색과정 자체를 스스로 즐길 수 있도록 해 준다.
- 비눗물이나 물감 등 영아가 입에 넣거나 삼킬 수 있는 물체와 물질을 제공할 때는 안전에 유의할 것을 강조한다.

(2) 연령별 활동

0~1세 영유아를 위한 연령별 활동의 구체적인 내용은 다음과 같다.

① 0~1세

0~1세 영아의 '물체와 물질 탐색하기'는 0~1세 영아가 일상생활 주변에서 다양한 감각을 통하여 친숙한 사물을 탐색할 수 있도록 교사가 함께 탐색하는 내용이다. 영아 주변의 '친숙한 물체와 물질 탐색하기'를 위한 수준별 활동 예시는 다음과 같다. 1수준에서는 교사가 영아에게 탐색의 기회를 제공해 준다. 수준이 올라가면서 영아가 직접 주변의 물체와 물질을 탐색하고, 탐색 방법이 확장된다.

친숙한 물체와 물질 탐색하기 활동을 위한 0~1세 수준별 활동 예시

수준	활동개요	사진
1수준	교사는 영아에게 다양한 재질의 종이(예: 습자지, 한지, 신문지 등)를 흔들거나 손으로 구기는 모습을 보여주면서, 소리나 느낌을 느껴보도록 한다.	
2수준	영아가 손을 뻗어 직접 여러 가지 재질의 종이를 만져보거나 구겨볼 수 있도록 돕는다.	
3수준	직접 종이티슈나 신문지 등을 구겨보거나 찢어보며 탐색할 수 있도록 한다.	
4수준	찢은 종이를 비처럼 뿌려보거나, 뭉쳐보며 자유롭게 탐색할 수 있도록 한다.	

자료: 보건복지부·육아정책연구소(2013). p.109.

② 2세

2세 영아의 '물체와 물질 탐색하기'는 2세 영아가 주변의 친숙한 물체와 물질을 능동적으로 탐색하는 것을 그 내용으로 한다. 2세 영아의 물체에 대한 탐색은 사물의 움직임에 대한 관심으로 나타나며, 공 주고받기 게임을 그 예로 들 수 있다. 또한 물질에 대한 탐색은 물질을 만지고, 섞는 등의 행위로 나타나며, 밀가루 풀에 물감 섞어서 그리기를 그 예로 들 수 있다.

교사는 2세 영아의 사물의 움직임 및 물질에 대한 탐색을 지원하도록 한다. 먼저, 사물의 움직임에 대한 탐색을 지원할 때는, 영아가 자신의 탐색 행동과 결과를 관련지을 수 있도록 한다. 예를 들어, 자동차에 달린 끈을 잡아당기는 영아에게 "끈을 빨리 잡아당기니까 차가 빨리 굴러가네."와 같이 적절한 언어적 상호작용을 해 줄 수 있다. 물질에 대한 탐색을 지원할 때는, 영아가 자발적이고 다양한 탐색을 통하여 물질의 변화 과정을 인식하도록 도와주도록 한다. "이것 봐. 하얀 밀가루에 초록 물감을 섞으니까 색이 점점 바뀐다."와 같이 물질의 변화에 초점을 두고 영아와 상호작용을 하도록 한다. 이러한 과정을 통해 영아는 주변의 사물과 자연환경을 인식하고, 자연스럽게 과학적 기초지식을 자신의 것으로 구성해 나가게 된다. 따라서 교사는 2세 영아가 친숙한 물체와 물질을 능동적으로 탐색하는 것에 중점을 두고 지도할 필요가 있다.

2세 영아의 '친숙한 물체와 물질을 능동적으로 탐색하기'를 위한 수준별 활동 예시는 다음과 같다. 밀가루 반죽 활동 사례에서, 1수준은 밀가루 반죽 자체를 다양한 방법으로 탐색해 본다면, 2수준은 반죽 전의 밀가루 및 반죽 과정의 변화까지 탐색하게 되면서 탐색의 범위가 확장됨을 알 수 있다.

친숙한 물체와 물질 탐색하기 활동을 위한 2세 수준별 활동 예시

수준	활동개요	사진
1수준	밀가루 반죽을 뭉쳐보고, 떼어보고, 길게 늘여보고, 손가락으로 꾹꾹 눌러보는 등 밀가루 반죽을 다양하게 탐색해 본다.	
2수준	반죽 전의 밀가루를 만져보면서 탐색해 보고, 식용색소를 탄 물을 조금씩 부어가며 반죽의 상태가 변하는 과정을 살펴본다.	

2) 유아 대상 '물체와 물질' 지도[2]

'물체와 물질 알아보기'는 누리과정 자연탐구영역의 '과학적 탐구하기' 범주 중 첫 번째 내용에 해당한다. '물체와 물질 알아보기'는 유아가 일상생활 속에서 접하는 친숙한 물체와 물질에 관심을 가지고 기본적인 특성을 알아보며, 점차 여러 가지 방법으로 물체와 물질을 변화시켜 보는 것에 대한 내용이다. 즉, 유아가 주변의 물체와 물질에 관심을 갖고 오감을 통해 그 특성을 알아보는 것을 다루며, 여러 가지 방법으로 물체를 움직여보고 물질을 변화시켜 물체와 물질의 기본적 속성을 적극적으로 알아가는 내용을 포함한다.

'물체와 물질 알아보기'는 물체와 물질의 기본 특성을 알아보는 활동(3, 4, 5세) 및 물체와 물질을 여러 가지 방법으로 변화시켜 보는 활동(4, 5세)으로 구성된다. 3세에서 4, 5세로 연령이 증가하면서 물체와 물질의 특성을 알아보는 활동뿐만 아니라 물체와 물질을 변화시켜 보는 활동이 추가됨을 알 수 있다.

'물체와 물질 알아보기'의 연령별 내용은 다음과 같다.

첫째, 3세의 내용은 친숙한 물체와 물질의 특성에 관심을 갖는 것이다. 이는 3세의 과학적 탐구가 2세의 물체와 물질에 대한 탐색에서 더 나아가 물체와 물질의 특성에 대한 관심으로 확장됨을 의미한다.

둘째, 4세의 내용은 친숙한 물체와 물질의 특성을 알아보는 것이다. 또한 물체와 물질을 여러 가지 방법으로 변화시켜 보기도 한다. 이는 4세의 과학적 탐구가 3세의 물체와 물질의 특성에 대한 관심에서 더 나아가 적극적으로 물체와 물질의 특성을 알아보고 능동적으로 물체와 물질을 변화시켜 보는 것으로 이루어짐을 의미한다.

셋째, 5세의 내용은 주변의 여러 가지 물체와 물질의 기본 특성을 알아보는 것이다. 또한 물체와 물질을 여러 가지 방법으로 변화시켜 보는 것이다. 이는 5세의 과학적 탐구가 5세 이전의 친숙한 물체와 물질의 특성에 대한 탐구에서 벗어나 주변

---

2. 이 부분은 〈3~5세 연령별 누리과정 해설서〉 및 〈교사용 지침서〉, 〈5세 누리과정 해설서〉를 참고하여 내용에 맞게 재구성하였다.

의 여러 물체와 물질의 기본 특성에 대한 탐구로 확장되고 능동적으로 물체와 물질을 변화시켜 보는 것으로 이루어짐을 의미한다.

(1) 지도지침

물체와 물질에 대한 누리과정 내용은 다음 〈표 4-4〉와 같다.

표 4-4 물체와 물질에 대한 누리과정 내용

목표	주변의 관심 있는 사물을 탐구하기 위한 기초능력을 기른다.		
내용	연령별 내용범주		
	3세	4세	5세
물체와 물질 알아보기	친숙한 물체와 물질의 특성에 관심을 갖는다.	친숙한 물체와 물질의 특성을 알아본다.	주변의 여러 가지 물체와 물질의 기본 특성을 알아본다.
		물체와 물질을 여러 가지 방법으로 변화시켜 본다.	

다음은 유아 대상 '물체와 물질 알아보기'를 위한 교사의 지도지침이다.

- 교사는 유아가 물체와 물질의 움직임이나 크기, 모양, 색 등의 특성에 관심을 가질 수 있도록 적절한 환경을 구성한다.
  - 3, 4세 유아: 움직이는 물체(공, 장난감 자동차, 원기둥형 실패 등)와 다양한 물질(물감, 밀가루, 모래 등)을 제공하여 오감각을 통해 물체와 물질의 특성을 알아보도록 한다.
  - 5세 유아: 3, 4세보다 좀 더 다양한 사물(구슬, 팽이, 바퀴, 여러 종류의 흙이나 분말 등)을 제공하여 오감각을 통해 물체와 물질의 특성을 알아보도록 한다.
- 교사는 유아가 물체의 움직임을 시도해 볼 수 있으면서 즉각적으로 물체의 반응을 경험할 수 있는 활동을 통해 물체의 움직임을 알아보도록 한다.
  - 예: "이 공이 더 멀리 굴러가도록 하려면 어떻게 하면 좋을까?"

"팽이가 잘 돌아가도록 하려면 어떻게 해야 할까?"

- 교사는 유아가 물체나 물질을 변화시켜 보기 위해 열을 가하거나 힘의 강도를 다르게 하는 등 여러 방법을 사용해 보도록 격려하고 변화 과정을 적극적으로 탐색해 볼 수 있게 한다.
  - 예: "사과를 주스나 잼으로 만들려면 어떻게 하면 좋을까?"

    "목표물을 정확히 맞히려면 진자를 어떻게 움직이면 좋을까?"

- 교사는 유아가 실내외 환경에서 다양한 물체와 물질을 경험할 수 있도록 환경을 미리 계획하여 구성해 준다. 그러나 한 번에 여러 종류의 물체와 물질을 제공해 주어 지나친 자극이 되지 않도록 주의한다.
- 교사는 유아가 궁금해 하는 내용을 스스로 탐색할 시간을 충분히 주어야 하며, 단순히 지식을 알려주는 목적으로 언어적 상호작용을 하지 않도록 유의한다.

(2) 연령별 활동

물체와 물질의 기본 특성을 알아보는 활동 중에서 3~5세 유아를 위한 연령별 활동의 구체적인 내용은 다음과 같다.

① 3세

'친숙한 물체와 물질의 특성에 관심을 갖는다.'는 유아가 주변에서 쉽게 발견할 수 있는 친숙한 물체나 물질의 크기, 모양, 색, 냄새, 소리, 질감과 같은 기본적 특성에 관심을 가지고 자연스럽게 탐색해 보도록 하는 내용이다. 3세 유아는 생활 속에서 사용되는 물체와 물질에 대해 탐색하는 것을 즐긴다. 그러므로 유아에게 익숙한 여러 물체나 물질을 제공해 주어 그 특성에 관심을 갖도록 한다. 예를 들어, 크기와 색, 질감이 다른 다양한 공을 제공해 주면 유아는 공을 탐색하면서 공의 특성에 관심을 가지게 된다.

② 4세

'친숙한 물체와 물질의 특성을 알아본다.'는 유아가 친숙한 물체나 물질에 대해 지속적으로 관심을 갖고 경험하면서 자연스럽게 물체나 물질의 특성을 알아보는 것에 대한 내용이다. 4세 유아는 물체나 물질에 관심을 갖는 것에서 더 나아가 물체나 물질의 크기, 색, 모양, 질감 등과 같은 특성을 구체적으로 알아보고자 한다. 그러므로 주변에서 익숙하게 볼 수 있는 자석이나 구슬과 같은 물체나 밀가루 반죽과 같은 물질 등을 가지고 놀이하면서 물체나 물질이 가지고 있는 기본적 특성을 알아볼 수 있다

③ 5세

'주변의 여러 가지 물체와 물질의 기본 특성을 알아본다.'는 유아가 관심영역을 다양한 물체와 물질로 확대하여 기본적인 특성을 구체적으로 알아보는 내용이다. 즉, 5세 유아가 자신의 주변에서 경험하게 되는 물체나 물질에 대해 자연스럽게 그것의 크기, 모양, 색, 냄새, 소리, 무게, 질감, 점성 등 여러 가지 기본적인 특성을 파악해 보도록 한다.

5세는 생활 속에서 자연의 소중함과 과학의 의미를 경험할 수 있는 시기이다. 5세 유아는 자신에게 의미 있고 관심이 있는 주변 세계를 현상적, 지각적 수준에서 이해할 수 있다. 또한 과학지식을 수동적으로 받아들이는 것이 아니라 자신의 탐구활동을 통해 지식을 구성하고 자신의 것으로 만듦으로써 과학에 대한 이해를 하게 된다. 따라서 5세 유아는 4세 시기에 탐색한 물체와 물질의 범위를 더 넓혀 다양한 방법으로 기본적 특성을 알아가게 된다. 이를 위해 유아가 주변에서 새롭게 접한 물체와 물질에 대해서도 두드러진 속성뿐 아니라 보다 세부적인 특성에도 점차 관심을 가지고 탐색해 볼 수 있도록 한다. 예를 들면, 밀가루 반죽을 만들 때 밀가루의 기본 특성을 아는 것과 더불어 물을 넣어 밀가루 반죽으로 변화되는 과정에서 밀가루 반죽이 끈적거리는 것과 같은 세부적인 특성도 알아볼 수 있다. 또한, 처음에는 '빨간 모자', '커다란 공', '차가운 물'과 같이 물체와 물질의 두드러진

물체와 물질의 기본 특성을 알아보는 활동의 연령별 예시

연령	활동개요	사진
3세	잘 굴러가는 물체(구슬, 공 등)를 비밀상자에 넣은 후 유아가 만져보며 무엇인지 이야기해 보고, 꺼내서 물체의 모양 등의 특징을 탐색해 본다.	
4세	쌓기영역에서 블록으로 경사로를 만들고, 잘 굴러갈 수 있는 물체와 그렇지 않은 물체를 제공하여 어떤 물체가 잘 굴러갈지 예측하고 실험해 보도록 한다.	
5세	바퀴가 실제 생활 속에서 어떻게 활용되는지 구체적으로 조사해 보고, 바퀴를 사용하는 물건(자동차, 자전거 등)을 폐품을 활용해 만들어 본다.	

자료: 보건복지부·교육부(2013). p.165.

속성에 주목하지만 점차 '까칠까칠한 잎사귀', '매끄러운 자갈들', '끈적끈적한 반죽' 등과 같이 보다 다양한 다른 세부 특성에도 관심을 가질 수 있도록 격려한다.

3, 4, 5세 유아의 '물체와 물질의 특성 알아보기'를 위한 활동 예시는 다음과 같다. 예시에서, 3세의 활동은 잘 굴러가는 물체의 특성을 탐색하는 것이다. 4세의 활동은 잘 굴러가는 물체와 그렇지 않은 물체를 제공하고 미리 결과를 예측해 본 후 실험을 통해 잘 굴러가는 물체의 특성을 알아보는 것으로 확장된다. 5세의 활동은 잘 굴러가는 물체(바퀴)가 실생활에서 어떻게 활용되는지 조사해 보고, 폐품을 활용하여 바퀴를 사용하는 물건을 만들어 보는 것으로 더욱 확장된다.

4, 5세의 물체와 물질을 여러 가지 방법으로 변화시켜 보는 활동은 다음과 같다.

'물체와 물질을 여러 가지 방법으로 변화시켜 본다.'는 유아가 자신에게 친숙해진 물체나 물질을 여러 가지 방법(자르기, 섞기, 분리 등)으로 변화시켜 봄으로써 물체와 물질의 기본 속성을 보다 적극적으로 탐색하도록 하는 내용이다. 4, 5세 유아는 관심을 가진 물체나 물질을 발견하면 어떻게 움직이고 변화시킬 수 있을지를 탐구하고 실험한다. 이를 위하여 유아가 물체와 물질을 반복적으로 경험하면서 잘라보거나 움직여 보거나 다른 것과 섞거나 분리시켜 내는 등 여러 가지 방식으로 변화시켜 봄으로써 물체와 물질의 속성에 대해 더 자세히 알 수 있도록 한다. 이러한 과정을 통해 유아는 물체와 물질이 변화에 따라 달라지는 특성은 무엇이고 변화에도 불구하고 변치 않는 속성은 무엇인지에 대해서도 인식할 수 있게 된다. 또한 자신이 직접 사물에 행위를 가하여 일어나는 반응에 관심을 가지게 되고, 반응이 유아의 행위에 다시 영향을 주는 역동적인 관계에 대해서도 관심을 확장시킬 수 있다. 유아는 물체와 물질의 여러 가지 세부적 특성에 보다 익숙해짐으로써 자신과 주변 환경을 인식하는 수준을 심화시켜 갈 수 있다. 또한 물체와 물질을 자신에게 흥미 있는 방식으로 다양하게 변화시켜 봄으로써 두 시점, 혹은 여러 시점에서의 속성 차이에 주목할 수 있다.

물체와 물질을 여러 가지 방법으로 변화시켜 보는 활동의 연령별 예시

연령	활동개요	사진
4세	• 화장지나 신문지를 물에 넣으면 어떻게 변화될지 예측한 후 관찰해 본다. • 걸쭉해진 종이를 만져보고 공으로 뭉치기 등 다양한 방법으로 변화시켜 본다.	
5세	• 물속에 종이를 넣어 변화를 탐색한 후 밀가루나 녹말가루, 분말 물감 등을 넣어 다시 변화 과정을 탐색한다. • 걸쭉해진 종이로 만들고 싶은 물건을 만들어 말려서 비교해 본다.	

4, 5세 유아의 '물체와 물질을 여러 가지 방법으로 변화시켜 보기'를 위한 활동 예시는 다음과 같다. 예시에서 4세의 활동은 종이를 물에 넣어 일어나는 변화를 예측한 후 결과를 관찰하고 다양한 방법으로 변화시켜 본다. 5세의 활동은 종이를 넣은 물에 밀가루나 물감 등을 추가하고 물에 녹은 종이로 물건을 만들어 말리고 비교하는 것으로 더욱 확장됨을 알 수 있다.

CHAPTER 5

생명체와 자연환경

영유아는 어항 속에서 움직이는 금붕어를 들여다보며 생명체의 움직임을 경험하고, 계절에 따른 나뭇잎의 색깔 변화에 관심을 가지며 식물의 변화를 알아간다. 또한, 영유아는 산책길에 만나는 강아지를 관찰하고 로봇 강아지와의 차이점을 발견하면서 생명체의 특성을 터득해 가며, 지구온난화에 따른 북극곰의 생존 위기 뉴스를 접하고 자연환경의 소중함을 느끼기도 한다. 이와 같이 영유아는 일상생활 속에서 주변 동식물에 관심을 가지고 그 특성을 알아간다. 또한 생명체로서 나와 다른 사람의 출생과 성장에 관심을 가지며, 생명체가 살기 좋은 환경에 대해 알아 간다.

1. 생명체와 자연환경 개념

생명체(生命體, living things)는 생명이 있는 물체이다. 영유아의 주변에는 수많은 생명체가 있다. 영유아가 가정이나 보육기관에서 접하는 애완동물, 곤충, 수족관의 물고기, 화분이나 화단에서 자라는 나무나 꽃, 상추나 고추 모종뿐만 아니라 산책길에 접하는 나무, 풀, 나비, 새 등은 모두 생명이 있는 생명체이다.

자연환경(自然環境)은 지구상의 생태계를 구성하고 있는 기본체계로 생물체와 비생물체로 구분될 수 있으며 이들은 서로 연관성이 있다. 생물체 사이나 생물체와 비생물체 사이에는 에너지 흐름을 통해 상호 밀접한 관련성이 있는데, 이러한 관련성으로 서로 얽혀져 있는 집단체계가 바로 생태계이다. 이런 상호작용에 의하여 생물권은 생존을 계속할 수 있게 된다. 이러한 생태계의 구조와 원리에 관한 연구 분야가 바로 생태학(ecology)이다.

영유아는 일상생활 속에서 다양한 생명체를 접하고 탐색하며 그 특성이나 본질을 알아간다. 예를 들어 영유아는 강아지나 장수풍뎅이를 기르며 적당한 시간에 먹이를 주고 키우는 장소를 깨끗하게 유지해 주어야 함을 배운다. 또한, 집이나 교실에서 방울토마토 모종을 키우면서 햇볕과 물을 조절해야 함을 배운다. 이 과정에서 영유아는 정확한 생물지식은 몰라도 생명 유지를 위한 필수 조건을 터득해 간다. 이와 같이 영유아는 생명체의 생명을 보존하기 위해 노력하고, 생물의 성장과정과 변화를 관찰하면서 생명체와 자연환경에 대한 지식, 즉 생물지식을 형성해 간다. 생물지식은 생명체의 속성 및 그와 관련된 생명현상을 이해하기 위한 지식이다. 즉, 생물지식은 생명체와 자연환경에 대한 지식으로 생물학과 생태학으로 연결된다.

영유아의 생물지식에 대한 연구는 피아제의 생명, 유전, 인공물과 자연물, 질병에 대한 연구로부터 비롯되었다. 피아제에 의하면 전조작기 유아는 인지구조 발달의 한계로 인해 생물지식 습득이 어렵다. 즉, 유아의 물활론적 사고는 생물과 무생물을 구별하지 못한 결과이며, '병'이라는 생물학적 현상을 '내가 미워해서 동생이 병에 걸렸다'라고 심리에 근거해 판단하는 한계를 전조작기 사고의 특성으로 보았다(유윤영, 2011). 따라서 피아제(1930)에 의하면 영유아는 살아 있음에 대한 개념을 완전히 가지지 못한다.

이후 여러 연구자들이 생물과 무생물의 구분, 소화, 에너지 대사, 질병, 유전 등에 초점을 맞추어 이러한 개념이 어떻게 발달하는지 연구한 결과 유아의 생물지식 발달에 대해 일치하지 않은 증거들을 제시하였다. 캐리(Carey, 1985)는 생물지식이 처음부터 존재하는 것이 아니라 10세경에 심리지식으로부터 분화되어 후천적으로 습득된다고 주장한 반면, 카일(Keil, 1992, 1994)은 생물지식이 물리나 심리지식과 마찬가지로 생애 초기부터 분리되어 존재하는 핵심영역의 지식이라는 반론을 제기하였다(김경아·이현진·김영숙, 2006). 8개월 영아는 스스로 움직이는 것과 그렇지 못한 것을 구분할 수 있으므로, 생물과 무생물을 구별할 수 있다는 연구 결과(Rakison & Poulin-Dubois, 2010)는 이러한 주장을 뒷받침하는 예가 될 수 있다.

영유아의 생물지식 발달은 3세와 5세 사이, 특히 3세와 4세 사이보다는 4세와 5세 사이에 더 큰 변화를 보인다. 생물에 대한 유아의 이해는 3세와 5세 사이에 일어나며, 유아의 생명 현상 인지 및 추론에서 발달적 차이는 4세 유아에서 나타난다(김진욱·이순형, 2007, 노보람, 2014). 학령기 이전 유아는 생물과 무생물을 구분하며 인과기제를 사용하여 생물 현상을 설명하는 것이 가능하지만, 생물 특성의 원인을 설명할 때 지각적 특징에 의존하다가 연령이 증가하면서 생물지식 특유의 인과기제로 옮겨가는 것으로 나타났다(변은희, 2005). 일상생활의 대화에서 나타난 유아의 생물지식의 발달은 생물지식의 종류에 따라 달랐지만 대체로 직관적 특성, 초보적 인과성, 과학적 인과성의 세 수준에 걸쳐 진행된다. 즉, 발달 초기에 유아는 생물 현상을 지각적 속성이나 결과 상태만으로 표현한다. 이러한 직관적 수준의 설명은 〈표 5-1〉과 같이 연령이 증가함에 따라 유전과 감각 현상을 제외하면

표 5-1 일상생활의 대화에서 나타난 영유아의 생물지식 발달

나이	2세	3세	3세	3세	4세	4세	4세	5세	5세	5세	6세	6세	6세	7세
월령	23~24	25~28	29~32	33~36	37~40	41~44	45~48	49~52	53~56	57~60	61~64	65~68	69~72	73~76
생명	직관적 특성	직관적 특성	직관적 특성	직관적 특성	초보적 인과성	초보적 인과성	초보적 인과성	초보적 인과성	초보적 인과성	초보적 인과성	과학적 인과성	과학적 인과성	과학적 인과성	과학적 인과성
성장	직관적 특성	직관적 특성	직관적 특성	초보적 인과성	초보적 인과성	초보적 인과성	과학적 인과성	과학적 인과성	과학적 인과성	과학적 인과성	과학적 인과성	과학적 인과성	과학적 인과성	과학적 인과성
신체와 기관	직관적 특성	직관적 특성	초보적 인과성	초보적 인과성	초보적 인과성	초보적 인과성	과학적 인과성	과학적 인과성	과학적 인과성	과학적 인과성	과학적 인과성	과학적 인과성	과학적 인과성	과학적 인과성
유전	직관적 특성	직관적 특성	직관적 특성	직관적 특성	직관적 특성	직관적 특성	직관적 특성	초보적 인과성	초보적 인과성	초보적 인과성	초보적 인과성	초보적 인과성	초보적 인과성	초보적 인과성
음식물 섭취와 소화	직관적 특성	직관적 특성	직관적 특성	초보적 인과성	초보적 인과성	초보적 인과성	초보적 인과성	과학적 인과성	과학적 인과성	과학적 인과성	과학적 인과성	과학적 인과성	과학적 인과성	과학적 인과성
질병	직관적 특성	직관적 특성	초보적 인과성	초보적 인과성	초보적 인과성	초보적 인과성	초보적 인과성	초보적 인과성	초보적 인과성	초보적 인과성	과학적 인과성	과학적 인과성	과학적 인과성	과학적 인과성
감각	직관적 특성	직관적 특성	직관적 특성	직관적 특성	직관적 특성	직관적 특성	직관적 특성	초보적 인과성	초보적 인과성	초보적 인과성	초보적 인과성	초보적 인과성	초보적 인과성	초보적 인과성

자료: 김경아·이현진·김영숙(2006). p.74.

일상생활에서 인과기제를 갖춘 과학적 이론의 형태로 발달해간다(김경아·이현진·김영숙, 2006). 이와 같은 발달 과정에 따른 생물 현상에 대한 지식 변화는 영유아의 경험으로 인한 자발적 변화일 수도 있고, 공식적 교육을 통한 과학 개념 습득으로 인한 변화일 수도 있다(Inagaki & Hatano, 2002).

영유아가 생물지식을 습득하는 대상은 주로 일상생활 속의 친근한 대상이다. 이는 영유아의 생물지식은 그들이 일상생활 속에 접하는 생명 현상을 나름대로 해석하고 이해하는 상호작용의 산물이기 때문이다. 따라서 교사는 영유아가 다양한 생명체를 탐색하고 그 특성을 능동적으로 구성해 갈 기회를 충분히 제공할 필요가 있다. 이를 위해 멀리 떨어진 동물원이나 식물원을 일회적으로 방문하기보다는 영유아의 생활공간 안에서 호기심을 유발하고 지속적으로 관찰할 수 있는 생명체를 자주 접할 수 있도록 하는 편이 좋다.

영유아기의 생물지식 습득에 관한 연구는 영유아의 교수·학습 방법과 내용에서의 변화 배경이 되고 있다. 예컨대 무조건 손을 씻어야 하는 것이 아니라 그것이 자신의 몸에 미치는 영향을 고려하도록 직접적 경험과 정신의 조작인 추론, 세균을 가시적으로 확인할 세균배양기와 같은 도구의 활용으로 영유아의 자발적이자 효과적인 결과를 얻을 수 있게 될 것이다(유윤영, 2011). 이와 같이 생물지식의 습득은 생명체의 일종인 영유아가 자신의 올바른 성장과 기본생활습관을 형성해 나가는 것에도 도움이 될 수 있다.

2. 생명체와 자연환경 지도

영유아 대상의 '생명체와 자연환경'에 대한 표준보육과정 및 누리과정의 내용은 〈표 5-2〉와 같다. 영아를 대상으로 한 '주변 동식물에 관심 가지기'는 유아를 대상으로 한 '생명체와 자연환경 알아보기'로 확대된다.

표 5-2 **생명체와 자연환경에 대한 표준보육과정 및 누리과정 내용**

연령	0~1세	2세	3세	4세	5세
내용	주변 동식물에 관심 가지기		생명체와 자연환경 알아보기		
연령별 내용범주	주변 동식물의 모양, 소리, 움직임에 관심을 가진다.	주변 동식물의 모양, 소리, 움직임에 관심을 가진다.	주변의 동식물에 관심을 가진다.	관심 있는 동식물의 특성을 알아본다.	관심 있는 동식물의 특성과 성장 과정을 알아본다.
			나의 출생과 성장에 대해 관심을 갖는다.		나와 다른 사람의 출생과 성장에 대해 알아본다.
			생명체를 소중히 여기는 마음을 갖는다.		
				생명체가 살기좋은 환경에 대해 관심을 갖는다.	생명체가 살기 좋은 환경과 녹색환경에 대해 알아본다.

1) 영아 대상 '생명체와 자연환경' 지도[1]

0~1세 대상 '주변 동식물에 관심 가지기'는 어린이집 실내나 주변 산책을 통해 움직이는 곤충이나 나뭇잎과 같은 친숙한 동식물을 볼 수 있는 기회를 자주 제공하여 모양, 소리, 움직임을 중심으로 상호작용해 주는 것에 중점을 둔다. 2세 대상 '주변 동식물에 관심 가지기'는 실외놀이와 산책을 통해 주변 동식물의 모양, 소리, 움직임에 관심을 가질 수 있도록 언어적 상호작용을 통해 격려하는 것에 중점을 둔다.

(1) 지도지침

① 0~1세

'생명체와 자연환경'에 대한 표준보육과정 0~1세의 내용은 〈표 5-3〉과 같다.

---

1 이 부분은 〈제3차 어린이집 표준보육과정 해설서〉 및 〈제3차 어린이집 표준보육과정 지침서〉를 참고하여 내용에 맞게 재구성하였다.

표 5-3 **생명체와 자연환경에 대한 표준보육과정 0~1세 내용**

목표	감각과 조작을 통하여 주변 자연환경에 대해 지각한다.			
내용	세부 내용			
	1수준	2수준	3수준	4수준
주변 동식물에 관심 가지기			주변 동식물의 모양, 소리, 움직임에 관심을 가진다.	

생명체에 대한 영아의 관심은 일상생활 속에서 생명체, 즉 움직이는 곤충이나 동물 또는 식물을 접하거나, 자신 또는 주변 사람의 신체를 보면서 시작된다. 영아는 3~4개월 무렵 자신의 신체에 관심을 가지고, 친근한 주변 사람들과의 신체 접촉을 통해 생명체로서의 사람에 대한 이해를 증진시키게 된다. 따라서 영아기부터 생명체에 대한 긍정적 경험을 통해 주변의 모든 생명체를 소중하게 여길 수 있도록 지도할 필요가 있다.

0~1세 영아는 일상생활에서 흔들리는 나뭇잎, 새싹, 꽃잎, 움직이는 애완동물, 수족관 속의 물고기, 곤충을 보게 되면 관심을 보인다. 아주 어린 영아는 움직이는 생명체를 접하게 되었을 때 두려워하거나 흥분하기보다는 유심히 바라보면서 감각을 집중한다. 그러나 영아의 월령이 증가하면 동물이나 곤충의 소리 및 움직임에 대하여 상반된 두 가지 반응을 보인다. 즉 심한 두려움을 보이거나, 관심을 가지고 유심히 보기도 하며, 두 반응을 동시에 보이기도 한다. 영아는 일상생활 주변의 동식물의 모양, 소리, 움직임에 관심을 가지고 탐색해 봄으로써 스스로 동식물에 대한 지식을 구성하게 된다. 따라서 영아가 주변 동식물과 자연에 자연스럽게 관심을 가지도록 할 필요가 있다. 1세 영아가 주변의 익숙한 동식물의 모양, 소리, 움직임에 관심을 가질 수 있도록 교사는 다음과 같은 점을 유의하여야 한다.

- 교사는 1세 영아가 주변 동식물에 보이는 관심을 주의 깊게 관찰하여 영아의 다양한 반응에 민감하게 상호작용을 해 준다.
- "(금붕어를 유심히 들여다보는 영아에게) 이게 뭘까? 꼬리를 살랑살랑 흔들면서 물속을 돌아다니네."

- "(금붕어를 손가락으로 가리키는 영아에게) 금붕어가 ○○에게 오고 있네. ○○가 오니까 반가운가봐."
- 영아에게 실외놀이터나 주변 산책의 기회를 충분히 제공하고, 주변의 움직이는 곤충이나 떨어지는 나뭇잎, 꽃, 열매 등에 관심을 보이도록 생명체에 대한 긍정적 관심을 보여준다.
  - "노란 나비가 팔랑팔랑 날아가네. 어, 나비가 꽃에 앉았네."
  - "(꽃잎을 손으로 떼려는 영아에게) ○○야! 꽃잎한테 '예쁘다' 해 줄까? 향기도 한번 맡아보자."
- 보육기관에서 동식물을 키울 때는 영아가 손으로 만지기에 안전한 동식물인지(예: 가시가 없는 식물 등) 확인을 하고 준비하는 것이 중요하다. 영아가 동식물을 직접 만져보기 어렵다면 투명한 플라스틱 통에 꽃잎, 열매 등을 넣어 살펴보도록 한다.
- 움직이는 생명체를 접하는 경우 동물이나 곤충의 소리와 움직임에 대하여 심하게 두려움을 보이는 영아도 있으므로 교사는 영아의 반응을 민감하게 살펴보도록 한다.
- 영아가 주변 동식물의 모양, 소리, 움직임에 대해 탐색하는 동안 교사는 영아를 관찰하면서 개입 시기와 정도를 조절한다. 적극적인 개입과 언어적 표현도 필요하지만 때로는 한 걸음 물러서서 관찰하면서 영아가 관심을 가진 동식물을 집중하여 충분히 탐색할 수 있도록 지지해 준다.
- 교사는 영아의 동식물에 대한 관심을 지원하기 위해 손가락으로 영아의 관심 대상을 가리키거나 몸으로 흉내를 내며 영아가 실행할 수 있는 간단한 활동을 제안한다.

② 2세

'생명체와 자연환경'에 대한 표준보육과정 2세의 내용은 〈표 5-4〉와 같다.

표 5-4 **생명체와 자연환경에 대한 표준보육과정 2세 내용**

목표	다양한 탐색을 통하여 주변 자연환경을 인식한다.	
내용	세부 내용	
	1수준	2수준
주변 동식물에 관심 가지기	주변 동식물의 모양, 소리, 움직임에 관심을 가진다.	

2세 영아의 생명체에 대한 관심은 생명체의 외적 특성으로 확대된다. 또한, 주변의 애완동물이나 곤충의 특성을 지각할 뿐만 아니라, 친숙한 동물의 소리, 모양, 움직임을 구별할 수 있다. 2세 영아는 날아가는 새의 움직임, 물고기가 헤엄치는 모습, 기어 다니는 개미를 보며 움직임의 차이를 이해하게 된다. 또한 개 짖는 소리, 소의 울음소리에 관심을 갖고, 꽃과 나무를 자세히 들여다보고, 꽃잎, 나뭇잎, 열매를 주워오기도 한다. 이런 과정을 통해 2세 영아는 주변의 애완동물이나 작은 곤충이 내는 소리나 생긴 모양, 움직임에 더욱 관심을 가지게 되고, 나아가 친숙한 동물들의 소리, 생김새, 움직임을 구별할 수도 있게 된다. 2세 영아가 주변의 익숙한 동식물의 모양, 소리, 움직임에 관심을 가질 수 있도록 교사는 다음과 같은 점을 유의하여야 한다.

- 교사는 실내뿐 아니라 실외놀이터, 주변 산책 등을 통해 실외에서도 여러 가지 동식물을 관찰하고 관심을 가질 수 있는 활동을 다양하게 제공해 준다. 이때 영아 스스로 동식물의 특성을 스스로 찾아보고 발견하고 비교해 볼 수 있도록 상호작용한다.
  - "(산책하면서 다양한 색깔과 모양의 나뭇잎을 줍고 있는 영아에게) ○○가 주운 나뭇잎은 어떻게 생겼니? 줄무늬도 있네."
  - "(나뭇잎을 만져보면서 관심을 보이는 영아에게) ○○야, 나뭇잎을 손으로 만져보자. 어떤 느낌이지? 나뭇잎 끝이 여러 갈래로 갈라져 있네."
- 영아들이 흥미를 갖는 동식물의 사진과 이름이 적혀 있는 그림책, 금붕어 어항, 산책하면서 주워온 나뭇잎이나 꽃잎, 나무토막, 열매 등을 보육기관에 배

치하여 자연스럽게 동식물에 관심을 갖도록 해 준다. 이때 3.5㎝ 이하의 작은 열매 등은 투명한 플라스틱 통에 넣어 안전하게 탐색할 수 있도록 한다.

- 영아에게 동식물을 탐색할 수 있는 활동자료나 실물을 제공할 때는 영아의 행동반경과 특성을 고려하여 안전한 동식물인지, 영아가 손으로 만져도 되는 것인지 등에 유의한다.

- 교사는 영아의 호기심이나 탐색하고자 하는 시도를 지켜봐주고, 함께 관심을 기울여 주면서 궁금해 하는 것에 대해 성의 있는 태도로 언어적, 비언어적 상호작용을 해 준다. 또한, 다양한 방법으로 호기심에 민감하게 반응해 주면서 영아의 호기심이 지속될 수 있도록 한다.

- "(낙엽을 주워 살펴보고 있는 영아에게) 노란색 나뭇잎이네. ○○이 옷이랑 색깔이 똑같다. 그런데 다른 색 나뭇잎도 있네. 또 다른 나뭇잎 색깔은 무엇이 있는지 찾아보자!"

- 실내의 놀잇감 외에 계절에 따른 자연의 변화를 느끼고, 자연물에 대해 호기심을 가질 수 있도록 실외활동을 계획하여 실시한다. 그뿐만 아니라 자연물을 실내에서도 접할 수 있도록 환경 게시에 활용하거나 활동자료로 제시하고, 이에 관련된 그림책이나 놀잇감을 제공하여 영아들의 호기심이 지속될 수 있도록 한다.

(2) 연령별 활동

0~2세 영아를 위한 연령별 활동의 구체적인 내용은 다음과 같다.

① 0~1세

'주변 동식물에 관심 가지기'는 0~1세 영아가 주변의 익숙한 동식물의 모양, 소리, 움직임에 주의를 기울이고 재미있어 하며 관심을 갖는 내용이다. 이는 영아가 주변 동식물에 관심을 갖고 탐색하는 능력을 증진하고자 함이다. 영아는 안전한 주변 동식물을 자주 접하면서 생명체에 대해 긍정적 관심을 가지게 된다. 영아의

주변 동식물에 관심 가지기 활동을 위한 0~1세 수준별 활동 예시

수준	활동개요	사진
3수준	동물의 사진을 이용한 까꿍놀이판을 보면서, 동물의 모양을 살펴보고 소리와 움직임에 관심을 가져볼 수 있도록 돕는다.	
4수준	동물 까꿍놀이판 또는 동물들의 배설물 사진이나 그림이 있는 책을 살펴본 후 밀가루 반죽으로 동물들의 배설물을 만들어 보며 관심을 가질 수 있도록 돕는다.	

자료: 보건복지부·육아정책연구소(2013). p.110~117.

'주변 동식물에 관심 가지기'를 위해 교사는 어린이집 실내나 주변 산책을 통해 움직이는 곤충이나 나뭇잎 등 친숙한 동식물을 볼 수 있는 기회를 자주 제공하여 모양, 소리, 움직임을 중심으로 상호작용해 주는 것에 중점을 두고 지도하도록 한다.

'주변 동식물에 관심 가지기'를 위한 0~1세 영아의 수준별 활동 예시는 다음과 같다. 3수준에서는 영아 수준에 적합한 교재나 교구를 이용해 동물의 모양, 소리, 움직임에 관심을 가지도록 한다. 4수준에서는 주변 동식물에 대한 영아의 관심을 0~1세 영아가 할 수 있는 간단한 활동으로 확장하도록 한다.

② 2세

2세 영아의 '주변 동식물에 관심 가지기'는 영아가 주변 동식물의 모양, 소리, 움직임에 관심을 갖고 보다 능동적으로 탐색해 보는 내용이다. 이는 영아가 주변 동식물에 관심을 가지고 보다 능동적으로 탐색하는 능력을 증진하기 위함이다. '주변 동식물에 관심 가지기'는 2세 영아의 실외놀이와 산책을 통해 주변 동식물의 모양, 소리, 움직임에 관심을 가질 수 있도록 언어적 상호작용을 통해 격려하는 것에 중점을 둔다. 영아의 '주변 동식물에 대한 관심 가지기'를 지원하기 위해 교사는

주변 동식물에 관심 가지기 활동을 위한 2세 수준별 활동 예시

수준	활동개요	사진
1수준	실외놀이나 산책 시에 주변의 풀, 꽃, 나무 등을 들여다보면서 냄새와 모양, 색깔 등을 살펴보도록 한다.	
2수준	실외놀이터나 인근 공원에 나가 팔을 벌려 나무의 굵기를 재어보면서 나무의 울퉁불퉁한 겉모양에 관심을 가져 본다.	

생명체에 대한 관심이 생명체의 특성에 대한 이해로 발전하도록 도울 필요가 있다. 이를 위해 동물과 곤충 이름이 나와 있는 쉬운 책 읽어주기, 동식물 키우기, 동물의 움직임과 소리 흉내 내기, 친숙한 동식물 관찰하기, 산책 가서 나뭇잎이나 열매줍기 같은 활동을 실시하도록 한다.

'주변 동식물에 관심 가지기'를 위한 2세 영아의 수준별 활동 예시는 다음과 같다. 1수준에서는 실외놀이나 산책 시에 영아 주변의 나무, 풀, 꽃 등에 관심을 가지고 냄새, 모양, 색깔 등을 살펴보도록 한다. 2수준에서는 영아가 능동적으로 직접 나무의 굵기나 길이를 재어보면서 나무의 독특한 모양에 관심을 가질 수 있도록 한다.

2) 유아 대상 생명체와 자연환경 지도[2]

'생명체와 자연환경 알아보기'는 누리과정 자연탐구영역의 '과학적 탐구하기' 범주 중 두 번째 내용에 해당한다. '생명체와 자연환경 알아보기'는 유아가 자신의 출

---

2. 이 부분은 〈3~5세 연령별 누리과정 해설서〉 및 〈교사용 지침서〉, 〈5세 누리과정 해설서〉를 참고하여 내용에 맞게 재구성하였다.

생과 성장 과정뿐만 아니라 주변의 동식물에 관심을 가지고, 생명체에 직접적인 영향을 미치는 자연환경을 알아봄으로써 생명체와 자연환경을 존중하고, 녹색환경을 소중히 여기도록 하는 내용이다. 이를 위해 유아가 자신의 신체와 주변에 있는 동식물에 관심을 가지며, 자신의 출생과 성장뿐만 아니라 궁금한 동식물의 특성을 구체적으로 알아가는 내용을 담고 있다. 또한 유아가 인간과 동식물, 자연환경 간의 밀접한 연관성을 이해하고, 인간과 동식물이 함께 살기 좋은 녹색환경과 생태계를 파괴할 수 있는 온실가스와 환경오염을 줄이는 방법에 대해 알아보는 내용도 다룬다. 유아는 이 과정에서 단순히 생명체와 환경에 대한 지식을 알아가는 것뿐만 아니라 자연과 생명체에 대한 존중, 인간과 자연의 조화를 경험할 수 있다. 또한, 초등학교 과학 교과의 '생명과 지구' 중 '생물과 우리 생활' 학습의 기반을 형성하게 된다.

'생명체와 자연환경 알아보기'는 출생과 성장에 대한 관심, 동식물에 대한 관심과 특성, 생명체를 소중히 여기는 마음, 생명체가 살기 좋은 환경에 대한 관심이 주요 내용이며, 3, 4, 5세 연령에 따른 수준의 차이가 있다.

(1) 지도지침

'생명체와 자연환경'에 대한 누리과정의 내용은 〈표 5-5〉와 같다.

표 5-5 **생명체와 자연환경에 대한 누리과정 내용**

목표	주변의 관심 있는 생명체를 탐구하기 위한 기초능력을 기른다.		
내용	연령별 내용 범주		
	3세	4세	5세
생명체와 자연환경 알아보기	나의 출생과 성장에 대해 관심을 갖는다.		나와 다른 사람의 출생과 성장에 대해 알아본다.
	주변의 동식물에 관심을 가진다.	관심 있는 동식물의 특성을 알아본다.	관심 있는 동식물의 특성과 성장 과정을 알아본다.
	생명체를 소중히 여기는 마음을 갖는다.		
		생명체가 살기 좋은 환경에 대해 관심을 갖는다.	생명체가 살기 좋은 녹색환경에 대해 알아본다.

유아 대상 '생명체와 자연환경 알아보기'를 위한 교사의 지도지침은 다음과 같다.

- 유아가 출생 후 성장하는 과정에서 변화된 부분에 대해 관심을 가질 수 있도록 유아의 성장과정에 대한 사진이나 동영상 자료를 활용하도록 한다.
- 교실 안에 동식물을 두고 길러보게 하여 유아가 생명체에 관심을 갖도록 한다. 유아가 생명체를 주의 깊게 관찰하고 궁금한 점을 알아볼 수 있도록 확대경, 물뿌리개, 동식물에 대한 사진과 포스터, 책과 미디어 자료를 제공해 준다.
- 예: "오늘 너희가 풀밭에서 달팽이를 발견하여 교실로 가져왔는데, 달팽이를 잘 기르려면 어떻게 해야 할까?"

  "달팽이가 어떻게 움직이고 있니? 달팽이의 움직임을 잘 보기 위해서는 무엇이 필요할까?"
- 교사는 생물체에 대해 관심을 기울이고 존중해 주는 모델이 되도록 한다. 또한 생명체와 자연세계를 담고 있는 좋은 서적과 지역사회 자원을 조사하여 필요할 때 적절하게 활용할 수 있도록 한다.
- 생명체가 살아가기에 좋은 환경에 대해서 생각해 보도록 하고 실제 생활에서 실천할 수 있는 다양한 방법을 알아보도록 한다.
- 예: "동물이나 식물이 잘 살도록 하려면 어떤 환경을 만들어주어야 할까?"

  "동물과 식물이 잘 살 수 있도록 우리가 도울 수 있는 방법은 무엇이 있을까?"
- 우리가 살고 있는 환경의 문제점에 대해 함께 이야기를 나누고, 오염된 환경을 깨끗한 녹색환경으로 변화시키기 위해 할 수 있는 일들을 조사해 보도록 한다.
- 예: "사람들이 쓰레기나 폐수를 함부로 버리면 우리가 살고 있는 환경이 어떻게 변하게 될까?"

"더러워진 공기를 깨끗하게 만들려면 우리가 어떻게 해야 할까?"

- 교사는 일반적인 동식물보다는 유아가 관심을 가지고 있는 동식물을 선택하여 자세히 탐색할 수 있도록 안내해야 한다.
- 교사가 녹색환경에 관한 내용을 계획할 때 이산화탄소 배출로 인한 지구온난화와 관련된 내용을 설명하게 되면 너무 추상적일 수 있으므로 유아가 생활 속에서 직접 실천할 수 있는 활동으로 계획한다.
- 교사는 유아를 주의 깊게 관찰하고, 유아의 말에 귀를 기울여 유아가 관심을 갖는 사물이나 현상을 탐구할 수 있도록 한다.
- 유아가 호기심을 갖는 사물이나 현상에 대해 적극적으로 관찰하고, 조사하고, 실험해 볼 수 있도록 다양한 크기의 확대경과 실험 도구들을 포함한 물리적 환경을 구성해 준다.
  - 예: "확대경으로 나뭇잎을 자세히 살펴보자. 무엇이 보이니? 나뭇잎의 앞과 뒤가 어떻게 다른 것 같니?"

(2) 연령별 활동

출생과 성장에 관한 활동 중에서 3~5세 유아를 위한 연령별 활동의 구체적인 내용은 다음과 같다.

① 3, 4세

'나의 출생과 성장에 대해 관심을 갖는다.'는 유아가 자신의 몸에 대해 흥미를 가지면서 출생과 성장 과정에 궁금증을 갖고 알아보는 것을 돕는 내용이다. 3, 4세 유아는 자신의 몸을 탐색하면서 신체의 이름과 위치, 기능에 관심을 갖게 되고, 점차적으로 출생과 성장에 대해서도 알고 싶어 한다. 특히 자신이나 친구의 동생이 태어났을 때 자연스럽게 출생과 성장에 대해 관심을 갖게 되므로 출생해서 성장하는 과정에 대한 사진이나 동영상 자료 등을 통해 출생과 성장에 대한 관심을 확장시킬 수 있다.

② 5세

'나와 다른 사람의 출생과 성장에 대해 알아본다.'는 유아가 자신과 다른 사람이 어떻게 출생하여 성장해 가는지를 알아보고, 과거와 현재를 비교하며, 미래를 예측해 보도록 하는 내용이다. 5세 유아는 현재 자신의 신체 조건을 출생 시와 비교하면서 성장의 의미를 이해하고, 변화의 개념을 알아간다. 그러므로 출생 시의 몸무게와 키에 대한 여러 가지 자료를 통해 현재 자신의 신체 조건과 비교해 보고, 앞으로 더 성장하는 데 필요한 기본 조건인 음식과도 관련지어보는 내용을 포함할 수 있다. 더불어 다른 사람의 신체조건 및 성장 과정과도 비교해 볼 수 있다.

유아는 자신의 몸에 대해 매우 흥미로워 하며, 자신의 출생과 성장에 대해서도 많은 궁금증을 가지고 있다. 그러나 5세에는 복잡한 생물학적 지식보다는 자신의 성장 과정을 알아보고, 이를 주변 사람들의 출생과 성장에 대한 관심으로 확장해

출생과 성장에 관한 연령별 활동 예시

연령	활동개요	사진
3세	유아의 신생아 사진과 돌 사진, 현재의 모습을 찍은 사진을 차례로 보여주고 어떻게 달라졌는지 비교해 본다.	
4세	유아의 현재 키와 몸무게를 재어보고, 3세 때 키와 몸무게에서 어떻게 변화하였는지 시각화하여 비교해 본다.	
5세	3세와 4세보다 키가 자라고 몸무게가 증가한 이유에 대해 이야기를 나누고, 우리 몸이 건강하게 성장하는 데 도움이 되는 방법들을 컴퓨터나 책 등을 통해 조사해 본다.	

가는 것이 바람직하다. 이 과정에서 유아는 다른 사람을 존중하고 배려하는 태도를 기르게 된다. 이는 초등학교 교육과정의 슬기로운 생활에서 다루어지는 '가족'과 연계되며, 5세 누리과정의 강조점인 기본 생활 및 인성 교육과 관련지을 수 있다.

3, 4, 5세 유아의 '출생과 성장에 관한 활동' 예시는 다음과 같다. 예시에서, 3세의 활동은 출생 이후의 단계별 사진 비교를 통해 변화를 살펴보는 것이다. 4세의 활동은 직접 키와 몸무게를 측정하는 활동을 하고, 3세의 기록과 어떻게 달라졌는지 시각 자료로 표현해 보도록 한다. 5세의 활동은 3, 4세로 연령이 증가하면서 키와 몸무게가 증가한 이유를 찾아보고, 우리 몸의 건강한 성장을 위한 방법을 능동적으로 조사해 보도록 확장된다.

동식물에 관한 활동은 다음과 같다.

① 3세

'주변의 동식물에 관심을 가진다.'는 유아가 주변에 있는 여러 가지 동식물에 관심을 갖고 탐색하는 것을 돕는 내용이다. 3세 유아는 주변의 동식물에 관심을 가지게 되면 만져보거나 상호작용하기를 원한다. 따라서 유아가 동식물에 대해 관심을 가질 때 단편적인 지식을 알려주기보다는 직접 먹이 주기, 자세히 관찰하기와 같은 방법을 통해 계속 관심을 가지고 돌보는 과정을 다룬다.

② 4세

'관심 있는 동식물의 특성을 알아본다.'는 유아가 관심을 가지고 있는 동식물을 직접 길러보거나 관찰하면서 동식물의 이름과 생김새, 습성, 사는 곳 등의 특성을 알아가도록 돕는 내용이다. 4세 유아는 자신이 관심을 갖는 동식물의 특성에 대해 적극적으로 조사하고 탐색하고 싶어 한다. 그러므로 동식물원의 견학, 동식물 전문가와 이야기 나누기, 인터넷 검색 등의 직·간접적인 경험을 통해 유아들이 궁금했던 특성과 정보를 알아보는 내용을 다룰 수 있다.

③ 5세

'관심 있는 동식물의 특성과 성장 과정을 알아본다.'는 여러 가지 동식물에 대한 단편적인 지식을 다루는 것이 아니라, 유아가 관심을 가지고 있는 동식물을 관찰하고 기르면서 동식물의 특성과 성장하는 과정을 알아가는 것에 중점을 두는 내용이다. 5세 유아는 관심 있는 동식물의 특성뿐만 아니라 성장 과정에 대해서도 궁금해 하며 알아보고자 한다. 여러 가지 동식물의 특성과 성장 과정을 알아보는 것은 교사가 다양한 동식물에 대한 구체적인 지식을 제공해 주는 것이 아니라 유아가 관심 있는 동식물을 주변 환경에서 직접적으로 경험하고, 길러보며, 계속 성장하는 과정을 알아보는 내용을 다룬다.

유아는 움직이는 동물에 특히 호기심을 보이는 면이 있지만, 나무와 꽃, 풀 등의 식물에도 관심을 가진다. 그러나 유아에 따라 관심이 있는 동식물의 종류가 매우

동물에 관한 연령별 활동 예시

연령	활동개요	사진
3세	교실에서 기르기에 적합한 동물을 길러보며 관찰하는 활동을 해 본다	
4세	교실에서 직접 키우기로 결정한 동물(예: 장수풍뎅이)의 이름을 지어 주고, 오감각을 이용하여 지속적으로 관찰하도록 한다.	
5세	교실에서 키우기에 적합한 동식물의 습성에 대해 이야기를 나누고, 동식물을 잘 돌보는 방법(예: 규칙적으로 먹이와 물주기, 깨끗이 닦아주기, 음악을 들려주거나 노래 불러주기 등)을 조사하고 역할을 나누어 실행한다. 또한 시간이 지남에 따라 성장하는 모습을 다양한 방법으로 표현해 보도록 한다.	

다르므로, 5세에는 다양한 동식물보다는 관심이 있는 동식물을 좀 더 깊이 탐구해가는 것이 바람직하다. 관심 있는 동식물에 대해 알아보는 과정을 통해 습득한 지식은 초등학교 슬기로운 생활의 '동물' 내용과 직접 연계되고, 다른 동식물로 확장될 수 있으며, 자연 존중의 마음을 가지게 된다.

　3, 4, 5세 유아의 '동식물에 관한 활동' 예시는 다음과 같다. 예시에서, 3세의 활동은 유아가 일상생활을 하는 교실에서 기르기에 적합한 동식물을 직접 길러보며 관찰을 해 보도록 한다. 4세의 활동은 교실에서 유아가 직접 키우기로 결정한 동식물의 이름을 지어주고, 다양한 감각을 활용하여 지속적으로 관찰하도록 하여 3세의 관찰보다 더 확장하도록 한다. 5세의 활동은 유아의 일상생활 중에 키우기에 적합한 동식물의 습성을 알아보고, 동식물을 잘 돌보는 방법을 조사하며, 역할을 나누어 직접 실행해 보도록 한다. 또한 시간의 변화에 따른 동식물의 성장을

식물에 관한 연령별 활동 예시

연령	활동개요	사진
3세	나뭇잎의 모양이나 색이 어떤지 탐색해 보고, 주변에 있는 나뭇잎을 모아서 손으로 만져보거나 맨발로 밟아보며 나뭇잎의 촉감을 느껴 본다.	
4세	주변의 가까운 공원이나 숲으로 산책을 나가서 여러 가지 나뭇잎을 모아 나뭇잎의 모양, 색, 크기, 질감 등을 비교하고 분류해 본다.	
5세	나뭇잎의 색이 변하는 과정과 나뭇잎이 떨어지는 이유 등에 대해 호기심을 가지고 책이나 인터넷 등의 여러 가지 방법을 활용하여 알아 본다.	

다양한 방법으로 표현하도록 하여 3, 4세의 활동에 비해 유아의 탐구, 조사, 표현 능력을 확장하도록 한다.

생명체의 소중함과 관련된 활동은 다음과 같다.

'생명체를 소중히 여기는 마음을 갖는다.'는 유아가 다양한 생명체의 종류가 있음을 알고 모든 생명체는 서로 영향을 주고받는 존재라는 것을 인식하며, 생명을 존중하고 돌보는 마음을 가질 수 있도록 하는 내용이다. 이는 누리과정에서 강조하는 사람과 자연 존중 세계관에 기반을 두고 있으며, 이러한 과정을 통해 유아는 자연의 소중함을 알고 보호하는 태도는 물론 더불어 살아가야 한다는 생각을 가지며 자신도 자연의 일부임을 인식하게 된다.

3, 4, 5세 유아는 생명체에 대하여 자연스러운 친근감과 흥미를 가지고 있기 때문에 유아기부터 생명체에 대한 올바른 인식을 가지고, 단순한 지적 호기심의 충족을 넘어서서 함께 공존하고 존중할 수 있는 마음을 길러주는 것이 필요하다. 유아가 동식물의 관점을 잘 표현해낸 그림책을 읽거나 동식물의 입장이 되어 보는 극놀이를 하면서 생명체의 관점을 이해하고 소중히 여기는 마음을 가질 수 있게 하는 내용도 다룰 수 있다.

3, 4, 5세 유아의 '생명체의 소중함과 관련된 활동' 예시는 다음과 같다. 예시에서, 3세의 활동은 유아가 산책길에 자주 접하는 주변의 숲이나 공원에서 동식물을 관찰할 때 생명체의 소중함을 알고 함부로 다루지 않도록 한다. 4세의 활동은 유아에게 생명체 존중과 관련된 그림책을 소개하고 생명체 존중 방법에 대해 알아보도록 하여, 그림책이라는 친근한 매체를 통해 유아가 생명체 존중을 실천할 수 있는 방법을 스스로 발견할 수 있도록 한다. 5세의 활동은 유아가 생명체 존중을 타인에게 알릴 수 있도록 자연보호 캠페인 활동을 계획하고 가정과 연계하여 지속적으로 실행해 보도록 한다. 이는 3, 4세의 활동에 비해 유아의 능동적 실천이 강조되며, 가정과 보육기관의 연계로 지속적 실행 가능성을 향상시킴을 의미한다.

생명체의 소중함과 관련된 연령별 활동 예시

연령	활동개요	사진
3세	주변의 숲이나 공원에서 꽃, 풀, 나무, 벌레, 곤충과 같은 생명체를 관찰할 때 손으로 꺾거나 발로 밟는 것과 같이 함부로 다루지 않도록 한다.	
4세	생명체를 존중하는 내용을 다룬 그림책을 소개하고 생명체를 존중하는 방법에 대해 함께 알아본다.	
5세	자연보호 캠페인 활동을 계획하고 가정과 연계하여 지속적으로 실행해 본다.	

환경 관련 활동은 다음과 같다.

① 4세

'생명체가 살기 좋은 환경에 대해 관심을 갖는다.'는 생명체가 살아가기에 적절한 환경에 대한 이해를 도모하는 내용으로 모든 생명체는 환경과 밀접한 관계를 가지고 있음을 인식하는 것을 포함한다. 유아가 생명체에 대해 소중히 여기는 마음을 가지게 되면 자연스럽게 생명체가 살기 좋은 환경에 대해서도 관심을 가지게 된다. 그러나 주변의 환경은 생물체가 살기 좋은 환경과 동시에 생명체에게 해로운 오염된 환경의 모습도 가지고 있다. 4세 유아가 생물체가 살기 좋은 환경의 중요성을 깨닫고, 주변의 환경에 관심을 가지고 탐색할 수 있는 내용을 중점적으로 다루도록 한다.

② 5세

'생명체가 살기 좋은 환경과 녹색환경에 대해 알아본다.'는 유아가 환경의 중요성을 인식하고, 생명체가 살기 좋은 환경과 녹색환경에 대해 구체적으로 알아보는 내용이다. 5세 유아는 환경친화적 태도를 형성할 수 있는 중요한 시기로 인간이 생물체에게 이롭거나 해로운 방식으로 환경을 변화시킬 수 있음을 알 수 있다. 그러므로 유아가 온실가스 배출로 인해 생긴 지구온난화 문제에 대해 관심을 갖고, 오염된 환경을 깨끗한 녹색환경으로 변화시키기 위한 다양한 방법에 대해 알아보도록 한다. 예를 들면, 자동차에서 나오는 배기가스나 더러운 폐수를 관찰하고 이야기나누기, 물 아껴 쓰기, 쓰레기 분리수거하기, 음식물 쓰레기 줄이기 방법 등을 통해 녹색환경 만들기 내용을 다룰 수 있다.

4, 5세 유아의 '환경과 관련된 활동' 예시는 다음과 같다. 예시에서, 4세의 활동은 변화되는 계절마다 주변의 가까운 숲으로 가서 식물, 곤충과 벌레를 관찰하면서 생명체가 살고 있는 환경에 관심을 가지도록 한다. 계절에 따라 달라지는 자연 속에서 생명체를 관찰하는 활동은, 교실이나 가정에서 동식물을 키우는 경우에

환경 관련 연령별 활동 예시

연령	활동개요	사진
4세	봄, 여름, 가을, 겨울의 계절에 따라 주변의 가까운 숲으로 가서 곤충과 벌레, 식물을 관찰하면서 생명체가 살고 있는 환경에 관심을 가지도록 한다.	
5세	녹색환경을 위해 유아가 생활 속에서 직접 실천 할 수 있는 방법에 대해 알아본다(부채 사용하기, 일회용품 사용하지 않기, 쓰레기 분리수거하기, 씨앗 또는 나무심기 등).	

비해 유아가 환경의 중요성을 더욱 인식하는 계기가 될 수 있다. 5세의 활동은 유아가 녹색환경을 위해 생활 속에서 스스로 직접 실천할 수 있는 방법에 대해 알아본다. 이를 통해 환경보존을 위한 유아의 자발적이고 능동적 실천이 실현될 수 있다. 유아가 무리 없이 실천 가능한 환경보호 방법을 한두 가지 선정하여 일정시간 실천해 보고 실천과정과 결과, 느낀 점에 대해 친구들과 이야기를 나눌 수 있도록 한다.

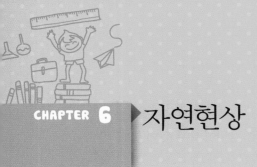

CHAPTER 6 자연현상

1. 자연현상 개념

'비는 왜 올까?', '눈은 어디에서 오는 것일까?', '낮과 밤은 왜 생길까?' 영유아들은 흔히 이와 같은 질문을 던진다. 영유아의 세상에 대한 관심은 자연현상에 대해서도 여전히 나타난다. 자연현상에 대해서 영유아는 인간의 필요에 의해서 만들어진 것이라는 인공론적 관점을 유지한다(Piaget, 1929). 영유아는 수많은 자연현상이 자신과 무관하지 않다고 생각하고 많은 흥미와 관심을 보인다.

영유아는 지구, 해, 달, 구름 등과 같은 지구와 우주를 하나의 물체 또는 물질로 파악하고 있다. 또한 이러한 천체 역시 살아 있는 생물이라고 여기고 그 이유는 움직이기 때문이라고 생각한다. 어린 영유아는 지구과학에 대한 개념을 자기중심적 사고, 물활론적 사고와 인공론적 사고로 파악한다.

영유아는 지구, 해, 달, 구름 등과 같은 천체에 대해 자기중심적으로 설명한다. 해와 달이 우리를 따뜻하게 해 주기 위해서 존재한다고 생각하기 때문이다. 우리에게 빛을 주기 위해서 신 또는 어떤 인간이 해와 달을 만들었다는 인공론적 설명을 하기도 한다. 또한 구름, 해, 달, 별은 무겁기 때문에 스스로 힘이 있어서 하늘에 떠 있다고 말한다. 이러한 영유아의 개념은 성장하면서 점차 정확한 지식을 구성하게 된다.

자연현상의 내용에는 돌, 흙, 강, 구름 등 지구에 있는 자연물, 지구, 해, 달, 별 등

천체, 날씨와 계절, 환경오염과 환경보호가 포함된다. 최근에는 환경오염 문제의 심각성이 커지면서 쓰레기 재활용과 아나바다 운동을 유아활동내용에서 자주 접할 수 있다.

다음은 영유아 과학활동으로 활용할 수 있는 자연현상의 내용이다.

- 돌, 물, 흙 등 자연물 탐색과 특성 비교
- 지구, 달, 해, 별, 우주 등에 대한 관심과 탐색
- 자연물들의 기원
- 계절의 변화
- 밤낮의 변화
- 자연의 소중함
- 자원의 재활용

자연현상 중 돌과 관련된 활동의 예는 다음과 같다.

- 매끄러운 돌: 물가에서 매끄러운 돌을 주워 관찰해 본다. 왜 돌이 매끄러운 지에 대해서 이야기를 나눈다.
- 돋보기로 돌과 모래 관찰하기
- 두 개의 돌을 서로 문질러 보기: 자연현상에서 볼 수 있는 닳음에 대한 이야기를 나눈다.
- 돌로 만든 정원: 돌을 모아 작은 정원을 만들어본다.
- 돌 목걸이: 평평하고 둥근 돌의 뒷부분에 실을 붙여서 목걸이를 만든다.

다음은 날씨와 관련된 활동의 예이다.

- 기상청 방문하기

- 일기예보 놀이하기
- 매일 날씨의 변화 기록하기
- 물이 어는 것, 얼음이 녹는 것, 물이 증발하는 것 등에 대한 실험하기
- 계절에 따른 냄새, 소리, 맛에 대한 토의를 통해 계절 책 만들기
- 나무를 하나 골라 일 년 동안 나무의 변화과정 관찰하기
- 계절이 끝나거나 시작할 때 계절에 맞는 음식을 준비하고, 계절과 관련된 환경을 구성해 계절 파티하기

우주과학과 관련된 질문의 예는 다음과 같다.

- 오늘 그림자가 있었니?
- 그림자는 왜 생기는 걸까?
- 비가 오는 날에 태양은 어디에 있니?
- 태양은 움직이니?
- 낮에도 달을 볼 수가 있니?
- 달은 매일 밤바다 색깔이 같니?
- 달은 어떻게 움직이니?

영유아들은 해와 달도 구름과 같이 지구의 하늘 위에 떠 있는 것으로 생각하기 쉽다. 영유아의 천체 움직임에 대한 생각은 다섯 단계로 나눌 수 있다(피아제, 1929).

- 해와 달은 우리가 걸을 때 움직이고 우리를 따라온다(자기중심성).
- 해와 달은 자유의지로 움직이지만 우리를 따뜻하게 해주려고 움직인다(인공론).
- 해와 달은 공기 때문에 움직이지만 우리를 위해서 움직인다.
- 해와 달은 공기를 만들면서 스스로 움직인다.
- 해는 움직이지 않고 공기를 만들지 못한다.

표 6-1 자연현상에 관한 0~5세 활동내용

연령	0~1세	2세	3세	4세	5세
내용	주변 자연에 관심가지기	자연을 탐색하기	자연현상 알아보기		
연령별 내용범주	생활 주변의 자연물을 감각으로 느껴본다.	돌, 물, 모래 등의 자연물을 탐색한다.	돌, 물, 흙 등 자연물에 관심을 갖는다.	돌, 물, 흙 등 자연물의 특성과 변화를 알아본다.	
	바람, 햇빛, 비 등을 감각으로 느껴본다.	날씨를 감각으로 느낀다.	날씨에 관심을 갖는다.	날씨와 기후변화에 관심을 갖는다.	낮과 밤, 계절의 변화와 규칙성을 알아본다.
					날씨와 기후변화 등 자연현상에 대해 관심을 갖는다.

영유아들의 이러한 생각은 과학적으로 정확한 개념은 아니지만 지적으로 좋은 상태이다. 영유아의 이러한 창의성과 상상력이 오히려 우리의 생활에 도움이 되는 발명품으로 이어지기도 한다(예: 어린 영유아들은 해와 달이 지구 위 하늘 속에 들어와 있고, 어떤 힘이 해와 달을 붙잡고 있다고 생각한다. 이러한 생각을 활용하여 놀이동산에서 하늘에 붙어 있는 열기구를 만들 수 있다).

2. 자연현상 지도

1) 영아 대상 '자연현상' 지도

(1) 지도지침

0~1세 영아가 생활 주변의 자연물과 바람, 햇빛, 비 등을 감각을 통하여 느껴보는 내용이다. 구체적으로 '주변 자연에 관심 가지기'는 '생활 주변의 자연물을 감각으로 느껴보는 것'으로 구성되어 있다. 이를 통해 영아의 감각을 통한 주변 자연물과 자연현상에 대한 탐색능력을 증진하기 위함이다.

2세 영아가 주변에서 볼 수 있는 돌, 물, 모래 등의 자연물을 탐색하고, 변화하는 날씨 현상에 관심을 갖고 감각으로 느껴보는 내용이다. 구체적으로 '자연을 탐색하기'는 '물, 돌, 모래 등의 자연물을 탐색하는 것'과 '날씨를 감각으로 느끼는 것'으로 구성되어 있다. 이를 통해 영아가 주변의 자연물과 자연현상에 호기심을 갖고 탐색하는 능력을 증진할 수 있다.

(2) 연령별 활동
0~2세 영아를 위한 연령별 활동에 구체적인 내용은 다음과 같다.

① 0~1세
'주변 자연에 관심 가지기'는 생활 주변의 자연물과 바람, 햇빛, 비 등을 감각을 통하여 느끼는 내용이다. 0~1세 영아는 나뭇잎이나 꽃, 물, 돌 등의 자연물과 바람, 햇빛, 비 등을 감각적으로 느낀다.

'생활 주변의 자연물을 감각으로 느껴본다.'는 생활 주변에서 만나는 자연물에 관심을 보이고, 만져보고 냄새를 맡아보거나 하면서 감각을 통하여 느껴보는 내용이다. 영아는 물놀이를 하면서 물을 만져보고, 두드려보고, 철벅거려보고, 플라스틱 그릇이나 물오리 등을 가지고 놀면서 물을 감각으로 느껴보게 된다. 1세 영아는 주변에 있는 물, 나뭇잎 등의 자연물에 관심을 보이고 만져보면서 독특한 느낌을 경험하면서 지식을 구성해 가게 된다.

'바람, 햇빛, 비 등을 감각으로 느껴본다.'는 일광욕을 하거나 산책, 바깥놀이를 하면서 바람, 햇빛, 비 등을 직접 감각으로 느끼게 되는 내용이다. 2세 미만 영아는 부드러운 햇볕을 쬐거나 바깥을 산책할 때 편안하고 만족스러운 표정을 보인다. 날씨가 좋을 때 느낄 수 있는 맑은 공기의 쾌적함이나, 바람의 따스함과 부드러움을 느낀다. 월령이 증가하면서 날씨에 대해 관심을 나타낸다. 비 오는 것을 손가락으로 가리키며 관심 있게 바라보고, 천둥소리에 놀라는 표정을 짓는다. 영아는 자연현상, 낙엽 줍기, 눈 만져보기 등의 활동을 통해 자연과 날씨를 감각으로 느끼면서 경험하게 된다.

표 6-2 주변 자연에 관심 가지기 활동

목표	감각과 조작을 통하여 주변 사물과 자연환경에 대해 지각한다.			
내용	세부 내용			
	1수준	2수준	3수준	4수준
주변 자연에 관심 가지기		생활 주변의 자연물을 감각으로 느껴본다.		
		바람, 햇빛, 비 등을 감각으로 느껴본다.		

0~1세 영아의 '주변 자연에 관심 가지기'를 돕기 위해 교사는 다음과 같은 점에 유의하도록 한다.

- 영아가 실외놀이터나 바깥 산책을 하면서 다양한 날씨를 감각으로 느낄 수 있도록 기회를 제공하고, 영아의 표정과 반응을 민감하게 살피면서 적절한 언어와 몸짓으로 상호작용해 준다.

예시1 교사-영아의 상호작용

- "(날씨 좋은 날 영아를 유모차에 태워 산책하면서) 햇볕이 따스하니까 ○○이 기분이 좋은 가 보네."
- "(더운 날 나무 그늘에 앉아 바람을 느끼는 영아에게) ○○야, 이게 무슨 소리일까? 천둥 소리가 정말 크게 나네."

- 주변 자연물이나 자연현상을 느끼도록 하기 위해서 실내보다 실외놀이터나 주변 산책의 기회를 충분히 제공해 준다. 교사는 영아에게 비 소리, 바람 소리 등 자연의 소리를 직접 경험하게 하거나 경험을 한 후에 사진자료를 함께 제시하면서 녹음된 소리를 들려줄 수도 있다.
- 교사는 영아가 생활 주변에서 만나는 자연물을 만져보고 냄새를 맡아보는 등 감각을 통하여 자연물을 느껴볼 수 있도록 다양한 기회를 제공하고 적절한 언어로 상호작용해 준다.

- "(물로 손과 얼굴을 씻어주며) 물로 얼굴을 씻으니까 시원하지? 여기 대야에 있는 물속에 ○○이의 손을 쏘옥 넣어볼까?"
- "(모래놀이터에서 모래를 만지작거리는 영아에게) ○○야, 젖은 모래를 만져보자. 어떤 느낌이 들지?"

- 영아가 너무 강한 햇빛이나 천둥소리, 폭우 등에 노출되지 않도록 유의한다. 자연물과 자연현상에 대해 편안하고 기분 좋게 느끼도록 해 주는 것이 바람직하다.

0~1세 영아의 '바람, 햇빛, 비 등을 감각으로 느껴보기'를 위한 수준별 활동 예

바람, 햇빛, 비 등을 감각으로 느껴보기 활동을 위한 0~1세 수준별 활동 예시

수준	활동개요	사진
2수준	유모차에 달린 바람개비가 바람이 불 때 움직이는 모습을 살펴보며 바람을 느껴볼 수 있도록 한다.	
3수준	바람 부는 날 실외놀이터에서 바람개비가 돌아가는 모습을 살펴보거나, 영아가 입김을 불어 바람개비가 돌아가도록 해 본다.	
4수준	바람 부는 날 실외놀이터에서 바람개비를 들고 달리면서 바람개비의 움직임을 살펴볼 수 있도록 한다.	

시는 다음 내용과 같다. 2수준에서는 교사가 자연스럽게 감각을 통해 자연현상에 관심을 가질 수 있도록 한다. 3수준에서는 영아가 감각으로 느껴 볼 수 있는 기회를 제공하도록 한다. 4수준에서는 영아가 능동적으로 자연현상을 느낄 수 있는 기회를 제공해 준다.

② 2세

2세 보육과정 자연탐구영역의 목표는 다양한 탐색을 통하여 주변 사물과 자연환경을 인식하는 것이다. 주변 환경에서 호기심을 갖고 탐색하기를 즐기는 시기이다. '자연물 탐색하기'는 주변에서 만나게 되는 돌, 물, 모래 등의 자연물을 탐색하고, 변화하는 날씨 현상에 관심을 갖고 감각으로 느껴보는 내용이다. 2세 영아는 자연이 주는 시각적, 촉각적 자극을 반복적으로 경험하면서, 날씨와 계절에 관련된 자연현상과 이에 따른 자연물을 인식하게 된다. 일상의 경험을 통해 바람, 눈, 비, 어둠, 밝음 등과 관련된 이야기를 나눔으로써 자연현상에 대한 영아의 인식이 증진되도록 한다. 영아는 바깥놀이 활동과 산책을 하면서 다양한 자연물을 탐색하고 날씨를 감각으로 느끼게 된다.

'돌, 물, 모래 등의 자연물을 탐색한다.'는 생활 주변에 있는 작은 돌이나, 물, 모래 등의 자연물을 탐색하는 내용이다. 2세 영아는 산책이나 바깥놀이를 할 때 만나게 되는 작은 돌이나 물, 모래, 흙 등에 관심을 보이고 만져보고, 두드려보고, 쏟아붓고 하면서 탐색한다. 안전에 유의하면서 영아가 관심을 보이는 자연물에 대해 탐색하고 감각으로 느껴보도록 지원해 준다.

표 6-3 자연물 탐색하기 활동

목표	다양한 탐색을 통하여 주변 사물과 자연환경을 인식한다.	
내용	세부 내용	
	1수준	2수준
자연물 탐색하기	돌, 물, 모래 등의 자연물을 탐색한다.	
	날씨를 감각으로 느낀다.	

'날씨를 감각으로 느낀다.'는 자연현상에 따라 변화하는 날씨를 감각으로 느끼는 내용이다. 2세 영아는 날씨에 따른 여러 가지 변화에 대해 인식하고 감각으로 느낀다. 영아는 자연현상과 사람의 생활을 단순하게 연결 짓게 되어, 비가 오면 우산을 쓰고 장화를 신으며, 매일 아침이 오고 밤이 온다는 것과 밤에는 잠을 자야 한다는 것, 바람이 불면 시원하고, 사물이 날린다는 것을 경험을 통해 어느 정도 이해할 수 있으며 바깥놀이나 산책을 나가서 날씨를 감각적으로 느끼게 된다.

2세 영아의 자연을 탐색하기를 돕기 위해 교사는 다음과 같은 점에 유의하도록 한다.

- 교사는 영아에게 일상생활 속에서 자연스럽게 자연물과 날씨 등에 관심을 가지도록 이야기를 나누고 감각적으로 탐색해 보도록 적절한 언어적 상호작용을 해 준다.

예시3 교사-영아의 상호작용

- "(비오는 날 유리창에 맺힌 빗방울에 관심을 보이는 영아에게) 비가 오네. 비가 오니까 유리창에 빗방울이 맺혔구나."
- "(창문을 열어 손을 내밀어보게 하면서) ○○야, 손에 빗방울이 묻으니까 느낌이 어때? 선생님은 비가 손바닥에 떨어지니까 간질간질한 것 같네."

- 등하원 시 또는 산책 나가면서 피부로 느껴지는 날씨와 눈으로 보이는 날씨의 느낌을 감각적으로 표현해 보도록 한다. 이때 교사가 다양한 감각을 표현하는 언어를 사용하여 영아가 자연스럽게 접하도록 한다.
- 어린이집의 환경, 날씨 등을 고려하여 물놀이, 모래놀이 등의 기회를 최대한 자주 제공해 준다. 또한, 벽면에 간단한 날씨판을 만들어 영아가 직접 오늘의 날씨 그림을 찾아 붙여보도록 함으로써 영아가 자연스럽게 날씨에 관심을 갖도록 한다.

- 눈이나 비가 자주 오지 않는 지역에 거주하는 경우에는 동영상이나 사진자료를 활용하여 다양한 날씨에 관심을 갖도록 한다.
- 바깥에서 활동을 진행할 때는 날씨 상황에 맞게 모자, 외투 등을 적절히 활용할 수 있도록 지도한다.

2세 영아의 '돌, 물, 모래 등의 자연물 탐색하기'를 위한 수준별 활동 예시는 다음과 같다. 주변에서 볼 수 있는 자연물인 모래를 통한 활동에서 1수준은 모래를 촉감을 통해 느껴보며 관심을 가진다. 2수준에서는 모래를 다양하게 탐색하며 특성에 관심을 가진다.

자연물 탐색하기를 위한 2세 수준별 활동 예시

수준	활동개요	사진
1수준	모래놀이터에서 모래의 촉감을 느껴보며, 손가락 사이로 모래가 빠져나가는 것에 관심을 가져본다.	
2수준	모래에 물을 뿌리면서 모래가 뭉쳐지는 모습을 관찰하고, 소꿉놀이 그릇이나 모양틀에 젖은 모래를 눌러 담아 원하는 모양을 만들어본다.	

2) 유아 대상 '자연현상' 지도

'자연현상 알아보기'는 유아가 생활 속에서 쉽게 접할 수 있는 자연물이나 자연현상에 대해 관심을 갖고 탐구하는 과정을 통하여 '변화와 규칙성'이라는 자연의 본질에 대한 이해를 도모하는 내용이다.

표 6-4 자연현상 알아보기 활동에 관한 3, 4, 5세 활동내용

목표	주변의 관심 있는 사물과 생명체 및 자연현상을 탐구하기 위한 기초 능력을 기른다.		
내용	연령별 내용범주		
	3세	4세	5세
자연현상 알아보기	돌, 물, 흙 등 자연물에 관심을 갖는다.	돌, 물, 흙 등 자연물의 특성과 변화를 알아본다.	
		낮과 밤, 계절의 변화와 규칙성을 알아본다.	
	날씨에 관심을 갖는다.	날씨와 기후변화에 관심을 갖는다.	날씨와 기후변화 등 자연현상에 대해 관심을 갖는다.

(1) 지도지침

- 유아가 주변에 있는 돌과 물, 흙과 같은 자연물을 가지고 놀이해 보는 경험을 제공한다. 초기에는 흙놀이, 물놀이를 통해 자연스럽게 자연물에 관심을 갖도록 유도하고, 점차 주변에 있는 크고 작은 돌과 암석 등을 찾아서 모양이나 색, 크기, 질감 등에 대해 알아보도록 한다.
- 장소나 시간의 경과에 따라 자연물의 상태(예: 모양, 색, 재질 등)가 변할 수 있음을 알아보도록 한다.
- 예: "놀이터의 모래와 텃밭의 흙이 어떻게 다른 것 같니?"
  "비가 온 뒤에 모래가 어떻게 달라진 것 같니?
- 유아가 낮과 밤, 계절의 변화를 지속적으로 관찰해 봄으로써 변화의 규칙성을 이해하게 한다. 또한 계절의 변화에 따라 주변 환경과 동식물, 유아의 생활이 어떻게 변화하는지를 이해하도록 돕는 활동을 제공한다.
- 예: "낮에 사람들이 하는 일과 밤에 하는 일이 어떻게 다르니?"
- 특정한 장소의 자연물(예: 나무)을 정해놓고 계절의 변화에 따라 정기적으로 방문하여 변화 과정을 탐색해 본다.
- 예: "계절이 바뀌면 나무가 어떻게 변하게 될까?"
- 매일 아침 유아와 함께 날씨에 대해 이야기를 나누는 시간을 갖는다. 특히, 만 4세와 만 5세 유아는 계절에 따라 봄에 나타나는 황사 현상, 여름의 태

풍과 장마 현상, 가을철의 맑고 높은 하늘, 겨울의 눈 오는 현상에 대해 지속적으로 관심을 가지도록 환경을 구성해 주고 함께 알아보도록 한다.

　－예: "오늘 날씨가 어떠니?"

　　　"여름의 날씨와 비교해 보면 어떻게 달라진 것 같니?"

- 교사는 유아가 생활 주변에서 경험할 수 있는 돌, 흙, 물 등의 자연물을 중심으로 활동을 계획하고 환경을 구성한다.
- 교사는 유아가 낮과 밤, 계절의 변화와 규칙성을 이해하기 위해 인과적 수준의 문제해결보다 유아의 생활과 주변 환경이 어떻게 변화했는지를 중심으로 활동을 계획한다.

(2) 연령별 활동

돌, 물, 흙 등 자연물에 대한 활동 중에서 3~5세 유아를 위한 연령별 활동의 구체적인 내용은 다음과 같다.

① 3세

'돌, 물, 흙 등 자연물에 관심을 갖는다.'는 유아 주변에 있는 돌이나 물, 흙과 같은 자연물에 관심을 가지고 오감을 통해 탐색하는 내용이다. 유아가 살고 있는 세계에는 돌, 물, 흙 등의 여러 가지 자연물이 있으며, 유아는 본성적으로 자연물을 탐구하고자 하는 성향을 가지고 태어난다.

따라서 만 3세 유아가 주변에 있는 돌, 물, 흙과 같은 자연물에 관심을 가지고 놀이할 수 있도록 다양한 경험을 제공하고, 자연물과 자연에 대해 관심을 유지하고 확장시킬 수 있도록 한다.

② 4, 5세

'돌, 물, 흙 등 자연물의 특성과 변화를 알아본다.'는 유아가 주변에서 경험하게 되는 돌, 물, 흙과 같은 자연물의 모양, 냄새, 소리, 질감 등의 특성을 파악해 보도

자연물 탐색하기를 위한 3, 4, 5세 활동 예시

연령	활동개요	사진
3세	주변의 흙이나 자연물을 오감을 이용하여 탐색하며 함께 이야기 나눈다.	
4세	여러 가지 도구를 이용하여 섞거나 체로 치는 놀이를 하면서 흙의 특성을 알아가도록 한다.	
5세	흙의 종류(모래흙, 진흙, 일반 흙)에 따라 식물의 성장이 어떻게 다른지 지속적으로 관찰하고 탐색한다.	

자료: 보건복지부·교육부(2013). p.172.

록 하고, 계절이나 시간의 경과에 따라 자연물들의 상태가 어떻게 변화하는지를 알아보는 내용이다. 만 4, 5세 유아는 자연물을 직접 관찰하고 탐색할 수 있는 시간을 충분히 가지는 것이 필요하다. 유아는 주변의 여러 장소에 있는 물과 흙, 돌을 비교해 보면서 자연물이 시간이나 장소에 따라 변화할 수 있다는 것을 능동적으로 알아볼 수 있다.

3, 4, 5세 유아의 '돌, 물, 흙 등 자연물'에 대한 활동 예시는 다음 내용과 같다. 예시에서, 3세의 활동은 자연물을 오감으로 탐색하며 이야기를 나누며, 4세는 다양한 시도를 통해 특성을 알아가도록 한다. 5세는 지속적으로 관찰하고 탐색하며 자연물의 특성을 알아본다.

5세의 낮과 밤, 계절의 변화와 규칙성을 알아보는 활동은 다음과 같다.

'낮과 밤, 계절의 변화와 규칙성'에 대한 5세 활동 예시

연령	활동 예시	
5세	낮과 밤의 하늘의 변화, 낮과 밤에 사람들이 하는 일을 조사하고 그래프로 만들어 비교해 본다.	봄, 여름, 가을, 겨울의 계절에 따라 나타나는 날씨의 특징과 변화에 대해 조사하고, 사계절과 관련된 그림책 등을 활용하여 규칙적으로 반복되는 일들을 찾아서 이야기를 나눈다.

'낮과 밤, 계절의 변화와 규칙성을 알아본다.'는 유아가 낮과 밤, 계절이 순환적으로 변화하는 자연현상을 경험하고 일련의 규칙성을 알아보는 내용이다. 만 5세 유아에게 낮과 밤의 변화는 일상생활에서 매일 경험하는 현상이므로 낮과 밤에 사람들이 하는 일, 낮과 밤의 하늘이나 주변 환경의 변화를 정기적으로 관찰함으로써 변화의 순서를 확인하고, 변화 속에서 일정한 패턴을 찾는 것에 중점을 둔다. 만약 지속적인 탐색과정에서 유아가 낮과 밤, 계절이 변화하는 원인에 관심을 갖게 된다면 인터넷이나 동영상 자료 등을 활용하여 구체적으로 알아볼 수 있다.

날씨 및 기후변화에 대한 활동은 다음과 같다.

① 3세

'날씨에 관심을 갖는다.'는 유아가 일상적으로 경험하는 다양한 날씨에 관심을 가지고 탐색하는 내용이다. 날씨는 매일 변하기도 하고, 계절에 따라 달라지기도 하여 만 3세 유아들이 호기심을 가지고 관찰할 수 있는 유용한 경험이 될 수 있으므로 감각을 통해 직접 다양한 날씨를 경험할 수 있도록 한다. 유아가 맑은 날, 바람이 부는 날, 비가 오는 날, 눈 오는 날의 날씨에 맞는 옷과 용품을 선택한 후 바깥으로 나가서 직접 경험하고, 이야기를 나누며 날씨에 관심을 가지도록 하는 내용을 포함할 수 있다.

② 4세

'날씨와 기후변화에 관심을 갖는다.'는 유아가 날씨뿐만 아니라 계절에 따라 달라지는 기후에도 관심을 가지고 탐색하는 내용이다. 만 4세 유아는 생활 속에서 직접적으로 느끼는 매일의 날씨 변화와 계절별로 나타나는 특징적인 기후를 인식하고 관심을 갖는다. 계절에 따른 기온의 변화, 일교차가 큰 봄과 가을, 습하고 더우며 비가 많은 여름, 춥고 건조하며 눈이 내리는 겨울과 같이 계절별로 달라지는 기후에 대해 유아가 지속적으로 관심을 가지도록 하는 것에 중점을 둔다.

③ 5세

'날씨와 기후변화에 관심을 갖는다.'는 유아가 매일의 날씨, 계절의 변화에 따른 기후 및 이와 관련된 다양한 자연현상에도 관심을 가질 수 있도록 하는 내용이다. 만 5세 유아는 날씨와 계절별 기후의 변화를 경험하면서 황사, 가뭄과 홍수, 태풍, 한파, 폭설과 같은 자연현상에 대해 관심을 가지게 된다. 또한 최근의 지구온난화에 따른 기후변화와 같은 자연현상에도 관심을 확장할 수 있게 된다.

날씨 및 기후변화에 대한 3, 4, 5세 활동 예시

연령	활동개요	사진
3세	봄, 여름, 가을, 겨울이 되어 달라지는 날씨를 그때마다 느낄 수 있도록 규칙적으로 주변의 가까운 숲이나 공원을 산책하면서 이야기를 나눈다.	
4세	봄, 여름, 가을, 겨울의 각 계절에 따라 특징적으로 나타나는 날씨의 변화를 산책하기, 일기예보 동영상 보기, 날씨와 관련된 기관인 기상대나 기상청 방문하기 등과 같은 방법을 사용하여 구체적으로 알아본다.	
5세	계절별로 나타나는 자연현상인 황사, 장마, 태풍, 폭설 등과 같은 자연재해에 대한 보도자료를 동영상으로 보고, 자연재해의 이유와 사람들에 미치는 영향 및 대처방안 등에 대해 이야기를 나눈다.	

3세 유아의 활동은 계절의 변화에 따른 날씨를 자연스럽게 산책하며 느낄 수 있도록 한다. 4세 유아는 다양한 방법을 통하여 계절에 따른 특징과 날씨의 변화를 구체적으로 알아보는 활동을 하도록 한다. 5세는 계절별로 나타나는 자연재해를 매체를 통해 보고, 원인과 결과, 대처방안에 대해 이야기해 보도록 한다.

유아가 탐색해 볼 자연현상 개념은 다음과 같다.

- 흙은 색깔과 재질이 서로 다르다.
- 흙은 물을 흡수하는 성질이 있고, 식물의 성장을 도와준다.
- 바위는 여려 가지 방법으로 만들어진다.
- 모래는 작은 바위 조각으로 이루어져 있다.
- 산과 땅은 바위와 흙으로 이루어져 있다.
- 지구가 하루에 한 바퀴씩 돌기 때문에 낮과 밤이 생긴다.
- 지구가 일 년에 한 바퀴씩 태양 주위를 돌기 때문에 4계절이 생긴다.
- 날씨와 기후로 인하여 비, 눈, 번개, 천둥, 우박, 이슬 등을 볼 수 있다.
- 구름과 안개는 여러 물방울로 이루어져 있다.
- 하늘에는 별이 많다.
- 달은 크기와 모양이 변한다.
- 우리는 우리가 살고 있는 지구를 아끼고 사랑해야 한다.
- 지구에는 산, 강, 호수, 사막, 바다, 평야가 있다.
- 우리는 물을 아껴 써야 한다.
- 우리는 쓰레기를 줄이고 재활용해야 한다.
- 우리는 에너지를 절약해야 한다.

CHAPTER 7

도구와 기계

1. 도구와 기계 개념

도구는 일을 할 때 쓰이는 여러 가지 연장이며, 기계는 사람의 힘을 쓰지 않고 어떤 일을 하기 위해 일정한 운동을 되풀이하도록 만든 장치이다. 인류 역사는 도구와 기계를 만들고 사용하면서 발달되었다. 도구와 기계를 사용하여 일을 하거나 새로운 것을 만들어 내는 것을 볼 때 영유아는 놀라워하며 흥미를 보인다. 또한 영유아는 도구와 기계가 무엇으로 구성되고 어떻게 작동되는지에 대해서도 많은 호기심을 보인다. 영유아에게 생활의 주변에서 쉽게 접하게 되는 도구와 기계를 탐색하고 직접 활용할 수 있는 기회를 제공하는 것은 영유아 과학활동에서 매우 중요하다. 이러한 탐구과정을 통해 영유아는 우리의 생활을 보다 편리하고 효율적으로 해 주는 도구와 기계에 대해서 알게 되고, 도구와 기계의 원리에 대해서 생각할 수 있게 되며, 더 나아가 인류의 지혜와 역사에 대해서 사고를 확장할 수 있게 될 것이다. 영유아는 놀이터에서 그네, 시소, 미끄럼틀 등을 타고 놀면서 도구의 원리를 접하게 된다. 놀이동산의 놀이기구 역시 과학적 원리를 적용시켜 만들어 낸 도구이다. 또한 집에서 사용하는 망치, 손톱깎이, 송곳, 수도꼭지 등의 도구는 적은 힘을 쓰고도 많은 일을 할 수 있도록 해 준다. 우리 주변의 많은 전기제품들, 냉장고, 세탁기, 컴퓨터, 전화기 등은 우리 생활을 편리하게 해주는 기계들이다. 유아교육에서 자주 다루어지는 교통기관 역시 도구와 기계에 포함될 수 있다.

표 7-1 **도구 활용에 관한 연령별 활동내용**

연령	0~1세	2세	3세	4세	5세
내용	생활도구 탐색하기	생활도구 사용하기	간단한 도구와 기계 활용하기		
연령별 내용범주	도움을 받아 생활 도구를 탐색한다.	생활 속에서 간단한 도구에 관심을 가진다.	생활 속에서 간단한 도구와 기계에 관심을 갖는다.	생활 속에서 간단한 도구와 기계를 활용한다.	
		간단한 도구를 사용한다.	도구와 기계의 편리함에 관심을 갖는다.	물체와 물질을 여러 가지 방법으로 변화시켜 본다.	

이렇듯 도구와 기계는 영유아의 일상생활과 매우 밀접한 관련이 있다.

영유아 과학활동으로 적합한 도구와 기계의 내용은 다음과 같다.

- 집, 어린이집, 유치원에서 사용하는 도구와 기계 탐색하기
- 놀이터와 놀이동산에 어떤 도구가 있는지 알아보기
- 기계를 만들어 낸 발명가 알아보기
- 나도 발명가, 나만의 기계 만들기
- 도구와 기계를 안전하게 사용하기
- 다양한 교통기관에 대해 알아보기
- 도구와 기계를 움직이게 하는 다양한 에너지 알아보기

2. 도구와 기계 지도

1) 영아 대상 '도구와 기계' 지도

(1) 지도지침

1세 영아는 일상생활 속에서 친숙하게 접할 수 있는 생활도구를 교사의 도움을 받아 만져보고 탐색하는 내용이다. 구체적으로 '생활도구 탐색하기'는 '도움을 받아

생활도구를 탐색하는 것'으로 구성되어 있다. 이를 통해 영아가 점차 생활도구에 친숙해지고 익숙하게 사용할 수 있도록 하기 위함이다.

2세 영아는 일상생활 속에서 사용하는 간단한 도구에 관심을 가지고 사용해 보는 내용이다. 구체적으로 '생활도구 사용하기'는 '생활 속에서 간단한 도구에 관심을 가지는 것'과 '간단한 도구를 사용하는 것'으로 구성되어 있다. 이를 통해 영아가 간단한 생활도구의 사용방법에 관심을 갖고 익숙해지면 간단한 도구를 스스로 사용할 수 있도록 하기 위함이다.

(2) 연령별 활동
0~2세 영아를 위한 연령별 활동의 구체적인 내용은 다음과 같다.

① 0~1세
'생활도구 탐색하기'에서 '도움을 받아 생활도구를 탐색한다.'는 일상생활 속에 가까이 보게 되는 생활도구에 관심을 보일 때 성인이 만져보고 탐색할 수 있도록 하는 내용이다. 1세 영아는 숟가락이나 컵의 사용에 관심을 보이고 스스로 사용하고자 한다. 숟가락이나 컵에 관심을 보이면서 숟가락이나 컵을 잘못 잡고 두드리거나 떨어뜨려보거나 굴려보기도 한다. 탐색을 할 수 있도록 지켜봐 주고, 스스로 도구를 이용하여 밥을 먹으려고 하거나 물을 마시고자 하는 시도를 할 때는 숟가락이나 컵을 바르게 잡도록 도와주고, 점차 용도에 맞게 사용할 수 있도록 기다려 주도록 한다.

표 7-2 **생활도구 탐색하기를 위한 0~1세 활동 예시**

목표	감각과 조직을 통하여 주변 사물과 자연환경에 대해 지각한다.			
내용	세부 내용			
	1수준	2수준	3수준	4수준
생활도구 탐색하기			도움을 받아 생활도구를 탐색한다.	

1세 영아의 '물체와 물질 탐색하기'를 돕기 위해 교사는 다음과 같은 점에 유의하도록 한다.

- 영아가 사용하는 개인 물컵, 도시락, 숟가락, 포크 등 생활도구에 영아의 이름과 사진을 붙여주어 자신의 생활도구에 관심과 애착을 가지도록 해 준다.
- 의도적으로 생활도구를 탐색하는 활동을 전개하기보다는 하루일과 중 자연스럽게 물을 마시거나, 점심을 먹으면서 생활도구에 관심을 가져보고 익숙하게 사용할 수 있도록 기회를 제공한다.
- 주변의 생활도구에 관심을 가지고 스스로 사용하려 할 때 교사가 일방적으로 도움을 제공하거나 해결해주려 하지 말고, 영아 스스로 충분히 탐색하고 시도할 수 있는 시간과 기회를 제공하고 기다려준다.
- 교사는 1세 영아가 숟가락이나 포크, 물컵 등 생활도구를 이용하여 스스로 밥을 먹거나 물을 마시고자 시도할 수 있도록 지켜보거나 도구를 바로 잡도록 도와주면서 언어로 간단하게 설명해 준다.

예시1 **교사-영아의 상호작용**

- "(반찬을 손으로 집어먹는 영아에게) ○○가 배가 많이 고팠구나. 반찬을 집을 때는 포크로 먹어볼까? 이렇게~!"
- "(포크로 반찬을 집기 어려워하는 영아에게) ○○가 포크로 반찬을 집으려고 했구나? 선생님하고 같이 해 볼까? 손으로 포크를 잡고 요렇게 콕 집어보자!"

- 영아가 사용하는 생활도구 중 빨대 컵이나 포크 등의 안전에 유의하도록 한다.

1세 영아 주변의 '생활도구 탐색하기'를 위한 수준별 활동 예시는 다음과 같다. 3수준에서는 교사가 영아에게 탐색의 기회를 제공해 준다. 수준이 올라가면서 영아가 직접 주변의 물체와 물질을 탐색하고, 탐색 방법이 확장된다.

생활도구 탐색하기를 위한 1세 수준별 활동 예시

수준	활동개요	사진
3수준	빨대컵으로 물을 마셔보도록 하면서 빨대컵에 관심을 가져 볼 수 있도록 돕는다.	
4수준	빨대 없이 손잡이가 있는 컵, 빨대와 손잡이가 모두 없는 컵 등을 제공하여 다양한 컵의 모양과 특징을 경험해 볼 수 있도록 한다.	

② 2세

2세 보육과정 자연탐구영역의 목표는 주변 환경에서 호기심을 갖고 탐색하기를 즐기는 것이다. '생활도구 사용하기'에서 '생활 속에서 간단한 도구에 관심을 가진다.'는 생활 속에서 접하게 되는 간단한 도구에 영아가 관심을 보이면, 천천히 조작하는 모습을 보여주고 관심이 유지될 수 있도록 반복적으로 보여 주도록 한다. 빗자루, 쓰레받기 등 생활도구를 사용할 때 이름이나 기능에 대해 적절하게 상호작용해 주게 되면 관심을 가지게 된다.

'간단한 도구를 사용한다.'는 생활 속에서 사용하는 간단한 도구 중에서 2세 영아가 사용하기 쉬운 도구를 사용해 보는 내용이다. 보육기관 실내 바닥에 떨어진 낙엽이나 종이조각 등을 영아가 사용하기 좋은 작은 크기의 작은 빗자루와 쓰레받기를 사용하여 청소해 보도록 격려하고, 블록영역에서 쌓기 블록을 이용하여 식탁이나 아기 침대를 만들어서 놀이하는 기회를 제공하고, 밀가루 반죽으로 미술활동을 할 때 누르거나 찍을 수 있는 도구나 받침 등의 사용을 격려하면 간단한 도구를 사용하게 된다.

표 7-3 생활도구 사용하기를 위한 2세 활동 예시

목표	다양한 탐색을 통하여 주변 사물과 자연환경을 인식한다.	
내용	세부 내용	
	1수준	2수준
생활도구 사용하기	생활 속에서 간단한 도구에 관심을 가진다.	
	간단한 도구를 사용한다.	

2세 영아의 물체와 물질 탐색하기를 돕기 위해 교사는 다음과 같은 점에 유의하도록 한다.

- 교사는 영아에게 일상생활 속에서 사용하는 간단한 도구의 사용방법이나 조작방법을 알려주어 관심을 갖고 반복적으로 탐색하도록 적절히 상호작용해 준다.

예시2 교사-영아의 상호작용

- "(탁상용 전화기를 만지작거리는 영아에게) ○○는 이게 먼지 궁금하구나. 여기를 눌러 보자. 어, 쑥 눌러지네."
- "(전화기의 버튼을 계속 누르는 영아에게) 지금 엄마께 전화해 볼까? 여보세요?"

- 탐색영역에 간단한 스위치, 사진기, 고장 난 전화기, 냉장고 모형 등을 제공하여 일상생활에서 흔히 볼 수 있는 도구와 기계에 관심을 갖도록 해 준다.
- 영아가 기계나 도구를 만져보려는 시도를 무조건 제지하기보다는 안전 여부를 확인한 후 영아의 관심을 인정해 주고 충분히 탐색할 수 있는 시간을 제공한다.
- 영아에게 간단한 생활도구가 편리하기는 하나 잘못 사용하면 안전하지 않을 수 있음을 강조한다.

생활 속에서 간단한 도구에 관심 갖기 위한 2세 수준별 활동 예시

수준	활동개요	사진
1수준	찰칵 소리가 나거나 불이 반짝거리는 놀잇감 사진기, 고장 난 실물 사진기로 사진을 찍는 놀이를 해 본다.	
2수준	고장 난 실물 사진기나 놀잇감 사진기를 이용하여 사진기의 렌즈, 셔터 등에 관심을 갖고 살펴본다.	

2세 영아의 '생활 속에서 간단한 도구에 관심 가지기'를 위한 수준별 활동 예시는 다음의 내용과 같다. 생활 속 도구인 사진기를 사용한 활동 사례에서 1수준은 사진기를 단순하게 가지고 논다. 2수준은 사진기의 부품에 관심을 가진다. 수준이 높아지면서 사진기에 대한 탐색의 범위가 확장됨을 알 수 있다.

2) 유아 대상 '도구와 기계' 지도

'간단한 도구와 기계 활용하기'는 유아가 생활 속에서 사용하는 다양한 도구와 기계에 관심을 가지고 활용하면서 도구와 기계의 발전으로 인한 편리성뿐 아니라 역기능에 대해서도 관심을 가지게 하는 내용이다. 유아가 일상생활에서 쉽게 접하는 도구와 기계에 흥미를 가지고 탐색하는 내용과 반복적으로 활용하면서 도구와 기계에 흥미를 가지고 탐색하는 내용과 반복적으로 활용하면서 도구와 기계의 종류와 기능을 알고 바르게 활용할 수 있도록 하는 내용을 다룬다. 또한 우리 생활에 변화를 가져다주는 새로운 도구와 기계에도 관심을 갖고 장단점을 알아보는 내용으로 구성되어 있다.

표 7-4 간단한 도구와 기계 활용에 대한 연령별 활동내용

목표	주변의 관심 있는 사물을 탐구하기 위한 기초능력을 기른다.		
내용	연령별 내용범주		
	3세	4세	5세
간단한 도구와 기계 활용하기	생활 속에서 간단한 도구와 기계에 관심을 갖는다.	생활 속에서 간단한 도구와 기계를 활용한다.	
	도구와 기계에 편리함에 관심을 갖는다.		변화하는 새로운 도구와 기계에 관심을 갖고 장단점을 안다.

(1) 지도지침

- 교사는 유아가 직접 탐색하고 활용해 볼 수 있는 간단한 도구나 기계를 제공하고 관련된 책 등의 자료를 준비한다.
- 교사는 생활도구와 기계의 어떤 점이 생활 속에서 편리함을 주는지 구체적으로 알아보도록 안내한다.
  - 예: "세탁기는 우리 생활에 어떤 편리함을 주는 것 같니?"
    "만약 가위가 없다면 어떤 점이 힘들까?
- 교사는 유아가 생활 속에서 도구와 기계를 올바르게 활용하고, 지렛대나 도르래 등과 같은 간단한 도구를 다양한 문제해결을 위해 사용하는 방법을 알아보도록 격려한다.
  - 예: "도르래를 이용하여 움직일 수 있는 것에 어떤 것들이 있을까?"
    "커튼의 줄을 당기면 커튼이 올라가는 것은 무엇 때문일까?"
- 교사는 컴퓨터와 스마트폰과 같은 새로운 첨단 기계가 지속적으로 개발되어 생활의 편리함을 제공해 주지만, 잘못 활용할 경우 여러 가지 부작용과 피해를 줄 수 있다는 것도 알려주는 활동을 계획하여 제공한다.
- 유아가 도구와 기계의 변화 과정을 개념적 원리보다는 여러 가지 특성(크기, 모양, 작동방법 등)과 관련지어 이해하도록 한다.

(2) 연령별 활동

생활 속의 간단한 도구와 기계에 대한 활동 중에서 3~5세 유아를 위한 연령별 활동의 구체적인 내용은 다음과 같다.

① 3세

'생활 속에서 간단한 도구와 기계에 관심을 갖는다.'는 유아가 주변에서 쉽게 볼 수 있는 간단한 도구나 기계에 관심을 가지도록 하는 내용이다. 유아는 일상생활 속에서 요리도구나 청소기, 세탁기, 컴퓨터와 같은 기계들이 사용되는 것을 쉽게 접하고 있다. 그러나 이와 같은 도구나 기계는 만 3세 유아가 직접 사용하여 경험한 것은 아니므로 매일 다루는 지퍼나 단추, 가위와 같은 아주 간단한 도구에 대한 관심부터 이끌어내고, 점차적으로 생활 속에서 사용되는 다양한 도구와 기계에 대해 관심을 갖도록 한다.

② 4, 5세

'생활 속에서 간단한 도구와 기계를 활용한다.'는 유아가 간단한 도구와 기계를 직접 사용해 보는 경험을 통해 도구와 기계를 활용하는 능력을 기르게 하는 내용이다. 만 4, 5세 유아는 주변에서 자주 볼 수 있는 여러 가지 도구와 기계를 직접적으로 사용하고 싶어 하므로 요리활동에서 간단한 요리도구를 다루어보거나 미용실 놀이를 통해 미용가위나 빗 같은 도구를 사용해 볼 수 있다. 또한 카메라를 사용하여 직접 사진을 찍어보거나 컴퓨터를 사용하여 궁금한 내용을 조사하는 등 생활 속에서 필요한 도구와 기계를 활용하는 능력을 기를 수 있다. 이와 함께 이 시기 유아는 매우 간단한 도구나 놀잇감을 여러 가지 방법으로 만들어 사용하는 경험을 통해 도구를 수동적으로 사용하는 것뿐 아니라 도구 개발의 주체가 되는 경험을 할 수 있다.

3, 4, 5세 유아의 '생활 속의 간단한 도구와 기계에' 대한 활동 예시는 다음과 같

생활 속의 간단한 도구와 기계 탐색을 위한 3, 4, 5세 활동 예시

연령	활동개요	사진
3세	생활 속에서 활용되는 숟가락, 포크, 가위 등과 같은 간단한 도구를 자세히 탐색하면서 이와 같은 도구가 주는 편리함에 대해 이야기를 나눈다.	
4세	생활에서 활용되는 도르래나 지렛대를 실제로 제공하여 유아가 탐색하고 놀이와 연계하여 교실에서 활용해 보도록 안내한다.	
5세	믹서기, 사진기, 청소기와 같은 도구나 기계가 필요한 여러 상황을 소개하고, 각 상황에서 필요한 도구와 기계를 제공하여 구체적으로 활용해 볼 수 있도록 한다.	

자료: 보건복지부·교육부(2013), p.174.

다. 예시에서, 3세의 활동은 생활 속 활용되는 간단한 도구를 탐색하며 이야기를 나눈다. 4세의 활동은 도구를 탐색할 뿐 아니라 다른 활동과 연계하며 활용한다. 5세의 활동은 도구와 기계가 필요한 상황에 대해서 이야기하며 제공한 뒤, 활용을 할 수 있도록 한다.

도구와 기계의 장단점에 관한 활동은 다음과 같다.

① 3, 4세

'도구와 기계의 편리함에 관심을 갖는다.'는 유아가 주변에서 쉽게 접하게 되는 도구와 기계를 직접 활용하면서 도구와 기계의 편리함에 관심을 가지게 하는 내용이다. 만 3, 4세 유아는 도구와 기계가 우리의 생활에 어떠한 도움을 주고 있는지 직접 사용해 보면서 인식할 수 있다. 예를 들어, 가위를 사용하여 물건을 쉽게 자르는 경험이나 녹음기로 소리를 녹음하고 필요할 때마다 재생하거나 또는 엘리베이터를 이용하여 높은 층으로 쉽게 이동하는 경험 등을 통해 도구와 기계의 편리함에 관심을 가질 수 있다.

② 5세

'변화하는 새로운 도구와 기계에 관심을 갖고 장단점을 안다.'는 첨단 과학기술의 발달로 새로운 도구와 기계가 계속 등장하게 됨으로 유아가 새롭게 개발되는 도구나 기계에 관심을 가지고 장단점을 알아가도록 하는 내용이다. 만 5세 유아는 생활

도구와 기계의 장단점 탐색을 위한 3, 4, 5세 활동 예시

연령	활동개요	사진
3세	우리 생활에 편리함을 주는 다양한 도구(국자, 숟가락, 젓가락 등)를 사용한 경험에 대해 이야기를 나누고, 실제 자료를 가지고 도구의 어떤 점이 편리함을 주는지 알아본다.	
4세	유아가 카메라와 같은 기계를 직접 다루어보도록 하며, 기계가 주는 편리함을 알아보도록 한다.	
5세	다양한 종류의 미디어(컴퓨터, 텔레비전, 스마트폰 등)를 알아보고, 미디어가 우리 생활에 주는 장점과 단점에 대해 이야기를 나눈다. 가까운 곳에 미디어 센터가 있을 경우 직접 방분하여 경험해 본다.	

자료: 보건복지부·교육부(2013). p.175.

에 많은 도움을 주고 있는 컴퓨터나 스마트폰, 로봇과 같은 새로운 도구와 기계에 많은 관심을 가지고 있으므로 직접 작동과정을 탐색하고 활용해 보면서 편리함을 인식할 수 있다. 동시에 도구와 기계를 올바르게 사용하지 못하면 오히려 해가 될 수 있음을 아는 것도 필요하다. 예를 들면, 현재 우리 생활에 지대한 영향을 주는 컴퓨터는 적절히 사용한다면 다양한 정보를 빠르게 제공해 주는 장점이 있으나, 잘못 사용하거나 장시간 지속적으로 사용하게 되면 몸에 해를 미칠 수 있다는 내용을 함께 다룬다.

3세 유아의 활동은 다양한 도구의 어떤 점이 편리한지 이야기를 나눈다. 4세의 활동은 기계와 도구를 직접 다루어보고 편리함을 알아본다. 5세 유아의 활동은 장점뿐 아닌 단점에 대해서 알아본다. 또한 관련 장소가 있다면 방문을 하는 경험을 해 보기도 한다.

유아가 탐색해 볼 도구와 기계의 개념은 다음과 같다.

- 자전거, 오토바이, 자동차는 바퀴를 이용한 교통기관이다.
- 배, 잠수함은 물에서 이용할 수 있는 교통기관이다.
- 열기구, 헬리콥터, 비행기는 하늘을 날 수 있도록 만든 교통기관이다.
- 선풍기, 세탁기, 냉장고 등은 전기를 이용한다.
- 자동차, 비행기는 기름을 이용한다.
- 도구와 기계를 다룰 때는 항상 안전을 먼저 생각해야 한다.
- 빗면을 이용하면 힘을 적게 사용해서 물체를 들어 올릴 수 있다.
- 지레의 원리를 이용하면 힘을 적게 사용해서 물체를 들어 올릴 수 있다.
- 바퀴를 이용하면 힘을 적게 사용해야 물체를 움직일 수 있다.

영유아
과학 교수방법

CHAPTER 8

과학활동 지도방법

1. 영유아 과학활동 지도방법의 기초

1) 과학활동 지도의 기본 원리

영유아를 위한 과학활동 지도의 기본 원리는 개별화의 원리, 구체적 경험의 원리, 놀이중심의 원리, 과정중심의 원리, 통합의 원리로 제시해 볼 수 있다.

(1) 개별화의 원리

개별화의 원리는 개별 영유아의 개인차를 고려하여 과학활동을 실행하는 것을 의미한다. 즉, 과학활동을 실행하는 과정에서 나타나는 개별 영유아의 과학적 사고 능력과 지식, 사전 경험, 흥미 등의 차이를 고려하여 영유아 개개인에게 적합하게 과학활동을 전개하는 것이다. 가령, 날씨에 관심을 가지기 시작한 3세 유아들과 함께 맑은 날과 봄비가 오는 날 산책을 나가 일상적으로 경험하는 다양한 날씨를 관찰하는 활동을 진행하는 과정에서, 이미 계절에 따라 달라지는 기후를 인식하고 "저는 봄이 제일 좋아요. 덥지도 않고 춥지도 않으니까요."라고 이야기하는 유아가 있다면 "선생님은 여름이 좋아. 날씨는 덥고 습하기도 하지만 물놀이를 신나게 할 수 있잖아. 그런데 여름이 안 좋을 때도 있단다. 비가 너무 많이 와서 홍수가 나는 건 싫거든."이라고 개별적으로 상호작용함으로써 계절별로 달라지는 기후 및 이와 관련된 자연현상에도 관심을 가질 수 있도록 유도할 수 있다. 따라서 교사는 개별 영유아에 대한 관찰 및 사정(assessment) 등을 통하여 영유아 개개인의 흥미와 발달 수준, 이해 정도에 따라 융통성 있게 적용할 수 있는 학습목표와 내용을 선정해야 하며, 영유아의 개별적 다양성을 고려하여 다양한 교수전략과 교수자료를 제공해야 한다.

(2) 구체적 경험의 원리

구체적 경험의 원리는 과학활동의 실행과정에서 영유아들에게 직접 보고, 듣고, 만지고, 냄새를 맡는 등 실제로 대상을 관찰하거나 탐구하고 조작할 수 있는 구체적 경험을 제공하는 것을 의미한다.

영유아는 주변의 사물과 자연환경에 대해 자신이 궁금해 하는 것을 직접 조작해 보고 구체적으로 경험해 보는 가운데 과학적 태도의 기초를 형성하며 보다 효율적으로 과학적 지식을 구성하게 된다. 예를 들어 사과의 특성을 탐색하고자 할 때, 사과에 맞는 사진 및 그림 등을 보며 언어만으로 상호작용하는 활동보다는 과일가게에 가서 여러 가지 과일 중에서 사과를 구입한 후, 사과 껍질의 색깔을 관찰하고 냄새를 맡아보거나 단면을 잘라서 맛을 보는 활동을 통해 사과가 가지고 있는 특성을 구체적으로 파악할 수 있다. 따라서 교사는 영유아를 대상으로 과학활동을 계획하고 실행할 때, 시각, 청각, 후각, 미각, 촉각 등의 다양한 감각을 활용하여 관찰이 가능한 구체적인 실물자료를 충분히 제공하는 한편, 더불어 직접 경험하며 실제적인 지식과 정보를 얻을 수 있는 자연 및 현장 체험의 기회를 다양하게 제공해야 한다.

(3) 놀이중심의 원리

놀이중심의 원리는 영유아 과학적 개념 및 지식을 놀이를 통해 경험할 수 있도록 과학활동을 안내하는 것을 의미한다. 놀이가 가지고 있는 고유한 속성은 과학학습의 효과를 높이는 데 매우 효과적이다. 가령, 영유아는 그릇에 물을 담고, 이 그릇에서 저 그릇으로 물을 붓고 쏟아보는 놀이를 통해서 물의 속성을 탐색하게 된다. 또는 빨래하기 놀이를 하며 햇빛이 잘 드는 창가에 걸어 놓은 물수건의 물이 점점 없어지는 것을 관찰하면서 물이 공기 중으로 증발하는 현상에 대해 관심을 갖게 된다. 모양이 없는 물의 속성과 물의 증발 현상은 영유아들에게 접근하기 어려울 수 있는 과학적 지식이다. 그러나 놀이를 통한 과학적 경험을 통해

그림 8-1 **어린이집 담에 분무기로 물을 뿌리는 놀이를 통해 물의 성질을 탐색하는 유아**

영유아는 능동적으로 물의 속성과 물의 증발 현상에 관심을 갖고 탐색하게 된다.

이처럼 영유아는 놀이 자체가 가지고 있는 재미와 즐거움으로 인해 자발적으로 내적 동기화하여 놀이가 중심이 되는 과학활동에 적극적으로 참여하게 되며, 이를 통해 자연스럽게 과학적 개념 및 지식을 학습하게 된다. 따라서 교사는 영유아의 놀이를 자극하는 충분한 놀이자료와 안전하게 놀이를 할 수 있는 놀이공간, 놀이를 진행시킬 수 있는 충분한 시간을 제공함으로써 영유아 스스로 놀이활동에 적극적으로 참여하고 몰입할 수 있도록 지속적으로 격려할 수 있어야 한다. 한편, 교사 스스로도 영유아와의 놀이에 즐겁게 적극적으로 참여함으로써 영유아로 하여금 자신들의 놀이에 큰 가치를 부여하게끔 도와주는 것도 바람직한 지도방법이다.

(4) 과정중심의 원리

과정중심의 원리는 과학활동의 결과에 초점을 맞추어 지도하는 것이 아니라 문제를 해결해 나가는 과학활동의 실행 과정에 초점을 맞추어 지도하는 것이다. 즉 과학활동을 실행하는 과정에서 영유아 스스로 흥미를 느끼는 문제를 발견하고, 적극적 탐색 및 자료수집 등의 다양한 방법으로 끊임없이 문제해결을 시도하며, 문제해결에 도달하기까지의 일련의 과정을 경험할 수 있도록 지도하는 것이다. 예를 들어 결과에 초점에 맞추어 지도한다면, 영유아들이 환경친화적 행동을 실천할 수 있도록 돕기 위해 물 아껴 쓰기, 쓰레기 분리수거하기 등과 같이 환경을 보호하

는 방법을 알려주고 실천하도록 할 것이다. 반면에 과정중심 원리에 따른 지도에서는 영유아들에게 간이실험(예: 물에 잠긴 하얀 티슈를 지하 주차 공간과 산림이 우거진 공간에 일정 시간 비치하기)으로 자동차에서 나오는 배기가스의 오염 정도를 숲 속 공기와 비교하여 측정할 수 있는 기회를 제공한 후, 영유아 스스로 공기오염 문제의 심각성을 인식하고 자동차 배기가스로 인한 공기오염을 줄이기 위한 방법을 찾아내어 '가까운 거리 걸어서 이동하기, 자전거 타고 장보러 가기' 등을 실천할 수 있도록 돕는다. 교사는 영유아가 과학활동의 주체가 되어 스스로 문제해결의 길을 찾아갈 수 있도록 돕는 조력자의 역할을 할 뿐이다. 이러한 과정중심의 과학활동 지도를 통해 영유아는 일상생활에서 부딪히게 되는 다양한 문제들을 과학적으로 사고하고 해결할 수 있는 능력을 키울 수 있다.

(5) 통합의 원리

통합의 원리는 신체, 언어, 수학, 음률, 미술, 과학활동 등 다양한 영역의 활동이 의미 있게 연관된 활동들을 수행하며 과학적 개념 및 지식 등을 통합적으로 경험할 수 있도록 구성하는 것이다.

영유아는 발달특성상 각 교과 영역별로 지식이 분리되어 있을 때보다 통합, 즉 다양한 영역의 지식이 유기적으로 관련되어 있을 때 효과적으로 학습할 수 있다. 예를 들어 믹서기에 갈아서 만든 과즙의 색깔 관찰하기와 같이 과학활동에만 초점을 맞추었을 때보다, 먼저 과일에 관한 다양한 노래들을 함께 불러보거나, 준비한 과일들을 유아들이 제안한 여러 가지 방법(예: 주먹으로 뭉개서 짜내기, 손수건에 넣고 짜내기, 체에 걸러 짜내기 등)을 사용하여 과즙을 만들어 본 후, 이 과즙으로 과일 그림 색칠하기와 같이 통합적으로 활동을 구성했을 때, 유아들에게 여러 가지 과일 속에 포함된 과즙의 특성에 대한 영유아들의 이해를 돕는 데 훨씬 더 흥미롭고 효과적인 교수법이 될 수 있다. 따라서 교사는 일상생활과 연계된 다양한 영역의 통합된 활동 경험을 통해 필요한 과학 개념 및 지식을 학습할 수 있도록 도와주어야 한다.

2) 과학활동 지도를 위한 교수법

영유아를 대상으로 과학활동을 지도할 때 유용하게 활용될 수 있는 교수법으로 전달적 교수법, 발견적 교수법, 탐구적 교수법, 상호작용적 교수법이 있다(이순형 외, 2007). 이론적으로 이들 교수법은 명확히 분류할 수 있으나, 실제 적용 시에는 특정 교수법을 단독으로 사용하기보다는 다양한 교수법이 혼합되어 나타난다. 따라서 과학활동 지도 시 각각의 교수법을 뚜렷이 구분하여 적용하기보다는 활동의 특성에 따라 통합적으로 적용하는 것이 일반적이다.

(1) 전달적 교수법

전달적 교수법은 영유아가 학습해야 할 과학적 개념 및 지식 등의 내용을 교사가 주도적으로 설명하며 전달하는 교수법이다. 즉, 전달적 교수법에서 교사는 사전에 파악한 영유아의 과학적 개념 및 지식의 수준 및 흥미, 관심 정도에 기초하여 영유아가 학습해야 할 과학적 개념 및 지식이 무엇인지를 결정하고, 이들 내용을

표 8-1 **교사와 유아 간 상호작용의 예**

교사	유아
어제는 친구들과 함께 시장에서 사 온 물오징어를 관찰해 보았지. 오늘은 무엇을 하기로 했니?	• 유아1: 오징어를 삶아 먹기로 했어요. • 유아2: 오징어를 삶으면 어떻게 변하는지 보기로 했어요.
그래. 오늘은 우리 친구들과 함께 오징어를 끓는 물에 넣으면 어떻게 변하는지 보기로 했지. 오징어를 삶으려면 먼저 깨끗이 손질해야 해. 우리 친구들이 직접 하고 싶겠지만, 칼이 위험하니까 선생님이 대신 할게. 선생님이 어떻게 하는지 잘봐. (손질이 끝난 후에) 이제는 어떻게 하면 될까?	유아1: 물을 끓여야 돼요.
맞아. 선생님이 물을 끓이도록 할게. (전기레인지를 이용해 물을 끓인 후에) 물이 끓고 있는데, 이 끓는 물에 오징어를 넣을 테니 오징어가 어떻게 변하는지 보렴. (유아들에게 오징어의 변한 모습을 관찰하게 한 후에) 이제 우리 친구들 오징어를 끓는 물에 삶으면 어떻게 변하는지 잘 알겠지?	• 유아1: 오징어가 구불구불 춤을 춰요. • 유아2: 오징어 색깔이 점점 더 하얗게 변하고 있어요. • 유아3: 물이 더러워지고 있어요.

표 8-2 **전달적 교수법의 장단점**

장점	단점
• 다수의 영유아들에게 과학적 개념 및 지식을 효율적으로 전달할 수 있음 • 시행착오 없이 과학적 개념 및 지식의 습득이 가능함	• 영유아가 학습한 과학적 개념 및 지식을 내면화했는지 파악하기 어려움 • 개별 영유아의 이해 수준을 고려한 과학학습이 이루어지기 어려움

시범이나 설명 등의 방법을 사용하여 주도적으로 전달하는 역할을 한다. 반면에 영유아는 수동적인 학습자가 되어 교사가 전달하는 내용을 듣는 역할을 한다. 교사의 주도적인 설명과 영유아가 이를 수동적으로 학습하는 방식으로 인해 전달적 교수법에서 교사-영유아 간에 활발한 상호작용을 기대하기는 힘들다.

일반적으로 탐색 및 탐구가 중심이 되는 과학활동에서 교사의 주도적인 설명이나 시범이 중심이 되는 전달적 교수법은 적절하지 않은 것으로 여겨진다. 그러나 실험이 필요한 과학활동의 경우, 특히 안전사고의 위험이 있는 실험활동에서는 교사가 직접 설명하거나 시범을 보여야 하는 부분도 있기 때문에 전달적 교수법도 적절하게 활용할 필요가 있다.

(2) 발견적 교수법

발견적 교수법은 과학학습이 이루어질 수 있는 상황만 마련해주고 영유아 스스로 과학적으로 문제해결방법을 발견해 나가도록 도와주는 교수법이다. 발견적 교수법에서 교사는 해결해야 할 문제의 답을 가르쳐 주는 것이 아니라, 영유아 스스로 문제의 해결방법을 탐구할 수 있는 자료와 도구들을 지원하는 물리적 환경 지원자로서의 역할을 하며, 영유아는 지원받은 자료와 도구들을 활용하여 직접 경험하며 무엇인가를 발견하여 문제를 해결하는 능동적인 학습자의 역할을 한다.

발견적 교수법의 실행은 크게 인식, 탐색조사, 적용의 3단계로 구성될 수 있다. 첫째, 인식 단계에서는 교사가 주도면밀하게 구성한 과학적 학습 환경이나 상황에 대해 영유아가 관심을 보인다. 가령, 교사가 어느 날 갑자기 뚜껑이 닫힌 큰 상자를 교실의 한쪽에 비치해 놓는다면 영유아는 큰 상자에 대해 호기심을 가지게 되고 그 안에 어떤 물건이 있는지 관심을 가지게 된다. 둘째, 탐색조사 단계에서는 영유아가 새롭게 관심을 가지게 된 사물이나 상황에 대한 궁금한 점들에 대해 관찰, 탐색, 발견, 정보수집 등을 통해 해결하게 된다. 영유아는 큰 상자 안에 어떤 물건이 들어 있는지를 알아보기 위해 상자를 흔들어 소리를 들어보고, 상자 안에 손을 넣어 만져보거나, 냄새를 맡아보는 등의 자발적인 탐색조사활동을 통해 상자 안에는 다양한 감촉(딱딱하다, 매끄럽다, 푹신푹신하다, 까칠까칠하다, 울퉁불퉁하다)을 가진 물건이 들어 있음을 알 수 있게 된다. 마지막으로, 적용 단계에서는 탐구조사활동을 통해 새롭게 알아낸 지식이나 정보를 실제 상황에 적용해 보고 실행해 본다. 다양한 감촉의 물건들이 있다는 것을 알게 된 영유아는 교실에 있는 다른 물건들과 교사가 준비한 여러 가지 물건들을 촉감에 따라 분류해 보기도 하고, 그 밖에 색깔, 모양, 크기 등의 다양한 기준으로 분류해 볼 수 있다.

표 8-3 **교사와 유아 간 상호작용의 예**

교사	유아
수신자가 OOO반 친구들로 표기된 우체국 택배상자를 유아들의 눈에 잘 띄는 곳에 두어 유아들의 관심을 모은다. (아이들에게 다가가) 와, 정말 우리 반 친구들한테 온 택배구나. 선생님도 이 택배상자 속에 무엇이 들어 있는지 정말 궁금하네. (친구들의 요청이 있을 시 선생님이 택배상자 포장을 뜯는다.)	• 유아1: 선생님, 여기에 무슨 택배상자가 있어요. • 유아2: 야, 이것 봐봐. 우리 반 친구들한테 온 거야. • 유아3: 궁금하다. 빨리 열어 보자.
(상자를 자세히 들여다본 후, 한쪽 구석에 있는 편지글을 꺼내 들고) 얘들아, 여기에 편지도 있어.	• 유아1: 와, 선물이 들어 있어. • 유아2: 편지에 뭐라고 쓰여 있어요? 선생님이 읽어주세요.
(아직 글을 읽을 줄 아는 친구가 없을 경우 교사가 편지를 읽어준다.) OOO반 친구들에게… 나는 OO에서 꽃집 가게를 하는 꽃집 아저씨란다. 아저씨는 빨리 꽃을 잘 키워서 팔고 싶은데, 꽃이 잘 자라지 않는단다. 그래서 고민을 하다가 OOO반 친구들이 반짝반짝 좋은 아이디어를 많이 가지고 있다는 소문을 듣고 이렇게 편지를 썼어. (중략) 택배상자에 내가 키워서 팔고 싶은 꽃씨와 화분을 보내니, 잘 키우면 나에게 꼭 방법을 알려주렴.	• 유아1: 진짜 어떻게 그 소문을 들었지? • 유아2: 아저씨 빨리 도와주고 싶은데 어떻게 하지? • 유아3: 우리가 꽃씨를 심어서 잘 키우면 되지. 그런데, 어떻게 키워야 꽃이 잘 자라지? • 유아4: 물 많이 주면 잘 자랄 거야. • 유아5: 그럼 물만 잘 주면 되는 거야?

표 8-4 **발견적 교수법의 장단점**

장점	단점
• 영유아가 과학활동에 주도적으로 참여함으로써 학습한 내용을 내면화하기 용이함 • 영유아의 문제해결능력 및 탐구능력이 발달함	• 물리적 환경 지원에 대한 부담이 큼 • 영유아가 학습한 내용을 구체적으로 확인하기 어려움 • 과학적 문제해결을 위해 여러 번의 시행착오를 겪을 수 있음

(3) 탐구적 교수법

탐구적 교수법은 영유아 스스로 주체적이고 능동적으로 과학적 지식을 구성하며 과학적 탐구능력을 키울 수 있도록 도와주는 교수법이다. 구체적으로 탐구적 교수법은 탐구할 과제를 명확히 인식하고 문제해결을 위한 가설을 설정하고, 자료수집 및 실험 등의 과학적 방법과 논리적인 사고활동에 의해 가설을 검증하며, 검증된 내용을 일반화시키는 일련의 과학적 과정으로 이루어지게 된다. 영유아의 자발적인 과학학습을 도모한다는 측면에서 발견적 교수법과 다르지 않지만, '탐구적'이라는 것은 객관적인 근거를 바탕으로 논리적으로 문제를 해결한다는 의미를 내포하고 있기 때문에 문제해결과정에 논리성이 결여되어 있을 때는 '탐구적'이라는 용어를 쓰는 것은 적절하지 않다는 견해가 있다(박숙희·염명숙·이경희, 2000).

탐구적 교수법은 안내, 가설, 정의, 탐색, 증거제시, 일반화의 6단계로 이루어진다(Massialas & Cox, 1966). 첫째, 안내 단계에서는 영유아가 관심 있는 문제를 발견하여 탐구할 질문을 설정하도록 돕는 것이 가장 핵심이다. 영유아들은 자신이 무엇을 궁금해 하고 무엇을 질문해야 하는지조차 모르는 경우가 많기 때문에, 교사는 영유아와 주제와 관련된 충분한 상호작용을 통해 영유아가 정말 알고 싶어 하는 좋은 질문을 이끌어내는 역할을 해 주어야 한다.

둘째, 가설 단계에서는 탐구하려고 하는 문제와 관련되는 설명이나 선결조건 등을 가설로 표현해 보도록 한다. 가령, 이를 썩게 하는 음료수에는 무엇이 있는지에 대해 궁금해 하는 영유아들은 물, 우유, 과일주스, 콜라 등이 이를 썩게 하는 음료수라는 가설을 설정할 수 있을 것이다.

표 8-5 교사와 유아 간 상호작용의 예

교사	유아
치과에는 왜 갔었어?	• 유아1: 선생님, 저 어제 치과 갔었어요. • 유아2: 이가 썩어서 그랬을 거예요. 그렇지, 맞지? 저도 이가 썩어서 치과 갔었어요.
우리 친구들 중에 이가 썩은 친구들이 많구나. 왜 우리 친구들 이가 많이 썩었을까?	유아1: 엄마가 콜라 먹어서 그렇대요. 정말 콜라를 많이 마시면 이가 썩어요?
선생님도 친구들이 말한 콜라가 이를 썩게 하는지 궁금하네. (부모들의 협조로 준비한 이를 보여주며) 우리 친구들이 뺀 이야. 이 이를 가지고 어떻게 알아볼 수 있을까?	유아1: 콜라 속에 담가 봐요. (유아들이 콜라에 이를 담그고 지속적으로 관찰한다.)
정말. 이의 한쪽 끝이 까맣게 변해가고 있네.	• 유아1: 선생님, 이 끝이 까맣게 됐어요. 정말 콜라를 많이 마시면 이가 썩는 게 맞는 것 같아요. • 유아2: 전 이제 콜라 절대 안 마실 거예요. • 유아3: 콜라를 먹고 나면 이를 깨끗이 씻어야겠어요. • 유아4: 선생님, 우유 먹고 이 안 닦아도 썩지요? • 유아5: 그럼, 우유에도 이를 담가 보자.

셋째, 정의 단계에서는 가설에서 사용된 제반 용어들을 분명하게 규정함으로써 탐구과정에서의 의사소통에 혼란이 없도록 한다.

넷째, 탐색 단계는 앞서 설정한 가설들이 논리적으로 타당한지를 검토하는 단계로 탐구적 교수법에서 가장 중요한 단계라고 할 수 있다. 가령, 물이라는 음료수가 이를 썩게 한다면 세상 모든 사람들의 이가 다 썩어야 하는데 그렇지 않기 때문에, 물이 이를 썩게 한다는 가설은 이 단계에서 논리적 타당성이 떨어지는 것으로 판단되어 조정될 수 있을 것이다. 반면, 콜라를 자주 마시는 친구들을 대상으로 조사해 본 결과 대부분이 이가 썩어 치과에 다녀와 본 경험이 있다면, 이 가설은 논리적 타당성이 인정되어 채택될 수 있을 것이다.

다섯째, 증거제시 단계에서는 가설을 입증하는 제반 증거를 수집하여 제시하는 과정이다. 유아들은 이와 관련된 도서자료(예:《으앙, 이가 아파요》,《히히, 내 이 좀 봐》)나 실험(예: 콜라에 빠진 이를 며칠 동안 담가 본 후 변화 상태를 관찰한다.), 인터넷 검색(예: 이를 썩게 하는 음식) 등을 통해 실제로 콜라가 이를 썩게 하는 음료수임을 입증할 수 있는 제반 증거를 제시할 수 있게 된다.

마지막으로 일반화 단계에서는 탐색과정을 통해 얻을 결과들을 종합하여 결론을 내리는 것이다. 즉 '콜라는 이를 썩게 하는 음료수이다.'라는 최종 결론을 내림으로써 이를 썩게 하는 음료수는 무엇일까라는 질문에 대한 답을 얻게 되는 것이다.

(4) 상호작용적 교수법

상호작용적 교수법은 발견적 및 탐구적 교수법과 맥을 같이하는 교수법으로, 과학활동에서 제기된 과학적 문제를 해결하기 위해 교사 및 또래와 함께 생각을 나누는 의사소통을 통해 문제해결 방법을 찾아가는 교수법이다. 즉, 상호작용적 교수법에서 과학적 개념 및 지식은 영유아들이 궁금해 하는 질문이나 영유아들이 제시한 문제를 영유아와 교사가 함께 상호작용하면서 획득된다.

이 교수법의 핵심은 교사 및 또래와의 상호작용에 있다. 상호작용적 교수법에서의 상호작용은 교사와 영유아가 단순히 말을 주고받는 차원을 넘어선다. 교사의 입장에서 보면, 영유아가 활동주제에 대해 이미 알고 있는 것이 무엇이며, 알고 싶어 하는 것이 무엇이며, 생각하고 있는 것이 무엇인지를 알아내고자 귀를 기울이며 상호작용하는 것을 의미한다. 또한 영유아의 입장에서 보면, 능동적인 학습자가 되어 활동주제에 대한 자신의 흥미와 관심을 적극적으로 드러내고, 질문에 대한 답을 찾기 위해 적극적으로 조사탐구하고, 새롭게 알아낸 지식을 다양하게 표현하면서 상호작용하는 것을 의미한다.

상호작용적 교수법이 효율적이고 체계적으로 이루어지기 위해서는 사전활동, 질문, 탐구조사, 사후활동의 과정이 필요하다(이경민, 2004).

첫째, 사전활동 단계는 본격적인 탐구조사활동에 앞서 영유아들이 궁금해 하는 질문들을 효과적으로 끌어내기 위한 과정으로, 영유아의 흥미와 관심이 모아져야 할 과학적 개념이나 지식에 초점을 맞추어 다양한 과학적 경험을 제공하는 것이다. 예를 들어 영유아들이 주변의 다양한 물체와 물질의 기본 특성을 파악하는 것에 초점을 맞추고자 한다면, 영유아들에게 주변에서 친숙하게 접하되 크기나, 색,

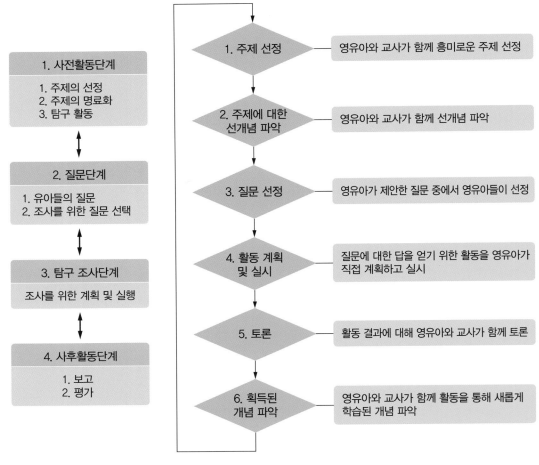

1. 사전활동단계

1. 주제의 선정
2. 주제의 명료화
3. 탐구 활동

2. 질문단계

1. 유아들의 질문
2. 조사를 위한 질문 선택

3. 탐구 조사단계

조사를 위한 계획 및 실행

4. 사후활동단계

1. 보고
2. 평가

1. 주제 선정 — 영유아와 교사가 함께 흥미로운 주제 선정

2. 주제에 대한 선개념 파악 — 영유아와 교사가 함께 선개념 파악

3. 질문 선정 — 영유아가 제안한 질문 중에서 영유아들이 선정

4. 활동 계획 및 실시 — 질문에 대한 답을 얻기 위한 활동을 영유아가 직접 계획하고 실시

5. 토론 — 활동 결과에 대해 영유아와 교사가 함께 토론

6. 획득된 개념 파악 — 영유아와 교사가 함께 활동을 통해 새롭게 학습된 개념 파악

그림 8-2 **상호작용적 교수법의 교수단계**
자료: 이경민(2001). pp.264~265.

모양, 질감 등에 있어서 차이를 발견할 수 있는 물체(예: 공, 쇠구슬, 자석 등)나 물질 (예: 밀가루 반죽) 등을 가지고 놀이를 할 수 있는 경험을 제공하는 것이다.

둘째, 질문 단계에서는 사전경험 및 사전활동 과정에서 궁금한 것들에 대해 질 문하고 이 중 자신들이 직접 조사할 질문을 선정하는 것이다. 가령, 우연히 떨어 뜨린 쇠구슬이 또르르 굴러가다 자석에 철썩 붙는 것을 발견한 유아는 신기해하 며, 공이나 밀가루 반죽도 자석에 붙여보지만 붙지 않는다는 사실을 발견하고 왜 어떤 물건은 자석에 붙고, 어떤 물건은 자석에 붙지 않는지에 대해 궁금해 할 것이다. 그리고 "왜 쇠구슬만 자석에 붙어요?"라고 질문을 던질 수 있다. 이때, 교사는 '우리 주변에 있는 물건들 중에서 자석에 붙는 것과 붙지 않는 것에는 무엇이 있을까?'와 같이 영유아들의 질문을 명료화해 줌으로써, 이후 탐구조사 단계에서 영유아들이 보다 쉽게 조사할 수 있는 방향으로 이끌어주는 것이 중요하다.

셋째, 탐구조사 단계에서는 앞서 선정한 질문에 대한 답을 얻기 위해 영유아와 교사가 함께 개방적인 토론을 통해 탐구조사활동에 대한 계획을 세우고 이를 구체적으로 실행하는 것이다. 예를 들어 자석에 붙는 물건과 붙지 않는 물건을 찾아내는 방법에 대해 영유아들이 제시한 의견과 교사가 제시한 의견 중에서 최선의 방법을 함께 결정한 후, 영유아들이 주도적으로 실행하는 것이다.

마지막으로, 사후활동 단계에서는 영유아와 교사가 함께 탐구조사활동을 통해 알아낸 것들을 발표하며 새롭게 학습한 과학적 개념 및 지식을 파악하는 것이다.

표 8-6 교사와 유아 간 상호작용의 예

교사	유아
금붕어가 또 죽었구나. 왜 금붕어가 자꾸 죽을까?	• 유아1: 선생님 어항 속에 물고기가 또 죽었어요. • 유아2: 금붕어 먹이를 안 줘서 그래요. 어제도 견학 가느라고 먹이를 못 주었잖아요.
먹이가 부족해서 죽은 것 같지는 않아. 어제 선생님이 견학 가기 전에 먹이를 주고 갔거든.	• 유아1: 너무 많이 먹어서 배가 불러서 죽은 건 아닐까요? 선생님이 하루에 한 번씩만 먹이를 주라고 했는데, 친구들이 자꾸 줘요. • 유아2: 어항이 너무 더러워서 그런 것 같아요. • 유아3: 너무 심심해서 죽은 것 같아요. 장난감이 아무 것도 없잖아요. • 유아4: 선생님, 금붕어 안 죽고 키울 수 있는 방법에 대해 알아봐요.
• 선생님 생각에도 우리가 금붕어를 계속 키우려면 금붕어를 잘 키울 수 있는 방법에 대해 알아보는 게 좋을 것 같아. • 그럼, 내일까지 각자 금붕어를 어떻게 하면 잘 키울 수 있는지 알아 와서 발표하기로 하면 어떨까?	• 유아1: 엄마한테 물어볼게요. 우리 집에도 금붕어가 있는데 한 마리도 안 죽었었거든요. • 유아2: 저는 컴퓨터로 금붕어 잘 키우는 방법을 찾아볼게요. • 유아3: 저는 물고기 파는 곳에 가서 물고기가 좋아하는 장난감이 무엇인지 알아볼래요.

표 8-7 **상호작용적 교수법의 장단점**

장점	단점
• 영유아의 관심과 흥미에 초점을 둠으로써 과학 활동에 대한 동기유발이 용이함 • 다양한 탐구조사활동을 통해 과학적 문제해결 능력이 발달함 • 교사-영유아 간 활발한 상호작용을 통해 유아의 과학적 개념 및 지식수준의 파악이 용이함 • 영유아 주도적인 활동 참여를 통해 학습한 과학적 지식을 내면화하기 용이함	• 교사의 질 높은 상호작용 기술이 요구됨 • 교사 대 영유아 비율이 높을 경우 교사의 역할 수행이 어려움

2. 영유아 과학활동 지도방법의 실제

1) 활동유형별 과학활동 지도방법

영유아는 과학영역에서의 활동에 한정지어 과학적 개념 및 지식을 습득하는 것이 아니라 언어, 수조작, 과학, 신체, 미술영역 등 다양한 흥미영역에서의 활동을 통해 통합적으로 학습한다. 따라서 교사는 과학영역에서의 활동뿐만 아니라 다른 영역의 활동에서도 과학학습이 자연스럽게 이루어질 수 있도록 지도해야 한다.

(1) 관찰활동

영유아는 오감에 의한, 즉 보고, 듣고, 맛보고, 냄새 맡고, 느끼는 관찰을 통해 사물의 특징 및 변화를 구체적이고 실제적으로 경험한다. 관찰활동은 주변세계를 과학적으로 탐구하는 데 가장 기본이 되는 활동으로, 특히 아직 사물에 대한 다양한 탐색 기술을 발달시키지 못한 영유아들에게 주의 깊게 사물을 관찰하는 활동은 주변세계를 이해하는 매우 중요한 수단이 된다. 따라서 교사는 실내외 구분 없이 영유아들이 발달 수준에 맞게 주변세계를 충분히 관찰할 수 있는 환경을 조성해 주는 것이 중요하다(사례 1 참조). 한편, 영유아들의 관찰활동이 단순한 관찰로 끝나는 것이 아니라 좀 더 구체적이고 세밀한 관찰을 통해 더 많은 사실을 알 영유아들에게 지속적인 관찰 기회를 제공하기 위해 교사는 산책길에 만난 개미를 흙과 함께 교실로 가져와서 개미가 집을 짓는 모습을 교실 내에서 관찰할 수 있도록 도와줄 수 있다. 물론 충분한 관찰이 끝난 후에는 개미를 다시 자연으로 보내주는 절차를 가짐으로써, 생태계를 보존하는 올바른 방법을 영유아들과 함께 공유하는 기회를 가져야 한다.

아낼 수 있도록 도와주는 것이 중요하다. 예를 들어 실외놀이를 하다가 우연히 발견한 자신의 그림자에 신기해하는 영유아에게 "그림자는 왜 생기는 걸까?", "그림자가 가장 길 때와 짧을 때는 언제일까?" 등의 질문을 함으로써, 영유아의 과학적인 탐구를 자극할 수 있다.

(2) 언어활동

영유아는 언어를 통해 과학과 관련된 새로운 정보를 받아들이고 사고를 확장하고 자신의 생각을 전달하게 되므로 듣고, 말하고, 읽고, 쓰는 언어활동은 영유아의 과학학습이 이루어지는 원동력이 되는 중요한 활동이다. 더 나아가 영유아의 언어활동에서 가장 빈번하게 사용되는 도서자료는 과학적 개념과 경험을 제공하는 훌륭한 매체가 된다. 영유아는 자신들이 좋아하는 이야기를 들으면서 이야기 속에 녹아 있는 다양한 과학적 개념 및 관련 지식을 자연스럽게 접하게 되며, 이를 통해 과학에 대한 이해를 촉진시킬 수 있다. 따라서 교사는 영유아의 자연스런 과학학습을 위해 과학적 개념 및 관련 지식이 포함되어 있는 동화책을 잘 선정하는 것이 무엇보다 중요하며, 일단 동화책을 선정한 후에는 과학퀴즈의 달인되기, 과학 백과사전 만들기 등과 같이 사전에 과학적 접근이 이루어질 수 있도록 활동을 계획하고 전개해야 한다. 또한 보다 효과적인 과학적 개념의 전달을 위해 그림자료, 융판자료, 테이블동화, OHP 동화자료 등의 교수매체를 적극적으로 활용하도록 한다.

표 8-8 **과학활동에 활용할 수 있는 동화자료의 예**

수학지도		도서명	저자, 출판사
범주	내용		
탐구적 태도	호기심	《내 주머니를 들춰 봐》	데이비드 카터, 보림
	탐구과정	《아기 양아, 오물오물 무엇을 먹니?》	이레네 모어, 보림
	탐구기술	《생쥐야, 생쥐야, 어디 있니?》 《내가 그린 집》	이름트라우트 텔타우, 보림 모니카 구티에레스 세레나, 보림
과학적 탐구	물체와 물질 — 기본 특성	《무엇이 무엇이 똑같을까?》	이미애, 보림
	물체와 물질 — 물체와 물질 변화	《구리와 구라의 빵 만들기》	나카가나 리에코, 한림
	물체와 물질 — 운동 (움직임)	《바퀴가 데굴데굴》	프뢰벨
	생명체와 환경 — 식물	《자연관찰 전집》 《수생식물 도감》 《태안신두리 모래언덕에 핀 꽃》	프뢰벨 박상용, 보림 김천일, 보림
	생명체와 환경 — 동물	《세밀화로 그린 곤충도감》 《아기고슴도치야, 어디 어디 사니?》 《애벌레 꿈틀이》	권혁도, 보림 이름트라우트 텔타우, 보림 쉴라 버드, 보림
	생명체와 환경 — 인체	《나도 아프고 싶어》	알리키브란덴 베르크, 시공사
	생명체와 환경 — 생명존중	《숲으로 간 코끼리》	하재경, 보림
	자연현상 — 자연물	《아기 물방울의 여행》 《꼬마과학자―흙·공기·물》 《땅 밑 세계로 들어가다》	윤구병, 보리 앙드리엔수테로―페로, 보림 조애너 콜, 비룡소
	자연현상 — 천체	《일요일 아침 일곱시에》 《지구가 빙글빙글》 《우주 비행사가 되고 싶어요》	김순이, 보림 브라이언카라스, 비룡소 바이런 바튼, 비룡소
	자연현상 — 계절	《고마워 바람아》 《가을을 만났어요》 《날씨맨 폭풍우를 만들다》	윤구병, 보리 이미애, 보림 조애너 콜, 비룡소
	자연현상 — 자연보호	《나무는 알고 있지》	정하섭, 보림
	도구와 기계	《부르릉 쌩쌩 힘센 중장비》 《마녀 위니의 새 컴퓨터》 《기계들은 무슨 일을 하지?》	베크 와드, 비룡소 밸러리 토머스, 비룡소 바이런 바튼, 비룡소

(3) 역할놀이활동

영유아는 가정, 시장, 대형마트, 음식점, 병원, 미용실, 주유소, 놀이공원 등에서의 일상적인 경험을 재연하는 역할놀이를 통해 자연스럽게 과학적 개념 및 지식을 활용하거나 심화시키게 된다(사례 2 참조). 따라서 교사는 다양한 역할놀이가 가능한 역할놀이환경을 조성해주는 것은 물론, 영유아들의 역할놀이 중에 재연되는 일상적인 과학적 경험이 학습으로 자연스럽게 연계될 수 있도록 관련 재료 및 도구를 충분히 제공해 주어야 한다. 또한 교사는 놀이참여자로서 함께 하며 적절한 질문 및 개입을 통해 역할놀이의 확장활동에 의한 과학적 탐구를 촉진하는 역할을 수행해야 한다.

사례 2

음식점 놀이에 필요한 음식모형을 다양한 재료와 도구를 이용하여 만들면서 재료 및 도구의 속성을 파악할 수 있다. 병원 놀이를 하면서 내 몸의 아픈 곳을 의사에게 진찰받는 경험을 통해 내 몸의 구조 및 기능에 대해 관심을 가질 수 있으며, 주유소 놀이를 계기로 자동차를 비롯한 여러 가지 탈 것의 기능에 대해 관심을 가지고 탐구할 수 있다.

---

(4) 음률동작활동

음률동작활동을 통한 과학교육은 영유아로 하여금 학습에 대한 부담감을 덜고 보다 흥미롭게 과학적 개념 및 지식에 접근하는데 매우 효율적인 교수활동이 될 수 있다. 영유아는 자신의 생각과 느낌을 신체 동작으로 표현하거나, 음악을 듣고 노래를 부르며 악기를 연주하면서 큰 즐거움을 느끼고 행복한 정서를 경험하게 되는데, 이러한 긍정적 정서는 집중력을 높이고 기억 능력을 증진시키는 등 뇌의 기능을 활성화시켜 학습 능력을 배가시킨다. 특히 영유아가 즐겨 부르는 노래 중에는 자연현상이나 동식물이나 사물의 특성을 표현한 노래가 많아 이를 잘 활용할 경우 과학학습이 효과적으로 이루어질 수 있다(사례 3 참조).

영유아는 '싹이 났어요'라는 노래를 부르며 이를 동작으로 표현하는 가운데 주변의 식물이 성장하는 과정, 즉 씨를 뿌리고 물을 주고 싹이 나는 과정에 관심을 보이게 된다. 더 나아가 주변의 자연과 생명체에 대해 긍정적인 관심을 가지는 계기를 마련할 수 있다.

(5) 미술활동

미술을 통한 표현활동은 아직 자신이 알고 있는 것을 언어로 표현하는 것에 미숙한 영유아들이 과학과 관련하여 새롭게 학습한 내용을 제대로 이해했는지를 파악하는데 큰 도움이 된다. 예를 들어 영유아가 그린 사과의 모습을 통해 영유아가 사과의 크기와 모양, 질감, 색 등과 같은 특성을 구체적으로 파악하고 있는지 여부를 확인할 수 있다. 그뿐만 아니라 미술활동 과정에서 다양한 재료의 속성을 관찰하고 탐색하고 재료의 변화를 경험하는 과정은 과학적인 개념과 원리를 이해하는 데 중요한 토대가 된다(사례 4 참조).

염색하기 활동을 위해 적채, 귤껍질, 검은콩 등을 가열하여 천연 색소를 만들어 내는 과정을 통해 열에 의한 재료의 화학적 변화를 알게 된다. 천 이외에도 종이, 비닐, 나무 등의 다양한 재료를 천연 색소에 담가 보는 시도를 통해 재료의 속성에 따라 염색의 정도가 달라진다는 사실을 알게 된다.

미술활동과 통합하여 과학학습을 효율적으로 실시하고자 한다면, 먼저 과학적 지식 중에서 어떠한 영역이나 지식을 다룰 것인지를 결정하고, 이를 가장 효율적으로 학습할 수 있는 조형활동의 유형(예: 그리기, 판화 찍기, 염색하기, 콜라주, 감상하기 등)을 정한 후에 활동재료를 구체적으로 계획하여 준비한다. 그리고 활동 과정에서 '선생님은 이 흰색 티셔츠를 보라색으로 염색하고 싶은데, 어떤 재료를 사용하면 좋을까?'와 같이 적절한 질문을 통해 과학학습이 자연스럽게 이루어질 수 있도록 배려한다.

그림 8-3 **산책길에 주운 나뭇잎으로 물감스프레이 뿌리기 활동하기**

(6) 요리활동

요리활동은 영유아들이 재료를 직접 눈으로 보거나, 코로 냄새를 맡아보며, 손으로 만져보고, 완성된 음식을 입으로 맛을 보는 등 오감으로 직접 경험하고 과학적 개념 및 지식을 즐겁게 학습할 수 있는 좋은 기회를 제공한다. 영유아는 요리에 필요한 재료를 구입하고 손질하면서 크기, 모양, 색, 냄새, 질감 등과 같은 재료 각각의 특성에 관심을 가지고 탐색하게 되며, 음식을 만드는 과정에서 시간의 흐름에 따른 재료의 화학적 변화를 경험할 수도 있다(사례 5 참조).

이와 같이 요리활동의 전 과정은 과학학습과 자연스럽게 연결되며, 영유아에게 다양한 과학적 개념 및 지식을 전달하는 데 매우 효과적인 활동이 될 수 있다. 이에 최근에는 어린이집이나 유치원에 안전설비를 갖춘 요리활동실을 별도로 마련해 놓고, 영유아들이 필요에 따라 수시로 활동할 수 있도록 배려하는 곳이 많다. 그러나 그렇지 못할 경우 교실에서 요리활동을 해야 하는데, 이 경우 활동 준비의 복잡함과 진행 과정에서의 안전 문제 때문에 일상적으로 이루어지지 못하고 이벤트처럼 어쩌다 한 번씩 진행하게 될 때가 많다. 이에 대한 보완책으로 가정연계 활동을 적극적으로 이끌어 가정에서 일상적으로 부모와 함께 요리하는 경험을 가질 수 있게 지원해 줄 필요가 있다.

(7) 실외활동

영유아는 산책, 실외놀이, 물놀이, 모래놀이, 텃밭 가꾸기, 동물 기르기 등의 다양한 실외활동을 통해 실내에서 경험하기 어려운 색다른 과학적 경험을 한다. 특히 오늘날 자연과 함께 더불어 살아가는 생태주의적 삶이 강조되면서, 산책과 같은 실외활동은 영유아들에게 자연현상을 있는 그대로 관찰하고 탐색하며 생명의 소중함과 신비를 경험하고, 자연에 대한 긍정적인 태도를 함양할 수 있는 좋은 기회를 제공한다는 점에서 매우 중요하게 다루어지고 있는 활동이다(사례 6 참조). 한편, 실외놀이터에서 미끄럼틀 타기, 그네 타기, 시소 타기 등의 경험은 도구와 기계, 균형, 중력, 방향, 속도 등의 물리적 경험을 제공하며, 물과 모래를 이용한 놀이는 물과 모래의 속성을 탐색할 수 있는 기회를 제공한다.

이와 같이 실외활동은 적극적으로 의도하지 않고도 자연스럽게 과학학습이 이루어질 수 있는 좋은 재료와 여건을 제공하는 만큼, 교사는 영유아들에게 실외활동의 기회를 충분히 제공하되, 보다 철저한 사전계획을 통해 적절한 학습의 순간을 잘 포착하여 영유아들에게 깊이 있는 과학학습이 이루어질 수 있도록 지도해야 한다. 가령, 단순히 미끄럼틀만 타게 하는 활동보다 미끄럼틀에 물을 뿌리고 타

그림 8-4 **실외놀이터 놀이기구를 활용한 도구에 대한 과학적 지식 습득**

게 하는 활동을 함께 제공한다면, 몸으로 직접 경험한 영유아들에게 마찰의 개념을 내면화하는 것이 용이해질 것이다. 또한, 실외활동에서 안전사고 위험이 높은 점을 고려하여 활동을 실행하기 전에 철저하게 안전을 점검하는 자세가 필요하다.

2) 일과운영에 따른 과학활동 지도방법

영유아 보육·교육기관에서 영유아의 일과는 등원, 자유선택놀이, 오전 간식, 대집단활동, 정리정돈, 점심, 낮잠, 귀가 등의 일상적 활동으로 이루어진다. 일상적인 활동 중에 과학적 개념 및 지식 습득과 관련된 상황과 사건이 수없이 많이 일어난다. 따라서 영유아의 하루일과를 민감하게 관찰하고 세부적으로 분석하여 일과 중의 일상적인 활동이 과학학습으로 자연스럽게 연결될 수 있도록 지도하려는 노력이 필요하다.

(1) 등원 시간

영유아의 하루일과는 등원과 동시에 이루어진다. 비록 매일 등원하는 공간이지만 영유아는 등원하면서 습관적으로 새롭게 하루일과를 시작하게 되는 교실 환경을 둘러보며 관찰을 하곤 한다. 따라서 교사는 영유아의 이러한 특성을 고려하여 등원 시간 동안에 주변의 여러 가지 사물과 현상에 대해 호기심을 가지고 관찰하며 탐구적 태도를 기를 수 있는 기회를 제공해 주어야 한다. 이를 위해 활동영역의 배치를 변화시키는 것에서부터 교구교재 교체, 새로운 작품 전시, 꽃병의 위치 변경 등에 이르기까지 매일 조금씩 달라진 교실환경을 보여주려는 교사의 세심한 노력이 필요하다.

(2) 자유놀이 시간

자유놀이 시간이 되면 영유아는 자신의 자유로운 선택에 따라 언어놀이, 수조작놀이, 쌓기놀이, 역할놀이, 신체음률놀이, 미술 등을 자발적으로 수행한다. 다양한 영역에서의 선택적인 놀이 참여는 자발적이고 능동적인 탐색의 기회를 제공하고, 이는 자연스럽게 과학학습의 기회로 연결된다. 가령, 영아는 자신이 선택한 미술영역에 구비된 다양한 조형재료들에 관심을 보이며 세게 눌러보기도 하고 떨어뜨려도 보고, 굴려보거나 던져보기도 하며 각각의 조형재료들이 가지고 있는 특성들을 탐색한다. 이렇게 조형재료들을 세심히 관찰하며 반복적으로 탐색하는 가운데, 주변의 사물과 자연환경에 대해 호기심을 가지고 탐색하는 능력을 기를 수 있다.

교사는 영유아의 과학학습을 위해 자유놀이 시간을 효율적으로 활용할 필요가 있다. 이를 위해 첫째, 각 흥미영역별로 발달 수준에 적합하면서 흥미와 호기심을 자극할 수 있는 즉, 영유아에게 매력적으로 보일 수 있는 다양한 교구 및 재료 등을 정돈된 환경으로 제공해 주어야 한다. 둘째, 교사는 영유아가 선택한 자유놀이에 함께 참여하며 적절한 질문을 통해 과학적으로 사고할 수 있는 기회를 제공해 주어야 한다. 예를 들어 미술영역에서 크레파스로 밑그림을 그리고 물감으로 색칠하고 있는 유아에게 "어머, 나비와 꽃(크레파스로 색칠한 부분)에는 물감이 하나도 안 묻었네. 왜 나비와 꽃 그림에는 물감이 전혀 묻지 않는 걸까?"라고 질문함으로써, 유아는 크레파스의 특성에 대해 사고할 수 있는 기회를 가질 수 있다. 셋째, 영유아들에게 다양한 놀이 선택의 기회를 제공한다. 간혹 한 가지 놀이만 지속하는 영유아들이 있는데, 이렇게 한 가지 놀이에만 몰입하는 경우, 다양한 경험의 기회를 제한받게 된다. 따라서 교사는 영유아가 다양한 놀이에 참여할 수 있도록 안내하는 역할을 수행해야 한다.

(3) 전이활동 시간

전이활동은 대집단활동을 시작하기 전에 영유아들의 주의를 집중시키기 위해 진행하는 활동으로, 대체로 그날의 출결상황이나 날씨 변화, 영유아들의 모습 등에 대해 이야기하는 것으로 시작한다. 이때, 교사의 발문 및 질문에 따라 영유아에게 과학학습의 기회를 제공할 수 있다 (사례 7 참조). 한편, 주의를 집중시키기 위해 관찰력 게임, 수수께끼 등의 간단한 게임을 진행하기도 하는데, 이 또한 영유아의 과학학습에 유용하게 활용할 수 있다. 예를

그림 8-5 **전이활동으로 관찰력 게임을 하고 있는 영유아**

들어 교사가 책상 위에 여러 가지 물건을 순서를 가지고 일정 시간 올려놓았다가 내려서 숨겨 놓은 후에, 교사가 책상 위에 올린 물건을 순서대로 맞춰보는 관찰력 게임은 영유아들의 주의를 집중시키는 효과와 함께 주변의 여러 가지 사물에 관심을 가지고 관찰하고 탐색하게 함으로써 탐구적 태도를 기를 수 있는 기회를 제공한다.

사례 7

교사가 "오늘 날씨 참 덥지.", "요즘 우리 친구들 하얀색 티를 많이 입고 다니네."라고 말하는 것으로 끝나는 것이 아니라 "선생님은 오늘 날씨를 보니까 이제 여름이 왔구나 하는 것을 알 수 있을 것 같아. 우리 친구들은 여름이 온 것을 어떻게 알 수 있니?", "오늘도 우리 친구들 하얀색 티를 많이 입고 왔네. 요즘은 우리 친구들뿐만 아니라 거리를 다니다보면 하얀색 티를 입고 다니는 사람들이 많아진 것 같아. 왜 사람들은 요즘처럼 날씨가 더워지면 하얀색 티를 많이 입고 다니는 걸까?"라고 질문을 함으로써, 영유아들에게 과학 관련 지식 및 개념을 확장시키는 계기를 마련할 수 있다.

(4) 간식 및 점심시간

간식 및 점심시간은 영유아들의 균형 있는 영양섭취를 위한 시간이기도 하지만, 간식 및 점심을 먹기 전에 그날의 메뉴를 체크하는 것에서부터 음식을 다 먹고 난 후 정리하는 절차에 이르기까지 매 순간 영유아들에게 과학학습의 기회를 제공할 수 있는 시간이기도 하다.

오늘의 간식 및 점심 메뉴를 보면서 단순히 오늘 먹을 간식 및 점심의 종류가 무엇인지를 알아보는 것에 그치지 않고, "오늘 점심 반찬에는 우리 친구들이 좋아하는 멸치호두볶음이 있네. 멸치와 호두를 먹으면 우리 몸의 어디가 좋을까?"와 같이 성장과정에서 필수적인 5대 영양소와 관련하여 이야기하게 함으로써 영양 및 건강 등의 과학적 개념을 이해할 수 있다. 간식을 먹거나 식사를 하는 동안에도 적절한 질문을 제시하거나 상호작용을 통해 자연스럽게 과학학습으로 이끌 수 있다. 가령, "오늘 식당 선생님께서 만들어 준 볶음밥은 어떤 재료로 만들었을까?" 라고 질문하여 물질의 기본특성(색, 크기, 모양, 질감 등)에 대해 탐색해 보고, 조리방법에 따른 물질의 변화에 대해 관심을 가지는 계기를 마련할 수 있다. 또한 식사를 마치고 나서 잔반을 처리할 때마다 음식물 쓰레기로 인한 환경오염 문제의 심각성에 대해 재인식하도록 기회를 가질 수 있다.

(5) 낮잠 시간

낮잠은 왕성한 활동으로 쌓인 피로와 긴장을 풀어내고 오후 활동에 필요한 새로운 에너지를 얻을 수 있는 시간이다. 이 시간을 단순히 잠을 재우는 시간으로 생각하지 않고, 잠을 자기 위해 준비하는 과정에서의 환경변화, 잠의 특성 등에 주목하여 상호작용을 유도할 경우 생명체 및 자연환경에 대해 이해하는 유익한 시간이 될 수 있다. 예를 들어, "왜 낮잠 시간이 되면 커튼을 치는 걸까?"라고 질문할 때, 영유아는 커튼을 치거나 블라인드를 내려 어둡게 하는 교사의 행동을 더 이상 당연하게 생각하지 않을 것이며, 해님과 달님, 낮과 밤의 변화 등의 자연현상에 대해 관심을 갖게 될 것이다. 또한 "왜 친구들은 잠을 잘 때 눈을 뜨고 서서 자지 않고 자리에 누워서 눈을 감고 잘까?"라고 질문함으로써, 잠을 잘 때 자신의 신체변화에 대해 탐구조사하는 계기를 마련할 수 있다.

3. 영유아 과학활동 지도를 위한 교사의 역할

교사는 영유아 과학활동의 질을 결정하는 결정적인 요인이 될 수 있다. 교사의 역량에 따라 과학활동의 목표 선정에서부터 내용 조직, 교재교구 준비, 교수방법 등 과학활동의 질이 확연하게 달라질 수 있기 때문이다. 구성주의적 관점에 의하면, 영유아는 자신의 관심과 흥미에 따라 스스로 활동을 선택하고, 능동적인 활동경험을 통해 지식을 구성한다. 이에 일부 교사들은 영유아의 능동적인 지식 구성만을 강조한 나머지 교사의 역할을 수동적으로 영유아를 관찰하고 물리적 환경을 제공해 주는 것으로 한정짓기도 한다. 그러나 영유아의 지식은 혼자서 구성하는 것이 아니라 교사와의 사회적 상호작용을 통해 구성되는 것임을 고려할 때 교사는 지식의 공동구성자로서 함께 하며 다양한 역할을 수행해야 한다. 이러한 구성주의적 관점에 따라 영유아 과학활동 지도를 위한 교사의 역할을 제시해 보면, 제시자, 촉진자, 관찰자, 질문자, 환경구성자, 공동학습자, 기록자로서의 역할로 구분해 볼 수 있다.

1) 제시자

제시자로서의 역할은 영유아가 과학활동에 흥미와 관심을 가지고 능동적으로 참여할 수 있게 활동을 제시해 주는 것을 의미한다. 교사가 영유아에게 과학활동을 어떻게 제시하느냐에 따라 과학활동에 대한 영유아의 흥미와 관심, 참여 정도가 크게 달라질 수 있다는 점에서, 제시자로서의 역할은 매우 중요하다. 제시자로서의 역할은 크게 활동방향의 제시, 자료의 제시 방법 및 제시 시점과 관련하여 고려해 볼 수 있다(한유미, 2007).

먼저 활동방향의 제시는 활동내용을 어떻게 조직하여 제시하는가와 관련된다. 가령, 바람개비의 움직임을 통해 바람을 느껴보도록 활동을 제시하고자 한다면, "오늘은 산책을 나가 바람개비를 돌려서 바람이 어느 방향으로 부는 지 알아볼 거야."라고 직접적으로 활동을 소개하기보다 바람개비를 영유아들 키보다 약간 높게 천장으로부터 매달아 놓고 창문을 열어놓았을 때 바람개비가 돌아가는 모습을 보게 하거나, 실외놀이터의 나무에 바람개비를 걸어 놓고 관찰할 수 있게 활동을 조직하여 제시하게 되면 활동에 대한 영유아들의 흥미도는 훨씬 더 높아질 것이다.

다음으로 자료의 제시 방법은 활동자료를 어떠한 방법으로 제시하는가와 관련된다. 가령, 똑같은 궁금이상자(다양한 사물이 들어 있으며 속을 들여다 볼 수는 없지만 손을 넣어서 사물을 만져볼 수는 있음)라도 어떤 교사는 "얘들아, 이 궁금이상자는 우리 하늘반 친구들한테 온 택배란다. 함께 열어볼까?"라고 직접 말하면서 궁금이상자를 제시하는 반면, 어떤 교사는 사전에 다른 교사에게 협조를 요청해 "(교실 문을 두드리는 소리가 들리며 한 교사가 택배상자를 들고 들어온다) 하늘반 선생님, 하늘반 친구들한테 궁금이상자가 왔네요."라는 작은 이벤트 상황을 연출하여 궁금이상자를 제시해 줄 수 있다. 아마도 유아들은 전자의 방법으로 제시된 궁금이상자보다 후자의 방법으로 제시된 궁금이상자에 더 큰 호기심을 보이며 활동에 참여하게 될 것이다.

마지막으로 자료의 제시 시점은 활동자료를 어느 시점에 제시하는가와 관련된다. 가령, 상기의 궁금이상자가 사물의 형태에 관심을 가질 수 있도록 준비한 활동자료라고 가정한다면, 활동을 시작하는 처음부터 궁금이상자를 제시하게 될 경우 궁금이상자 속의 여러 가지 사물들을 아무런 생각 없이 탐색하게 된다. 그러나 도입 부분에서 사물들의 특성을 색, 크기, 모양, 질감, 무게 등의 여러 가지 방법으로 탐색할 수 있다는 점을 인식한 후에 궁금이상자를 제시하게 될 경우 영유아들은 궁금이상자 속 사물이 무엇인지 알아내기 위해 손으로 만져 보며 크기, 모양, 질감, 무게 등의 다양한 방법으로 탐색할 가능성이 높아진다.

이와 같이 교사는 과학활동을 제시할 때 활동의 방향, 자료의 제시 방법 및 시점 등을 사전에 충분히 고려한다면 활동의 목적을 보다 효과적으로 달성할 수 있다. 단, 이처럼 사전에 의도했던 방향으로 활동을 제시할 때도 영유아가 자신의 선택에 의해 활동을 시작했다고 느낄 수 있도록 제시할 수 있어야 한다.

2) 촉진자

촉진자로서의 역할은 영유아가 더 이상 활동을 확장시키지 못하거나 활동에 흥미를 잃어갈 때, 활동을 확장 혹은 심화시키며 활동에 대한 흥미를 지속시켜 주는 것을 의미한다. 가령, 수조 물에 떨어뜨린 레고블록이 물 위에 뜨는 것을 보고 신기해서 계속 레고블록만 물 위에 띄워보는 행동을 반복하고 있을 때, 교사가 물에 가라앉는 못이나 쇠구슬을 가져 와서 물 위에 띄워볼 수 있다. 이러한 교사의 행동에 유아는 레고블록 이외의 다양한 물건들을 물에 띄워 보는 것에 흥미를 느끼고 다양한 사물들을 물에 뜨는 것과 가라앉는 것으로 구분해 보는 활동을 지속할 수 있다. 더 나아가 물을 흡수하는 물체와 흡수하지 않는 물체를 구분해 보는 활동으로도 확장시킬 수 있다.

촉진자로서의 역할 수행 시 간과하지 말아야 할 것은 영유아의 실재적 발달 수준과 함께 잠재적 발달 수준을 파악하여 도달할 수 있는 범위 내에서 이루어져야 한다는 점이다. 영유아가 잠재적으로 도달할 수 있는 수준을 넘어서서 활동을 확장 혹은 심화시키게 될 경우 활동에 대한 흥미를 유지하기 어렵다. 그뿐만 아니라 기존의 과학적 지식 및 기술과의 연계가 이루어지지 않음으로써 과학적인 사고와 학습이 제대로 이루어질 수 없다.

3) 관찰자

관찰자로서의 역할은 영유아가 과학활동을 진행하는 동안 관찰하고자 하는 목표를 설정한 후 관찰대상인 영유아를 적극적인 의도를 가지고 살펴보는 것을 의미한다. 과학활동 지도는 관찰에서부터 시작된다. 교사는 관찰을 통해 개별 영유아의 발달적 요구 및 발달 수준에 대한 정보는 물론 영유아가 무엇에 흥미를 느끼고, 무엇을 이해하고 있으며, 어느 시기에 어떤 도움을 주어야 할지에 대한 정보를 얻을 수 있다. 그리고 이러한 정보를 토대로 효율적인 개입과 지도가 이루어질 수 있다.

과학활동 지도를 위한 관찰 시 고려해야 할 사항은 다음과 같다. 첫째, 과학활동 과정에서 무엇을 관찰하고자 하는 지를 먼저 결정하고, 이에 적합한 관찰방법을 선택한다. 가령, 과학활동의 진행 과정에서 의미 있다고 생각되는 영유아의 상호작용을 관찰하고자 한다면, 대상 영유아의 말과 행동뿐만 아니라 그 상황에 있는 다른 또래들의 반응까지 있는 그대로 기록할 수 있는 일화기록법으로 관찰하는 것이 적합하다. 반면, 단지 영유아가 특정 행동을 보이는지 여부만 관찰하고자 한다면, 특정 행동의 발생 여부를 체크하여 기록하는 행동목록법으로 관찰해야 한다. 둘째, 영유아의 과학활동이 진행되는 공간 환경에 익숙해지고, 함께 활동하는 친구들과 친숙해졌을 때 관찰한다. 영유아는 친숙한 환경에서 활동 몰입이 더 쉬우며, 친밀한 친구와 함께 할 때 상호작용이 더 활발해지고, 과제 해결 수준 또한 높기 때문이다. 셋째, 실내외 모든 흥미영역에서 영유아의 과학활동을 관찰한다. 실내공간과 실외공간에서 이루어지는 과학활동의 수준이 달라질 수 있으며, 같은 실내공간에서도 흥미영역에 따라 다른 수준으로 이루어질 수 있다. 따라서 관찰을 통해 영유아의 과학활동 과정에 대한 정확한 정보를 얻고자 한다면, 실내외 모든 영역에서 관찰을 실시해야 한다. 넷째, 영유아의 과학활동을 반복하여 관찰하며 객관적으로 기록한다. 영유아는 그날의 일시적인 상황에 따라 활동에 대한 참여도 및 반응 수준이 달라지므로, 가능한 장기간에 걸쳐 반복하여 관찰하는 것이 바람직하다. 또한 관찰한 자료의 객관성을 확보하기 위해 교사 개인의 주관적인 해석을 배제한 관찰한 내용만을 객관적으로 기록해야 한다.

4) 질문자

질문자로서의 역할은 적절한 질문을 통해 영유아가 학습해야 할 과학적 개념 및 지식에 관해 탐구할 수 있도록 이끌어 주는 것을 의미한다. 영유아는 교사가 아무리 잘 정리해서 설명해 주어도 일방적으로 전달되는 내용을 들을 때보다 제기된 질문에 대해 영유아 스스로 탐구하면서 무엇인가를 주체적으로 찾아내고 발견해 낼 때 새로운 지식의 습득이 용이하다.

교사는 활동의 진행과정에서 제기되는 영유아의 질문을 적극적으로 수용하는 것도 중요하지만, 적절한 질문을 통하여 활동에 대한 흥미와 호기심을 자극하고 탐색활동을 지속시키며 생각하는 능력을 향상시키는 것도 중요하다. 과학활동 지도를 위한 바람직한 질문의 특성은 다음과 같다(Chaille & Britain, 1997; Ginsburg, 2006).

첫째, 영유아의 자발적 참여와 문제해결력 향상을 위해 하나의 정확한 해결책이나 답을 찾는 수렴적 질문보다는 확산적 사고를 통해 다양한 해결책이나 답을 모색해 보도록 하는 질문을 한다. 예를 들어 자연환경 보존과 관련된 그림책을 읽었다면 "이 책의 주인공은 강물을 깨끗이 하기 위해 무엇을 했을까?"와 같이 정답이 있는 수렴적 질문보다는 "만일 너희들이 이 책의 주인공이라면 강물을 깨끗이 하기 위해 무엇을 할 거니?"와 같이 다양한 방법을 모색해 볼 수 있는 확산적 질문이 바람직하다.

둘째, 일상생활 속에서 우연히 발생하는 과학적 경험의 기회를 포착하여 과학적 탐구 및 사고를 증진시킬 수 있는 질문을 한다. 예를 들어 산책을 나갔다가 해님이 갑자기 사라지면서 어두워진 상황에서 "해님이 없어졌어요."라고 얘기하는 영유아에게 "왜 해님이 있을 때는 환한데, 해님이 사라지면 어두울까?" 혹은 "하루 종일 해님이 떠 있으면 어떨까?"라고 질문을 던짐으로써, 영유아는 낮과 밤이 변화하는 원인에 관심을 가지고 과학적으로 사고하는 기회를 가질 수 있다.

셋째, 영유아가 한창 활동에 몰입해서 스스로 과학적 지식을 구성해 가고 있는 시점에서는 질문을 던지지 않고 기다려준다. 적절하지 않은 시점에 던져진 질문이 유아의 과학적 사고를 단절시킬 수 있다. 예를 들어 밀가루에 물을 조금씩 부어가며 밀가루를 뭉쳐 반죽하는 놀이를 하고 있는 영유아에게 "밀가루에 물을 부으면 밀가루가 어떻게 변화될까?"라는 질문은 자칫 영유아의 활동을 중단시킴으로써 능동적인 지식 구성을 방해할 수 있기 때문에 적절하지 않다. 영유아는 이미 밀가루에 물의 양을 달리하며 밀가루 반죽의 끈적거리는 정도의 차이를 경험하면서 밀가루와 밀가루 반죽의 특성을 스스로 알아가고 있는 과정이므로, 교사가 먼저 질문을 던지기보다 영유아가 궁금해 하는 것을 기다려주는 것이 바람직하다.

5) 환경구성자

환경구성자로서의 역할은 영유아가 환경과의 주도적인 상호작용을 통하여 과학학습이 가능하도록, 영유아가 환경과 어떻게 상호작용할 지를 예측하고 물리적으로 적합한 환경을 구성해 주는 것을 의미한다.

과학활동 지도를 위한 적합한 환경구성을 위해 고려해야 할 사항은 다음과 같다. 첫째, 영유아의 과학활동에 대한 흥미를 유발할 수 있도록 환경을 구성한다. 이를 위해 발달 수준에 맞는 자료들을 손쉽게 접근할 수 있게 비치해야 한다. 아무리 좋은 자료라도 발달 수준에 맞지 않는 자료는 영유아들에게 좌절감을 줄 뿐 흥미를 유발하기 어렵기 때문이다. 또한 접근이 쉽지 않은 자료는 교사에 의존해서 자료에 접근하게 되어 영유아들이 주도적으로 자료를 탐색하는데 제한이 있으며, 이로 인해 흥미가 지속되기 어렵기 때문이다. 따라서 자료를 비치할 때는 영유아가 어떻게 활용할 지를 숙고하여 영유아가 쉽게 접근할 수 있도록 비치하는 것이 중요하다.

둘째, 활동을 지속하고 확장시키는 데 용이하게 환경을 구성한다. 이를 위해 본 활동에서 수행했던 과제를 활동이 끝난 후에도 경험할 수 있도록 공간과 자료를 비치해 둔다. 예를 들어 교실에서 물에 뜨는 물건과 물에 가라앉는 물건을 알아보는 활동을 한 후에, 실외놀이를 나간 유아가 실외놀이터에 비치되어 있는 수조 속에 다양한 물건을 띄워 볼 것을 예상하고, 교사는 수조 주변에 물에 뜨는 물건(예: 블록, 스티로폼, 나무, 페트병)과 물에 가라앉는 물건(예: 쇠구슬, 조약돌)을 다양하게 비치해 둘 수 있다.

셋째, 영유아의 일상적인 경험이 과학활동과 자연스럽게 연계될 수 있도록 환경을 구성한다. 가령, 어린이집 실외놀이터의 한쪽에 심어 둔 봉숭아꽃이 필 때쯤, 어렸을 때 봉숭아 꽃물을 들였던 교사의 개인적 경험을 영유아들에게 들려주게 되면, 영유아들 또한 같은 경험을 하고 싶어 할 것이다. 이때 봉숭아물을 들일 수 있는 재료(예: 봉숭아꽃잎, 백반, 절구통, 비닐, 실 등)를 교실에 비치해 둘 경우, 영유아들은 교사의 도움을 받아 자유롭게 손톱에 봉숭아물을 들이게 되고, 시간이 지남에 따라 봉숭아꽃의 물이 손톱을 물들이는 변화과정을 경험할 수 있다. 따라서 교사는 항상 일상생활 속에서 경험하는 것들을 어떻게 과학적 경험으로 연계하여 제시할 수 있을 지 고민할 필요가 있다.

6) 공동학습자

공동학습자로서의 역할은 영유아들이 알고 싶어 하는 것에 대한 답을 얻기 위해 함께 활동을 계획하고 함께 활동에 참여하며 새로운 지식을 획득하는 학습자가 되는 것을 의미한다. 공동학습자로서 교사가 영유아와 함께 과학활동에 참여하는 방법은 다음과 같이 구분해 볼 수 있다.

첫째, 영유아들과 동일한 자료를 가지고 활동하며 영유아의 과학활동을 자극하지만 영유아와 어떤 대화도 시도하지 않는 것이다. 예를 들어 햇살이 따뜻한 오후 영유아들이 밖에 나가서 친구들과 물총 놀이를 하고 있을 때, 교사는 물총을 이용하여 바닥과 벽에 그림을 그리며 놀이를 한다. 그리고 "어, 이상하네. 내가 아까 그린 나무 그림이 없어졌네. 이번에는 더 멋지게 그려야지."라고 일상적으로 말하며 물총으로 그림 그리기를 지속한다. 이러한 교사의 활동으로 영유아와 어떤 대화도 시도하지 않았지만, 영유아들은 교사의 활동에 자극을 받아 물총으로 그림 그리기에 흥미를 가지게 된다. 한편, 물로 그린 그림이 햇빛에 증발되어 없어지는 현상에 호기심을 갖기도 한다. 더불어 영유아들에게 물총을 가지고 놀이하는 자신들의 활동이 가치가 있다는 인식을 심어줌으로써, 더 오랫동안 활동에 참여하게 하는 데 기여할 수 있다.

둘째, 교사가 주도적으로 활동에 개입하며 영유아와 함께 활동에 참여하는 것이다. 즉, 새로운 활동방법을 제안하거나 활동 과정 중에 중요한 역할을 담당한다. 예를 들어 영유아들이 매번 실외활동으로 물총놀이만 반복하고 있을 때, "얘들아, 선생님이 며칠 전에 공원에 놀러 갔다가 우연히 물총으로 그림 그리는 것을 보았어. 신기하기도 하고 참 재미있어 보였단다. 그래서 선생님은 오늘 우리 친구들과 함께 물총으로 멋진 그림을 그려보면 어떨까 하고 생각했는데, 너희들 생각은 어때?"라고 말하며 새로운 활동방법을 제안하는 것이다. 그러나 교사의 주도적인 개입이 잘못 이루어질 경우, 오히려 활동을 방해하거나 중단시킬 수도 있으므로 유의해야 한다. 따라서 새로운 활동이 전개되는 초기 단계에서는 어느 정도 교사가 주도적으로 역할을 수행하지만 점차 주도권을 영유아에게 이양시킴으로서 영유아가 능동적으로 활동에 참여할 수 있도록 도움을 주어야 한다.

셋째, 영유아와 상호작용하며 활동에 참여하되 영유아가 주도적으로 활동을 전개할 수 있도록 지원하는 것이다. 영유아와 상호작용을 하며 활동에 참여하기 때문에 영유아와의 친밀감을 증진시키기가 용이하고, 교사가 주도적으로 활동에 개입하지 않기 때문에 활동의 흐름을 방해하거나 중단시킬 위험이 적다는 장점이 있다. 반면, 교사가 의도하는 과학적 개념이나 지식의 획득에는 어려움이 있을 수 있다.

7) 기록자

기록자로서의 역할은 영유아의 과학활동 과정에 대해 기록작업을 해 주는 것을 의미한다. 즉, 활동의 진행 과정에서 관찰할 수 있는 영유아의 모든 과학적 경험들을 작품 사례나 사진, 비디오카메라, 일화 기록 등의 다양한 방법으로 기록화하는 것이다. 영유아가 활동 재료 탐색에 몰입하는 모습, 또래 친구들과의 상호작용 내용, 활동내용에 대한 영유아들의 질문 및 반응 등과 같이 활동의 진행 과정에서 관찰할 수 있는 모든 내용이 기록의 대상이 될 수 있다.

교사는 이러한 기록화 과정을 통해 얻어진 정보들을 토대로 과학적 기초능력과 관련된 영유아의 발달 수준을 파악할 수 있다. 기록화된 내용들 속에서 영유아가 무엇을 말하려고 하는지 그 의미를 체계적으로 해석하게 됨으로써 영유아들과 보다 적극적이고 역동적으로 상호작용할 수 있는 기회를 가질 수 있다. 또한 영유아들은 기록화된 내용들을 보며 이전의 과학활동 경험을 반추하는 기회를 가지게 되고, 이를 토대로 이후 활동에 대한 새로운 자극을 얻게 되는 등 과학학습에 있어서 유익한 경험을 가질 수 있다. 예를 들어, 영유아들이 어린이집에서 깨끗한 공기가 있는 곳과 더러운 공기가 있는 곳을 알아보기 위해 하얀색 부직포를 물접시에 담은 후 실외놀이터, 식당, 교실 등의 장소에 두었다. 일정 시간이 지난 후에 결과를 관찰하고 이를 기록한 영유아들의 활동지를 교실에 전시해 두었을 때, 영유아들은 지난 활동을 통해 알게 된 것을 다시 한 번 생각해 보는 기회를 가질 수 있다. 더 나아가 영유아들은 어린이집 이외의 장소 중에서 깨끗한 공기와 더러운 공기가 존재하는 곳에 대해 이야기를 나눌 수 있으며, 공기를 깨끗이 하기 위해 할 수 있는 일에 대해 관심을 가지고 토론을 할 수도 있다.

CHAPTER 9

영유아 과학활동을 위한 환경구성

　과학활동을 위한 환경은 과학적 지식 및 태도 함양에 직간접적으로 영향을 미치는 모든 자연적, 사회적 조건 및 상황을 포함하는 것으로, 영유아 과학활동을 위한 환경은 크게 사회적 환경과 물리적 환경으로 구분할 수 있다. 교사와 또래 영유아, 그리고 영유아의 부모는 사회적 상호작용을 통해 영유아에게 과학적 자극을 제공하는 중요한 사회적 환경이다. 물리적 환경은 과학활동을 위한 흥미영역 구성 및 활동자료와 같이 과학활동에 초점을 맞추어 의도적으로 제공되는 환경뿐만 아니라 모든 활동 공간, 실외놀이터, 자연, 지역사회의 자원 등 영유아에게 의미 있는 과학적 탐색과 경험을 제공하는 모든 환경을 포함한다. 이 장에서는 과학활동을 위한 물리적 환경에 초점을 맞추어 설명하고자 한다.

1. 과학활동을 위한 환경구성의 원리

　영유아 과학활동을 위한 환경구성의 기본 원리는 안전중심의 원리, 발달 적합성의 원리, 포괄성의 원리, 통합성의 원리, 심미성의 원리로 제시해 볼 수 있다.

1) 안전중심의 원리

과학활동을 위한 환경 구성 시 가장 최우선으로 고려해야 할 사항은 영유아의 안전이다(Seefeldt, Galper & Jones, 2014). 안전이 확보된 환경 속에서 영유아의 활발하고 자발적인 탐색 및 탐구활동이 가능하기 때문이다. 아무리 훌륭한 탐색 및 탐구활동의 기회를 제공하는 환경일지라도 안전하지 않다면 영유아에게 적절한 과학적 환경이라고 할 수 없다. 특히 영유아들은 탐색할 때 원인과 결과를 충분히 인식하지 못하여 위험에 노출되기 쉬우므로, 과학환경 제공 시 각종 설비 및 장비, 자료의 안전성을 예방적으로 충분히 고려해야 한다. 더불어 과학활동이 안전하게 이루어질 수 있도록 안전수칙을 수립하여 영유아들에게 사전에 고지하고 이를 지킬 수 있도록 해야 한다. 영유아의 안전한 과학활동을 위해 환경 구성 시 기본적으로 고려해야 할 사항을 제시하면 다음과 같다.

- 각종 장비 용품들의 모서리가 날카롭지 않은 지, 크기가 작아서 삼키거나 코나 귀에 들어갈 위험은 없는지 체크해야 한다.
- 각종 교구와 자료들이 깨지는 것은 아닌 지 점검해야 한다. 활동(예: 어항에서 물고기 키우기)에 따라 깨질 수 있는 교구와 자료를 선택할 경우에는 교사의 안전 지도가 필수적으로 수반되어야 한다.
- 영유아에게 제공되는 교구와 자료들이 무독성인지 살펴보며, 가능하면 자연 소재로 된 교구와 자료를 제공한다.
- 열원 기기(heat source equipment)를 사용할 때는 반드시 교사가 감독해야 하며, 사용하지 않을 시에는 안전장치로 덮어 두어야 한다.
- 가능한 안전하지 않은 화학제품을 사용하지 않으며, 화학제품을 사용하기 전에는 반드시 안전규칙(맛을 보거나 먹지 말 것, 접촉하거나 만지지 말 것, 코를 대고 냄새 맡지 말 것 등)을 주지시킨다.
- 칼이나 망치와 같은 도구는 안전하게 보관해야 하며, 사용 시 주의 깊게 관찰해야 한다.

• 가정과 연계하여 특정 물질에 알레르기 있는 영유아를 파악해야 한다.

2) 발달 적합성의 원리

과학활동을 위한 환경구성은 영유아의 연령 및 발달 수준에 맞게 이루어져야 한다. 영유아는 태어나면서부터 주변 세계를 감각적으로 탐색하고 반응한다. 이러한 영유아의 발달적 특성을 고려하여 감각적 경험, 관찰 및 탐구의 기회를 충분히 제공할 수 있는 환경으로 구성해야 한다. 한편, 영유아들은 사물이나 환경에 대해 이미 경험한 것을 확인하며 반복하다가도 얼마 되지 않아 새로운 방법으로 시도하려 한다. 또한 한 가지 놀잇감이나 활동에 오래 집중하지 않고 다시 다른 곳으로 이동하여 다른 것을 탐색하려 한다. 따라서 익숙한 놀잇감을 여러 개 준비하는 것도 중요하지만 새로운 탐색자료도 적절하게 제시해 주어야 한다. 자극이 불충분하게 혹은 부적절하게 주어지는 환경에서는 영유아들의 활동 의욕이 줄어들거나 공격적인 양상이 증가될 수 있으므로 충분한 자료와 공간, 시간을 제공하여 안전한 탐색 환경을 조성하는 것이 중요하다.

영유아들은 일회적인 관찰이나 탐색, 실험을 통해 단편적인 사실이나 개념을 습득하기보다는 지속적으로 관찰하고 탐색하고, 반복적으로 실험하는 과정을 통해 스스로 지식을 구성하고 심화하고 확장해 나가게 된다. 따라서 영유아를 위한 환경구성 시 다양한 사물을 관찰할 수 있고, 영유아 스스로 활동자료를 선택해서 물리적 현상들을 직접 조작하고 탐구할 수 있도록 환경을 좀 더 세분화해서 제공해 주어야 한다.

3) 포괄성의 원리

과학활동을 위한 환경은 일반 영유아는 물론 특별한 욕구를 가진 영유아까지 모든 영유아가 차별 없이 과학활동에 참여하고 경험할 수 있도록 포괄적으로 구성되어야 한다. 예를 들어 휠체어를 탄 영유아도 환경으로 인한 방해 없이 과학활동에 참여할 수 있도록 장벽을 없애고, 이동 통로를 넓게 확보하거나, 활동에 필요한 충분히 넓은 공간을 준비해 주어야 한다. 또한 시각 장애가 있는 영유아를 위해 직물의 감촉을 느낄 수 있는 벽면으로 구성하고, 청각 장애가 있는 영유아를 위해 다양한 시각적 자극을 경험할 수 있게 구성하는 것과 같이 모든 영유아가 장애 유무와 상관없이 과학적 경험을 풍부하게 할 수 있도록 오감각을 다양하게 경험할 수 있는 환경으로 구성해야 한다. 즉, 특별한 욕구를 지닌 영유아들을 위해 자극의 양을 줄이는 것이 아니라 그들에게 맞게 환경을 융통성 있게 변화시켜 주는 것이 바람직하다.

4) 통합성의 원리

과학활동을 위한 환경은 과학영역에 한정되는 것이 아니라 다른 흥미영역의 활동을 수행하는 가운데 과학적 경험이 통합될 수 있도록 구성되어야 한다. 즉 영유아들에게 과학활동을 분리하여 제공하는 것이 아니라 언어, 미술, 음악, 수학활동을 수행하는 가운데 과학적 경험이 자연스럽게 녹아들 수 있도록 해야 한다. 예를 들어 콜라주기법을 활용한 활동을 수행할 때, 자갈, 나뭇잎, 나무껍질, 솔방울과 같은 자연물을 제공하는 것은 영유아들이 미술활동을 수행하는 가운데 자연물을 관찰하고 탐색하는 기회를 얻을 수 있다. 또한 다양한 악기의 소리를 들어보고 표현하는 활동을 수행할 때, 바람 소리, 나무 소리, 파도 소리, 비 소리와 같은 자연의 소리를 들려주게 되면, 영유아들은 음악활동을 수행하는 가운데 자연의 소리를 경험할 수 있는 기회를 얻을 수 있다. 이러한 통합적 활동경험은 서로 다른 특징을 지닌 각각의 경험들이 뇌의 다른 부분으로 입력되었다가 기억체계 속에서 연결되게 함으로써 영유아 뇌의 정신적 활동을 더 활발하게 하는 이점을 가지고 있다(Harlan & Rivkin, 2004).

5) 심미성의 원리

세상의 모든 영유아들은 아름다움이 주는 기쁨을 누리며 배우고 자라날 권리를 가지고 있다. 특히 오늘날의 영유아들은 대부분 천편일률적인 빌딩 숲에 둘러싸여 살면서 주변의 환경 속에서 아름다움을 보고 느낄 수 있는 기회를 잃어버리고 있음을 고려할 때, 자연에서뿐만 아니라 그들을 둘러싼 실내외의 모든 환경 속에서 아름다움에 대한 민감성을 증진시킬 수 있도록 도와주어야 한다. 따라서 과학활동을 위한 환경 역시 영유아들로 하여금 아름다움에 대한 민감성을 증진시킬 수 있도록 구성해야 한다. 즉 과학활동을 위한 환경은 전체적으로 심미성을 느낄 수 있도록 구성되어야 한다.

아름다운 주변 환경은 영유아들의 사고를 자극한다. 영유아들은 아름답게 보이는 사물에 대해 더 큰 호기심과 매력을 느끼고 관찰 및 탐색 욕구가 커지기 때문이다. 가령, 공간을 구성하는 색채, 조명, 가구 등이 아름다운 분위기로 연출되어 있고, 영유아의 활동결과물인 작품들이 아름답게 전시되어 있을 때, 지난 활동과 관련된 또래 간 상호작용이 활발하게 이루어진다. 그뿐만 아니라 영유아들은 지난 활동과 관련된 경험들을 더 많이 기억하게 된다.

2. 과학활동을 위한 환경구성

영유아 과학활동을 위한 물리적 환경은 크게 실내놀이 공간과 실외놀이 공간, 즉, 실내환경과 실외환경으로 구분할 수 있다.

1) 실내환경

과학활동을 위한 실내놀이 공간은 통합적 환경구성의 원리에 따라 과학영역에 한정하지 않고 영유아들이 다양한 흥미영역에서 과학적 경험이 가능하도록 구성하는 것이 바람직하다.

(1) 탐색·과학영역

과학영역은 영유아들이 안전하고 편안하게 과학활동에 몰입할 수 있도록 혼잡

그림 9-1 **탐색영역에서 기르고 있는 동물을 관찰하고 있는 영아들**

스러움을 피할 수 있는 조용한 장소에 배치한다. 조용한 공간은 영유아들이 과학활동을 진행하는 과정에서 새롭게 알게 된 지식을 곰곰이 생각해 볼 수 있는 기회를 제공한다. 또한 식물재배를 위해 햇빛이 잘 들고 물을 사용할 수 있는 곳이어야 하며, 전기 기구를 사용할 경우에 대비하여 전기배선이 설치된 곳이 바람직하다. 과제에 따라 다양한 집단 크기의 영유아들이 모여서 활동할 수 있도록 책상과 의자를 적절히 배치하며, 필요에 따라 카펫이나 자리를 깔아준다.

한편, 활동결과물이나 아직 작업이 종료되지 않아 진행 중인 결과물을 전시할 수 있도록 별도의 공간을 확보해 주어야 한다. 이러한 전시 공간은 영유아들이 자신들의 작업과정을 되짚어 볼 수 있고 더불어 작업에 쏟아 부은 노력의 가치를 확인하게 하는 기회를 제공한다는 측면에서 매우 중요하다.

(2) 물·모래놀이영역

물·모래놀이영역은 놀이의 특성상 실외공간에만 배치하는 것이 일반적이지만, 실내공간에도 배치가 가능하며 영유아들이 과학활동을 할 수 있는 매우 중요한 흥미영역이다. 물과 모래는 특정한 결과물을 요구하지 않기 때문에 영유아들에게 실패나 좌절의 감정을 주지 않고 자연스럽게 과학적 개념과 지식을 학습할 수 있는 좋은 기회를 제공한다. 실내공간에서의 물·모래놀이영역은 낮은 책상, 큰 대야(물놀이용 풀장으로 대체 가능), 컵, 깔대기, 소꿉놀이 도구, 호스관 등만 있으면 충분하다. 영유아는 물이나 모래를 다양한 크기의 그릇에 옮기고 붓고 섞어보기 등의 활동을 통해 물과 모래의 속성과 형태의 변화와 같은 과학적 개념을 가지게 된다. 물·모래놀이영역은 또래들 간에 상호작용이 매우 활발하게 이루어지는 동적영역이므로 과학영역을 비롯하여 정적인 영역과는 멀리 떨어져 배치하도록 한다. 한편, 물이나 모래가 다른 영역으로 옮겨질 경우 다른 활동을 하는 영유아에게 방해가 될 뿐 아니라 안전사고의 원인이 될 수 있으므로, 반드시 물·모래놀이용 책상에서만 놀도록 지도하는 것이 중요하다.

(3) 미술영역

미술영역은 영유아에게 과학적인 경험을 통해 얻어진 아이디어나 상상, 느낌 등을 체계화해서 표현할 수 있는 기회를 제공한다. 예를 들어 가을 단풍을 보기 위해 산책을 다녀온 영유아는 교실에 돌아와서 다양한 색의 물감과 크레용 등을 발견하고 형형색색의 단풍잎을 표현하고 싶은 욕구가 생긴다. 따라서 미술영역에는 영유아들이 관찰하고 탐색하며 경험한 것들을 자유롭게 표현할 수 있도록 다양한 미술재료들이 항상 구비되어 있어야 한다. 이때, 그리고 오리고 붙이는 단순한 기법의 표현활동에서 벗어나 소조기법, 템페라기법, 콜라주기법 등의 다양한 기법으로 표현해 볼 수 있도록 자극하는 활동재료를 제공하는 것이 중요하다. 이러한 다양한 기법의 표현활동은 다양한 재료의 특성을 파악하고 과학적 개념을 이해하는 데 큰 도움이 될 수 있기 때문이다.

(4) 조작영역

영유아는 조작영역에 구비된 일상생활과 관련된 익숙한 사물이나 교구들을 가지고 조작하는 가운데 주변에서 쉽게 접하는 물체와 물질에 대해 관심을 가지게 된다. 관찰, 순서, 비교, 분류, 예측 등을 통해 탐구하는 과정에서 물체 및 물질의 특성을 파악하게 되고, 이를 통해 일상의 문제들을 논리적으로 해결하는 능력을 기를 수 있다. 따라서 조작영역에는 연령에 적합한 퍼즐이나 구슬, 단추, 너트와 볼

트, 나무못 말판, 다양한 종류의 블록세트 등 영유아들이 흥미를 가지고 조작할 수 있는 다양한 사물들을 구비해야 한다. 한편, 경사로나 도르래, 지렛대와 같은 장치, 부속품을 조립해서 완제품을 만들 수 있는 장난감을 구비하는 것도 유용하다. 이러한 놀잇감은 물리적 지식 획득에 도움이 된다. 예를 들어 유아는 바퀴 달린 자동차 장난감을 조립하는 과정에서 자동차가 움직이기 위해 바퀴가 매우 중요한 역할을 한다는 물리적 지식을 학습하게 된다.

(5) 언어영역

영유아는 언어영역에 비치된 다양한 도서들을 통해 새로운 과학적 지식을 획득하기도 하고, 일상생활 속에서 혹은 과학활동에서의 과학적 경험들을 토대로 심화된 과학적 지식을 얻기도 한다. 따라서 언어영역에는 특정 시기에 영유아들이 얻게 되는 과학적인 경험들을 잘 고려하여 관련 도서들을 비치해 주어야

그림 9-2 **그림책을 통해 과학적 지식을 습득하고 있는 영유아**

한다. 예를 들어 유아가 과일 샐러드를 만드는 요리활동을 통해 식재료의 특성을 탐색하는 기회를 가지게 되었을 때, 과일 이외에도 채소, 생선이나 해산물 등을 활용한 음식 관련 책들을 비치한다면 다양한 식재료들의 특성에 대해 관심을 가지는 기회를 제공할 수 있을 것이다. 더 나아가 세계 여러 나라의 음식에 관한 책은 문화에 따라 서로 다른 특성을 지닌 식재료들에 관심을 가지는 계기를 마련해 줄 수 있다. 이때, 영유아들의 발달적 수준에 맞는 도서를 선정하는 것이 중요하며, 한 번에 모든 도서를 제공하기보다는 영유아들이 소화할 수 있는 정도의 분량으로 새로운 도서를 제공하고, 주기적으로 바꿔주는 것이 바람직하다.

한편, 종이와 사인펜 등의 간단한 쓰기 도구를 함께 구비하여 관련 도서를 보며 문득 떠오르는 생각이나 호기심들을 그림이나 글자로 표현할 수 있도록 자극한다.

2) 실외환경

영유아는 실외놀이를 통해 새로운 것에 도전하고 탐색하는 자유를 만끽할 수 있음을 고려할 때, 실외놀이 공간은 일상생활 속에서 자연스럽게 과학활동이 이루어질 수 있는 중요한 공간이다(Charlesworth & Lind, 2012). 실외공간은 실내공간에서는 어려웠던 큰 움직임이 자유롭고 소음이나 어지럽힘에 대한 부담이 없기 때문에, 오감각을 활용한 탐색은 물론 영유아 자신의 생각과 느낌의 표현을 용이하게 하는 장점을 가지고 있다. 특히 실외환경의 자연은 영유아들에게 풍부한 탐색과 체험, 발견의 기회를 제공하는 관찰대상으로 가득 차 있다는 측면에서 영유아 과학활동에서 더욱 중요한 의미를 지닌다. 따라서 실외환경은 안전을 기본으로 하여 영유아들의 과학활동이 보다 자유롭게 이루어질 수 있도록 구성해야 한다. 영유아 과학활동을 위해 실외환경에서 구성할 수 있는 영역으로는 물·모래놀이영역, 동물기르기영역, 텃밭영역, 소리탐색영역, 날씨탐색영역, 대근육영역, 정적영역 등이 있다.

(1) 물·모래놀이영역

실외공간에서의 물놀이영역과 모래놀이영역은 실내공간과 비교하여 여러 가지 장점을 가지고 있다. 실외공간에서는 공간의 제약에서 벗어나 좀 더 다양한 실험이 가능하다. 또한 물을 튀기고 엎지르기, 몸에 모래 뒤집어쓰고 놀기, 모래 위에 앉기, 다른 공간으로 물과 모래를 이동하는 것 등이 자유롭다. 자유로운 활동이 가능한 물놀이영역에서 영유아는 물의 증발, 보존개념, 측정능력, 물에 뜨는 것과 가라앉는 것, 물의 흐름 등을 경험할 수 있으며, 모래놀이영역에서는 젖은 모래와 마른 모래의 특성, 보존개념, 측정능력 등을 경험할 수 있다. 따라서 영유아들이 선호하는 다양한 물·모래놀이 기구를 충분히 제공해주는 한편, 물놀이를 좋아하는 영유아들을 고려하여 충분한 공간을 확보해 주어야 한다.

물놀이영역과 모래놀이영역은 분리하되 서로 인접해서 설치하는 것이 바람직하지만, 여의치 않을 경우 모래놀이영역에서 물을 사용할 수 있도록 구성하는 것이 좋다. 모래놀이영역은 일반적으로 복합놀이기구 아래에 위치하게 하는 경우가 많

그림 9-3 물·모래놀이영역에서 놀이하고 있는 영유아들
영유아는 물과 모래를 가지고 놀며 자연스럽게 물과 모래에 관한 다양한 과학적 지식을 획득한다.

은데, 독립된 영역으로 제시해 주는 경우에는 햇볕을 가릴 수 있도록 가리개를 해 주는 것이 좋다. 물놀이영역은 물의 미끄러운 성질로 인해 안전사고가 일어날 수 있음을 고려하여 바닥을 안전한 소재로 해야 한다.

(2) 동물기르기영역

실외공간에 동물의 서식지를 마련하여 직접 동물을 기를 수 있는 기회를 제공하게 되면, 영유아의 생명존중 태도를 키우는 데 큰 도움이 된다. 영유아는 가까이에서 동물을 관찰하고 직접 돌보고 성장하는 과정을 지켜보는 가운데 자연의 모든 생명체에 대한 친근감을 높이고 생명을 존중하는 태도를 기르게 된다. 동물을 선정하는 기준은 다음과 같다(김다래, 2013). 첫째, 관리가 용이하고, 교사 자신이 좋아하고 기를 수 있는 동물이어야 한다. 둘째, 돌보기가 수월하고 움직임과 변화 과정이 다양해서 영유아에게 흥미로워야 한다. 셋째, 영유아에게 해를 끼치지 않으며 스트레스에 강해 잘 죽지 않고 영유아들이 꺼내어 관찰할 수 있는 건강한 동물이어야 한다. 셋째, 영유아에게 친근한 동물이어야 한다. 어린이집 현장에서 선호하는 토끼, 다람쥐, 오리, 거북이, 달팽이, 장수풍뎅이 등은 이러한 기준에 부합하는 것으로 볼 수 있다.

어린 영아들은 움직이는 생명체를 접했을 때 두려워하기보다는 호기심을 보인다. 감각을 집중하여 유심히 바라보며 탐색한다. 날아가는 새의 움직임, 물고기가 헤엄치는 모습, 개미가 기어다니는 모습, 개 짖는 소리 등에 큰 관심을 보이며, 감각을 집중하여 유심히 바라보며 탐색한다. 따라서 물고기가 사는 연못이나 영아가 관심을 가질만한 곤충의 서식지, 작은 동물들의 서식처를 마련해 주고 청결하게 관리한다.

반면 유아는 자신이 관심을 갖는 동물에 대해 직접 만져보고 상호작용하기를 원한다. 또한 관심을 갖는 동물의 특성에 대해서도 적극적으로 조사하고 탐색하고 싶어 한다. 따라서 유아들이 가까이서 직접 관찰하고 탐색할 수 있는 동물 사육장 등을 만들되, 너무 가까이 다가가지 않도록 안전울타리를 설치한다.

동물을 기를 때 안전수칙은 다음과 같다.

- 질병이 있는 야생동물이나 질병을 옮길 가능성이 있는 동물은 절대 기르지 않는다.
- 동물들을 청결하게 관리하고 전염되지 않도록 한다.
- 동물들은 항상 안전하게 닫힌 우리에 있도록 한다.
- 포유류는 자신의 새끼를 보호하기 위해 물거나 할퀴거나 발로 찰 수 있다. 동물들이 잠을 자거나 음식을 먹을 때는 방해하지 않도록 한다.
- 동물들을 절대로 괴롭히지 말고 철망우리 안에 손가락이나 물건을 넣지 않도록 한다.
- 동물에게 물렸거나 할퀴었을 때는 즉시 교사에게 알리도록 한다.
- 동물을 만진 후에는 반드시 손을 깨끗이 씻도록 한다.

(3) 식물기르기영역

식물기르기영역은 꽃이나 채소를 비롯하여 다양한 종류의 식물을 기를 수 있는 실외공간이다. 이 영역은 활동적인 실외놀이 공간과 분리되어 있어야 하며, 어린 영아들도 직접 물을 줄 수 있을 정도로 물이 가까이 있어야 한다. 또한 식물이 잘

그림 9-4 **어린이집의 텃밭에서 기른 각종 채소를 관찰하고 있는 영유아들**

자랄 수 있도록 하루에 적어도 6시간 정도의 일조량이 확보되는 곳에 배치해야 한다. 만일 일조량을 확보할 수 있는 공간이 없을 경우에는 음지에서도 잘 자랄 수 있는 품종으로 선택해야 한다. 텃밭의 한쪽에는 보관상자를 두어 꽃삽, 팻말, 물뿌리개 등을 상시 비치해 두고 영유아들이 자유롭게 활용할 수 있게 한다.

식물은 작은 꽃과 풀에서 큰 나무에 이르기까지 조화롭게 조성하되, 독성이 있거나 가시가 있는 식물은 제외한다. 교사가 미리 심어놓을 수도 있겠지만, 가능한 영유아가 직접 씨를 뿌리고 재배하는 경험을 가지게 하는 것이 바람직하다. 영유아들은 직접 재배한 채소 및 과일 열매를 직접 수확하여 요리하는 것을 매우 좋아하는데, 재배 기간이 너무 길 경우 식물이 자라는 과정에 대한 관심이나 흥미도가 떨어질 수 있다. 따라서 재배할 품종을 선택할 때, 이러한 영유아의 특성을 고려하여 재배 기간이 길지 않고 병충해에 강한 것을 선택하는 것이 좋다.

만일 공간에 여유가 있다면 낙엽 등을 모아 썩혀서 유기농 퇴비를 직접 만들 수 있는 저장소를 설치할 것을 권장한다. 나뭇잎 등이 썩어서 퇴비로 변해가는 과정을 관찰하는 것 자체가 영유아에게 생태계의 순환 과정을 경험할 수 있는 좋은 기회가 되기 때문이다.

(4) 소리탐색영역
소리탐색영역은 기성 제품이나 자체 제작한 대형 사이즈의 악기들을 비치하여 영유아에게 소리를 탐색할 수 있는 과학적 경험의 기회를 제공하는 공간이다. 영유아는 실외공간에 비치된 다양한 악기들을 연주하면서 각 악기가 내는 소리의 차이를 감지할 수 있다. 또한 같은 악기를 반복해서 연주하는 과정에서 조금씩 다르게 들리는 소리의 차이를 감지하기도 한다. 이는 공기의 밀도, 바람의 세기, 습도에 따라 달라지는 소리의 차이를 경험할 수 있는 기회가 된다. 이처럼 같은 악기로 연주하는 소리도 실외공간에서 듣는 소리는 실내공간에서 듣는 소리와 다르기 때문에 실외공간에서 악기를 연주하는 경험은 영유아에게 색다른 발견의 기회를 제공한다. 한편, 솔방울을 연결해 만든 탬버린, 길이가 다른 나무판자로 만든 실로폰, 통나무로 만든 북 등과 같이 자연물로 만든 악기는 자연친화적으로 음악을 경험할 수 있는 좋은 기회가 되기도 한다.

(5) 날씨탐색영역

날씨탐색영역은 날씨 측정 도구들을 활용하여 보다 과학적인 방법으로 날씨를 관찰하고 조사할 수 있는 영역이다. 빗물 측정기, 바람개비, 풍향계, 해시계 등과 함께 관찰한 날씨의 내용을 기록할 수 있는 기록판을 비치해 놓을 수 있다. 교사는 영유아들에게 비치해 놓은 도구들을 직접 활용하여 날씨를 조사해 볼 수 있도록 지원하고 격려해야 한다. 가령, 비가 오는 날 함께 우산을 쓰고 나가 빗물 측정기에 담긴 빗물의 양을 조사해 보거나 바람이 부는 날은 풍향계가 움직이는 방향을 탐색할 수도 있다. 또한 맑은 날은 오전과 오후에 나가 해시계 바늘의 그림자가 가리키는 위치가 달라진 것을 관찰할 수 있게 이끌어줄 수도 있다.

(6) 대근육활동영역

영유아들은 미끄럼틀, 시소, 그네, 기어오르기 등과 같은 놀이기구를 타면서 마찰력, 무게, 수평, 속도, 방향, 진자운동, 중력 등과 같은 과학적 개념들을 직접적으로 체험할 수 있다. 일반적으로 대근육활동영역은 영유아들의 움직임이 크고 활발하여 안전사고 위험이 매우 크다. 따라서 대근육활동영역의 바닥에는 모래나 나

그림 9-5 놀이기구를 타고 있는 영아들
영아들은 놀이기구를 이용하여 놀이를 하는 동안에 수평, 속도, 방향 등과 같은 과학적 개념들을 체험한다.

무껍질, 우레탄 블록과 같이 영유아가 떨어지거나 넘어졌을 때 충격을 흡수할 수 있는 재료를 깔아주어야 한다. 또한 나무 상자, 널빤지, 플라스틱 용기, 로프, 공, 줄 등의 고정되지 않은 도구를 비치하여 뛰고, 달리고 하는 움직임 이외에도 다양한 형태의 움직임을 경험해 볼 수 있도록 하는 것이 좋다.

(7) 정적영역

야외수업이나 부분수업 시에 활용하며 야외활동 중의 영유아의 휴식공간으로 활용할 수 있는 정적 공간이 필요하다. 공간이 허락한다면 그늘이 드리워지도록 등나무를 올리거나 지붕이 있는 정자를 설치하고 그 아래에 모여 앉을 수 있는 평상이나 의자를 둘 수도 있다. 그러나 조용한 영역을 위한 공간이 충분하지 않다면 의자나 돗자리 등을 준비하여 주고 움직임이 많은 영역에서 떨어진 곳에 배치하여 유아가 놀이에 집중할 수 있도록 배려한다. 정적영역에서는 실내공간에서 하기 어려운 관찰, 실험활동이 가능하며, 활동결과물에 대한 표상활동이 이루어질 수 있다.

그림 9-6 정자에서 휴식을 취하며 자연을 관찰하고 있는 영아들
영아들은 실외공간에 마련된 정적 공간에서 휴식을 취하며 주변의 자연을 관찰하고 다양한 탐색활동을 한다.

3. 과학활동을 위한 기본 자료

영유아들에게 과학적 경험을 충분히 제공하기 위해서는 과학적 사고와 탐색을 자극할 수 있는 기본적인 활동 자료가 구비되어 있어야 한다. 과학활동을 위한 자료선정의 기준과 과학활동을 위한 기본 자료들을 유형별, 연령별로 살펴보면 다음과 같다.

1) 과학활동 자료 선정의 기준

영유아에게 제시할 과학활동 자료를 선정할 때는 어떤 자료가 더 교육적으로 효과적이고 의미 있는지 고려해 보아야 한다. 과학활동 자료 선정 시 고려해야 할 교육적 기준과 물리적 기준은 다음과 같이 제시할 수 있다(권영례·이순형, 2003; 이경우·홍혜경·신은수·진명희, 1997; Charlesworth & Lind, 2012).

(1) 교육적 기준

- 활동자료가 영유아의 발달 수준에 부합하는가?
- 활동자료가 새로운 지적 자극을 주는가? 과학영역에 비치될 활동자료는 영유아의 흥미를 유발시키고 지속시킬 수 있어야 한다. 그러나 영유아의 지각능력에는 한계가 있어 새로운 지적 자극을 한꺼번에 주게 되면 오히려 학습의욕을 저하시킬 수 있으므로, 지적 자극은 적정 수준으로 제시되어야 한다.
- 활동자료가 과학적 개념을 명확하게 표상하는가?
- 활동자료는 교사가 설정한 성취목표에 부합되는가?
- 활동자료는 다용도로 사용되거나 다양한 방법으로 탐색될 수 있는가? 예를 들면, 유니트블록이나 물놀이 도구는 이러한 준거에 부합되는 자료이다.

(2) 물리적 기준

- 구체적이고 실제적이며 영유아의 실생활과 관련이 있는가?
- 영유아들이 정상적으로 사용하고 다루기에 견딜 만큼 견고한가?
- 영유아의 자연적 호기심과 활동하고 싶은 동기를 제공하는가?
- 움직이고 조작하기가 간단한가?
- 활동자료들은 안전한가? 어떠한 자료도 건강을 해치거나 안전을 위협해서는 안 된다. 독성물질로 만들었거나 날카로운 모서리가 있거나 코나 귀로 들어가거나 삼킬 정도로 작은 부분이나 부품이 있으면 안 된다.
- 크기가 영유아의 신체적 능력에 적합하게 고안되었는가?
- 영유아 스스로가 조작 변형하는 것이 가능한가? 형태나 기능이 고정되어 있지 않고 여러 가지로 조작이 가능한 것은 영유아에게 변화감과 능력감을 준다.
- 교구의 재질이 영유아의 감각 발달에 도움을 주는가?
- 나무토막, 천, 조개껍데기 등 단순하면서 무게나 크기가 다양한 자연물이 제공되는가?

2) 유형별 과학활동을 위한 기본 자료

영유아를 위한 과학활동 자료는 영유아 스스로 과학적 경험을 통하여 과학적 지식을 구성하도록 영향을 준다. 활동내용이나 주제에 따라 제시되는 과학활동 자료나 교재교구는 사과, 얼음 등과 같은 구체적 실물자료부터 교사가 교육목표에 따라 제작한 활동자료, 다양한 상품화된 교구 등이 사용될 수 있다. 교사는 영유아가 실물을 관찰하거나 경험이 불가능할 경우, 우리 몸의 성장과정과 같이 지속적이고 장기적인 변화과정을 제시해야 하는 경우, 실물 사용하는 것이 안전하지 않은 경우, 별자리 관찰과 같이 그림이나 사진자료가 더 효과적인 경우에는 모형이나 녹음자료, 비디오자료, 사진자료 등을 활용할 수 있다. 그 밖에도 영유아의 측정활동을 돕는 다양한 측정도구와 관찰활동을 도와주는 관찰도구도 비치하여 영유아의 탐구활동을 장려한다. 또한 영유아가 일상생활에서 경험하고 사용하는 식판, 숟가락, 젓가락, 신발 등 영유아의 과학활동을 장려할 수 있는 의미 있는 자료로 활용될 수 있다. 교사는 프로그램의 내용이나 주제에 따라 이러한 자료들을 적절하게 선택하여 활용하도록 한다.

3) 연령별 과학활동을 위한 기본 자료

영유아들에게 제공하는 과학활동 자료들이 영유아의 흥미와 관심을 끌기 위해서는 기본적으로 영유아의 발달 수준에 적합해야 한다. 과학활동을 위한 기본 자료들을 연령별로 살펴보면 다음과 같다(육아정책개발센터, 2008a, 2008b, 2008c, 2008d, 2008e, 2008f).

표 9–1 **과학활동 자료의 예**

구분	자료의 예
실물자료	• 여러 종류의 나뭇잎, 열매, 조개껍데기, 돌, 과일류, 곡식류, 물 등 • 식물재배(씨 싹 틔우기, 고구마순 키우기, 콩나물 기르기) • 동물사육(장수하늘소, 금붕어, 거북이, 햄스터 등)
시청각자료	• 모형·녹음자료·사진자료·비디오자료 등 • 슬라이드기, VTR, 녹음기, OHP, 실물화상기, 디지털카메라 등
측정도구	• 길이측정도구(빨대, 실, 종이테이프, 클립, 자, 줄자 등) • 무게측정도구(양팔저울, 수저울, 요리용 저울, 체중계, 저울에 달 수 있는 다양한 물건) • 부피측정도구(다양한 용량의 우유팩, 주스병, 플라스틱 통, 비커, 계량컵, 계량스푼) • 시간측정도구(시계모형, 초시계, 모래시계, 디지털시계 등 다양한 시계) • 온도측정도구(온도계 등)
관찰도구	• 돋보기, 루페, 거울, 청진기, 손전등, 쌍안경, 프리즘 등

(1) 0~1세

이 시기 영아들에게 다양한 놀잇감을 제공하여 선택 범위를 넓혀주는 것은 영아의 감각능력과 변별력을 길러준다. 그뿐만 아니라 놀이 속에서 다양한 놀잇감을 탐색하면서 스스로 주변 물체와 물질 등에 대한 지식을 구성하는 데 도움이 된다. 예를 들어 영아는 질감이 다양한 인형류를 이 손에서 저 손으로 옮겨가며 만지작거리며 놀이하는 가운데 사물의 특징을 촉감으로 지각하는 기초 지식을 구성해 나가게 된다.

그림 9-7 **교사와 함께 놀이하며 놀잇감을 탐색하고 있는 1세 영아**

이 시기 영아는 일상생활 주변의 친숙한 사물이나 자연물, 주변 동식물의 모양, 소리, 움직임 등을 감각 운동 기능을 활용하여 탐색하는 것을 즐긴다. 따라서 일상생활 속에서 돌, 물, 흙 등의 자연물을 감각으로 느낄 수 있는 기회를 제공하고, 다양한 재질을 느끼고 탐색할 수 있도록 놀잇감을 준비한다. 밝은 원색의 색상, 대비가 분명한 것, 단순한 디자인에 두드러진 특징이 있는 것, 사람 얼굴 모양 등을 선호하므로 이러한 특징을 가진 놀잇감을 제공한다. 한편, 이

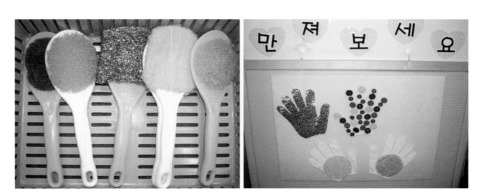
그림 9-8 **영아를 위한 감각탐색자료**

예시1 0~1세 영아를 위한 기본 자료

딸랑이, 모양을 집어넣을 수 있는 구멍이 있는 상자 놀잇감, 손에 꼭 쥘 수 있는 놀잇감, 소리가 나는 놀잇감, 누르면 튀어 오르는 놀잇감, 천으로 만든 패드나 담요, 질감이 다양한 인형류, 손으로 잡을 수 있는 말랑말랑한 공, 가볍고 질긴 천 놀잇감, 다양한 형태의 주머니와 한 손에 잡을 수 있는 다양한 감각 자료 등

시기 영아들은 놀잇감을 입으로 가져가 탐색하는 경향이 있음을 고려하여, 유해한 성분이 없는 재질로 크기가 충분히 커서 삼킬 위험이 없는 놀잇감으로 준비해야 한다.

(2) 2세

이 시기 영아들은 호기심에 가득 차 주변의 친숙한 물체와 물질, 동식물, 자연물 등을 능동적으로 탐색하며 자연스럽게 과학적 기초지식을 자신의 것으로 구성하게 된다. 가령, 교실의 한 쪽에 놓인 공을 발견한 영아는 다가가서 공을 만져 보고, 움직여 보고, 굴려 보고, 발로 차 보고, 던져 보고, 떨어뜨려 보는 다양한 탐색활동을 통해 공이라는 물체가 가지고 있는 기본적인 특성을 인식하는 기회를 갖게 된다. 따라서 이 시기 영아들에게는 주변에서 볼 수 있는 다양한 사물과 자연물, 어린이집이나 집에서 쉽게 기를 수 있는 동식물 등을 충분히 제공해 주는 것이

그림 9-9 **탐색영역에 구비된 다양한 자연물을 탐색하고 있는 2세 영아**

예시2 **2세 영아를 위한 기본 자료**

조작 가능한 놀잇감, 주변의 다양한 사물(예: 거울, 전화기, 라디오 등), 자연물(예: 나뭇잎, 열매 등), 동물, 식물, 돋보기 등

좋다. 더불어 이러한 탐색 대상물을 자세히 관찰할 수 있는 사진이나 돋보기 등의 재료를 함께 제공해 준다.

(3) 3세

이 시기 유아는 주변에서 쉽게 발견할 수 있고 일상생활 속에서 사용되는 물체와 물질, 주변의 자연물에 대해 탐색하는 것을 즐기며, 살아 있는 생물 특히 움직이는 동물에 대해 관심이 많다. 이를 통해 유아는 주변의 관심 있는 사물과 생명체 및 자연현상을 탐구하기 위한 기초능력을 기를 수 있게 된다. 따라서 유아에게 익숙한 여러 가지 물체나 물질을 제공하되, 같은 물체라도 크기나 색, 질감이 다른 것을 함께 제공하여 물체와 물질이 가지고 있는 다양한 특성에 관심을 가질 수 있게 유도한다. 또한 주변에 있는 돌, 물, 흙과 같은 자연물을 가지고 놀이할 수 있는 기회를 충분히 제공하는 한편, 유아가 관심을 보이는 동식물을 오랫동안 집중해서 탐색할 수 있도록 동식물을 키울 수 있는 공간을 마련해 주는 것이 좋다.

그림 9-10 **확대경으로 동물과 자연물을 관찰하는 3세 유아**

예시3 3세 유아를 위한 기본 자료

거울, 색안경, 촉감상자, 소리상자, 확대경, 프리즘, 양팔저울, 식물 기르기 기구, 동물 기르기 기구, 각종 과학 관련 책, 고장 난 시계나 라디오, 다양한 바퀴, 자석, 열쇠와 자물쇠, 지구본 등

(4) 4~5세

이 시기 유아는 주변에서 쉽게 볼 수 있는 간단한 도구와 기계를 탐색하고 반복적으로 사용해 보는 경험을 통해 도구와 기계를 활용하는 능력을 기르게 된다. 가령, 여러 번의 시행착오 과정을 거쳐 청소기를 작동시켜 보고 스마트폰을 직접 조작해 보면서 일상생활 속에서 다양한 도구를 활용할 수 있는 능력을 터득하게 되고, 이러한 도구를 활용하여 편리하게 생활할 수 있음을 인식하게 된다. 또한 주변의 자연물과 자연현상을 지속적으로 탐구하는 과정을 통하여 단순한 지적 호기심을 넘어서 자연과 인간이 더불어 살아가는 것이 중요하다는 것을 인식한다. 따라서 이 시기에는 일회적인 실험이나 탐구 또는 교사의 일방적인 가르침에 의해 단편적인 사실이나 개념을 주입시키기보다는 유아들이 지속적으로 탐색하고 관찰하고, 예측하고, 반복적으로 실험하는 과정에서 자신이 한 행위와 결과를 관련지음으로써 스스로 지식을 구성하고 심화, 확장해 갈 수 있도록 도와주는 것이 중요하다.

이를 위해 다양한 사물들을 관찰할 수 있고, 생물에 대한 친숙함을 느끼며, 물리적 현상들을 직접 조작하고 탐구할 수 있도록 구성하는 것이 바람직하다. 구체

예시4 4~5세 유아를 위한 기본 자료

- 기본 도구: 거울, 자석, 돋보기, 프리즘, 못, 핀 등
- 물체와 물질의 특성 및 움직임과 관련된 도구: 여러 가지 물체와 물질, 측정 도구, 기계류, 널빤지, 바퀴가 달린 놀잇감, 바퀴와 부속품, 도르래, 투명하고 단단한 플라스틱류, 튜브와 관 종류, 그릇류 등
- 생명체 관련 자료: 식물(꽃, 채소 등), 자연에서 수집한 자연물(나뭇잎, 열매, 씨앗, 나뭇가지, 꽃잎, 솔방울 등), 식물과 관련된 자료(다양한 종류의 식물, 삽, 스프레이, 식물에 관한 책), 동물(거북이, 금붕어, 달팽이, 햄스터, 병아리 등), 동물과 관련된 자료(먹이, 동물과 관련된 책)
- 자연현상과 관련된 자료: 자연현상과 관련된 사진, 온도계, 습도계
- 기타 자료: 관찰 용지, 필기도구 등

적으로 유아들이 자발적으로 탐색할 수 있도록 계절, 주제, 유아의 흥미에 기초하여 다양한 자연물과 실물을 제시하며, 유아들이 함께 찾아 볼 수 있는 과학그림책이나 사전, 비디오, 사진 등의 자료를 함께 제공해 주는 것이 좋다.

4. 과학활동을 위한 가정 및 지역사회와의 연계

영유아에게 살아 있는 과학적 지식을 전달하기 위해서는 어린이집 공간만으로는 한계가 있다. 영유아가 살아 있는 과학적 지식을 얻기에는 실제로 직면하게 될 다양한 상황들이 존재하는 일상생활 속에서 직접적인 체험을 통해 갖게 되는 과학적 경험이 가장 효율적이다. 교실에서 교사가 보여주는 사진이나 그림 등의 자료만으로 과학적인 개념을 형성하고 이해한다는 것은 사실상 불가능하다. 따라서 영유아가 일상생활 속에서 가장 가까이에서 직접적으로 상호작용하는 근접환경에 해당하는 가정 및 지역사회와의 연계는 필수적이다.

1) 지역사회와의 연계

(1) 자연환경
어린이집 주변의 자연환경은 영유아의 과학적 탐색과 탐구활동을 위한 학습자원으로 매우 유용하게 활용될 수 있다.

어린이집 주변의 공원, 놀이터, 작은 공터 등은 영유아들에게 자연 그대로의 현장에서 환경에 대한 다양하고 흥미 있는 발견과 탐색의 기회를 제공한다. 일상적으로 이루어지는 산책길에서 영유아는 개미를 발견하고 흥미 있게 관찰할 수 있으며, 비온 뒤 기어 나온 달팽이나 지렁이를 발견할 수도 있다. 또한 영유아들은 계절에 따라 피고 지는 들꽃, 풀, 나무 등을 관찰하고 탐색하면서 자연스러운 과학적 경험을 할 수 있다.

그림 9-11 **들꽃과 그림자를 관찰하고 있는 영유아들**
영유아는 산책활동 중 발견한 들꽃과 바닥에 드리운 그림자를 관찰하며 다양한 과학적 경험을 한다.

(2) 지역사회 환경

영유아들이 단체로 버스를 타고 먼 거리를 이동하여 이루어지는 일회성 현장견학활동보다는 친근한 지역사회 환경이 영유아에게 지속적이고 반복적인 탐색과 탐구가 가능하다는 점에서 영유아들에게 더 유용한 학습자원이 될 수 있다. 지역사회에 있는 빵집, 떡집, 구두수선가게, 슈퍼마켓, 꽃집, 병원, 동물병원, 도서관, 과학관, 박물관, 소방서, 방송국, 기차역 등은 영유아들에게는 흥미로운 탐색과 탐구거리를 제공해 줄 수 있다. 특히 어린이 과학센터나 과학박물관 등은 영유아를 위한 다양한 활동들을 상시 계획하여 운영하고 있으므로, 영유아의 눈높이에 맞는

그림 9-12 **소방서와 경찰서를 방문한 영유아들**
영유아들은 지역사회에 있는 다양한 기관들을 현장탐방하며 궁금했던 과학적 지식들을 획득한다.

과학활동을 좀 더 체계적으로 경험하기에 이상적이다.

지역사회 탐방을 위한 안전수칙은 다음과 같다.

- 부모님께 사전 동의 구하기
- 사전답사를 통해 위험요소 체크하기
- 사전에 응급처치 훈련 및 교육 이수여부 확인하기
- 비상약품 상자 구비하기
- 개별 아동의 비상연락망 챙기기
- 개별 아동의 알레르기 증상 및 대응 방안 확인하기(예: 벌에 쏘였을 때)
- 체험 현장에서 볼 수 있는 동식물에 대한 안전교육 실시하기

(3) 지역사회 인적자원

요리전문가, 화가, 음악가, 의사, 비행기 조종사, 가전 AS 기사 등 영유아의 부모를 포함하여 지역사회에 있는 각 분야의 전문가들은 영유아들의 호기심과 궁금증에 대해 좀 더 전문적인 지식을 전달해 줄 수 있는 훌륭한 인적자원이 된다. 이러한 인적자원을 효율적으로 활용하기 위해서는 이들을 초청하기 전에 사전활동을 통해 영유아들이 이미 알고 있는 것이 무엇이며, 알고 싶어하는 것이 무엇인지를 파악하여 전문가와 영유아들 간에 실질적인 상호작용이 이루어지도록 계획하는 것이 중요하다. 또한 영유아들이 살아 있는 지식을 얻을 수 있도록 가능하면 전문가들이 영유아들과 함께 직접 시연해 보는 기회를 갖는 것이 바람직하다.

그림 9-13 **요리전문가인 부모를 초청하여 함께 요리활동을 하고 있는 영유아들**

2) 가정과의 연계

(1) 소식지 및 가정통신문

주간 혹은 월간으로 발행하는 소식지나 가정통신문의 일정 지면을 과학 소식란으로 할애한다. 가령, 어린이집에서 진행되고 있는 과학활동에 대한 안내와 이와 관련하여 가정에서 함께할 수 있는 과학활동을 소개하거나 지역사회에서 이루어지고 있는 과학전시 내용들을 소개한다면 가정에서도 어린이집과 연계하여 과학적 발견이나 경험이 연속성을 가지고 이루어질 수 있다. 또한 일상생활 속에서 영유아의 과학적 사고를 자극할 수 있는 개방적 질문이나 상호작용 방법과 같이 유용한 정보들을 제공하는 것도 큰 도움이 된다.

그림 9-14 **가정에서 부모와 함께 할 수 있게 준비한 과학활동 자료**

(2) 과학활동 주머니

가정에서 영유아와 쉽고 재미있게 함께할 수 있는 과학활동 주머니를 제공할 수 있다. 과학활동 주머니에는 활동목표에서부터 활동방법, 활동에 필요한 과학적 지식, 활동재료까지 패키지로 포함된다. 물론 과학활동 주머니에 포함된 활동재료들은 안전성이 확보된 것이어야 한다.

(3) 미니 과학박물관

어린이집의 과학활동과 연계하여 가정에 미니 박물관을 두는 것은 영유아의 과학적 흥미를 고취 및 지속시키는 데 기여할 수 있다. 미니 과학박물관에는 어린이집에서 만든 과학활동 결과물, 지역사회와 연계하여 만든 과학적 경험의 산물들, 각종 수집품들을 전시할 수 있다. 예를 들어 어린이집에서 키운 꽃모종 화분이나 지역사회의 자동차 정비소를 방문하여 얻은 부속품이나 팸플릿 제공, 어린이집에서 키우는 거북이를 학급 친구들에게 돌아가며 대여하기 등은 개별 가정에 설치할 수 있는 미니 과학박물관의 훌륭한 자원이다.

CHAPTER 10

영유아 과학지도 평가

평가는 영유아 과학지도의 모든 과정과 밀접한 관련을 가지고 있으며, 과학지도에 있어 필수적인 과정이다. 영유아 과학지도 평가는 과학지도에 대한 계획, 실행 및 조정에 있어 순환적인 과정이다. 교사는 영유아 과학지도의 계획을 세우기 이전에 영유아의 과학적 발달을 정확히 파악해야 하고, 과학지도 과정에서는 영유아의 활동 과정을 면밀히 관찰하여 자신의 교수법의 적절성을 판단해야 하며, 과학지도를 마친 후에는 이후의 지도 계획에 반영해야 한다. 이 장에서는 영유아 과학지도 평가의 목적 및 방향을 먼저 알아보고, 영유아 과학지도 평가의 대상인 영유아의 과학적 발달, 그리고 교사의 과학지도를 포함한 과학프로그램에 대한 평가를 살펴보고자 한다. 마지막으로는 이와 같은 평가 결과를 어떻게 해석하고 어디에 활용할지에 대해 알아본다.

1. 평가의 목적 및 방향

훌륭한 교사는 꾸준히, 그리고 비형식적으로 영유아를 평가한다. 영유아의 과학 작품을 확인하고 영유아의 대답에 귀 기울이며 영유아가 과학적 문제를 해결하는 데 도움을 주기 위해 늘 관찰하고 질문한다. 평가는 교수활동을 방해하는 것이 아니라 교수활동의 한 부분이다. 평가를 하는 이유는 현재의 영유아의 과학적 능력의 발달 수준을 진단하고, 과학지도 과정 및 후에 전체적인 평가를 통해 영유아의 발전 정도를 파악하여 결과적으로 과학지도의 질을 높이기 위해서이다. 이 과정에서 도움이 필요한 영유아를 선별하고 개인차에 맞춘 과학지도 접근법을 모색할 수 있으며, 교사는 자신의 교수법이 영유아의 발달에 적합한지, 여러 과학 내용이 통합적이고 균형 있게 다루어졌는지를 평가하여 추후 계획에 반영할 수 있다. 평가는 영유아 과학지도에 있어서 통합적인 부분이 되어야 하며, 영유아에게 교수를 제공한 후 마지막에 시행되는 단계의 개념이 아니다. 즉, 평가는 영유아의 일상적인 과학지도의 한 부분이 되어서 영유아의 과학학습을 향상시킬 수 있어야 한다.

미국 국가연구위원회는 과학평가의 네 가지 목표를 다음과 같이 말했다(NRC, 2001). 첫째, 영유아가 형식적·비형식적 수단을 사용하여 향상되는 것을 모니터링하고 기록함으로써 영유아가 지금 어느 수준으로 과학학습을 할 수 있는지를 교사가 판단할 수 있다. 둘째, 과학 교수학습 평가를 통해 이후 교사가 교수방법을 수립하는 것에 대한 적절한 계획을 할 수 있도록 돕는다. 셋째, 영유아가 과학적으로 성취한 것을 평가하고 보고하기 위한 자료를 수집하는 데 도움이 된다. 넷째, 과학프로그램을 평가하기 위해서이다. 평가 결과는 과학프로그램의 질과 효율성에 대해 알려주고, 프로그램의 장단점을 평가함으로써 개선 방향을 제안할 수 있다.

좋은 영유아 과학지도 평가는 단지 영유아의 과학적 학습에서의 성취 정도에 대한 정보를 제공하지 않는다. 기존에는 단순히 '과제에서 몇 개의 정답을 맞혔는가?'만을 기준으로 영유아들의 성적을 내고, 특정 사실이나 과제에 요구되는 기술을 얼마나 알고 있는지에 초점을 두고 지식 위주의 평가를 해왔다. 그러나 앞으로의 영유아 과학지도 평가의 방향은 다음과 같이 세울 필요가 있다.

- 영유아는 전인적 존재이므로, 영유아가 능동적으로 과학활동에 참여하는

과정에서 영유아가 보이는 발전에 대해 총체적으로 평가해야 한다.

- 다양한 평가방법을 통해 영유아의 과학적 발전과 수행에 대해 포괄적으로 평가해야 한다.
- 영유아가 현재 알고 있는 것뿐만 아니라 무엇을 알고 싶은지, 앞으로 얼마나 발달할 수 있을지를 평가해야 한다.
- 평가는 교육과정의 내용뿐만 아니라 교실에서 일상적으로 일어나는 실제 생활을 반영할 수 있어야 한다.
- 교사는 체계적인 관찰을 위해 별도의 시간을 마련해야 한다.
- 일회적 시점이 아니라 시간의 경과에 따라 쫓아가며 영유아를 평가해야 한다.
- 영유아가 직접 보인 말과 행동에 대한 기록에 근거하여 교육과정을 점검해야 한다.
- 교사뿐 아니라 또래, 부모, 그리고 영유아 자신도 평가 과정에 참여할 수 있다.

1) 영유아 평가

영유아 평가는 매일 진행되는 일상 속에서 통합적으로 이루어져야 한다. 영유아 대상의 과학 평가는 형식적인 지필 평가에만 의존하는 것이 아니라, 다양한 자료들에 대해서 통합적으로 이루어져야 한다. 영유아의 과학에 관련된 교사의 관찰 자료, 영유아의 작품, 면접 결과 등 특정 평가자료 한 가지만 가지고 내린 평가 결과는 신뢰할 수 있는 정보가 아니다. 교사는 자유롭게 다양한 방법 중에 선택하거나 그 방법들을 혼합하여 사용할 수 있다. 여기서는 영유아를 대상으로 한 관찰, 면접, 검사, 작품수집, 그리고 이 모든 것을 포함할 수 있는 포트폴리오 평가와 같은 다양한 평가방법을 알아보고자 한다.

(1) 관찰

관찰은 영유아가 일상생활 속에서 어떻게 과학적 개념을 이해하는가를 알고자 할 때 사용할 수 있다. 관찰은 자연적, 비형식적, 비구조화된 활동을 하는 가운데 이루어질 수 있으며, 자연스러운 과학지도 과정의 일부이다. 교사는 영유아가 알아야 할 과학적 개념을 마음속에 기억하고 있어야 한다. 영유아의 활동에 해당 과학적 개념이 반영되는 것을 볼 때마다, 교사는 그 사건을 기록하고 보관해야 한다. 이때 교사는 영유아가 무엇을 할 수 있는지에 초점을 맞추어 영유아의 과학적 강점을 관찰할 수 있도록 한다.

① 일화기록

관찰에는 다양한 형식이 있다. 일화기록은 영유아의 과학적 행동이나 대화, 그리고 과학적 행동이 일어난 맥락 등 눈에 띄는 행동이나 사건이 발생할 때 이를 순서대로 사실적으로 기록하는 방법이다. 이 방법은 우연히 영유아가 산출하는 과학적 행동이나 지식에 대해 기록하는 데 가장 유용하다. 또한 교사가 관찰할 상황이나 환경을 미리 설정할 필요가 없으며, 일화를 관찰하고 중요하다고 생각되는 것은 언제든지 기록하면 된다. 일화기록은 영유아가 평소 가지고 있는 작업 습관이나 과학지식을 교사가 명확히 이해하도록 도와준다. 다만 객관적이며 사실적인 기록이 되어야 할 것이다.

그림 10-1 **영유아의 일화를 관찰하며 기록하고 있는 교사**

아동: 정지수(45개월)

관찰일자 및 시간: 　　　 년　　 월　　 일　　 시

관찰자: ○○○ 교사

관찰장소: 미술영역

자유선택활동 시간에 지수가 스케치북과 크레파스를 가지고 미술영역에 앉았다. 지수는 엄마, 아빠를 그리고 자신을 그렸다. 그런데 지수 옆에 실제로 존재하지 않는 동생을 그렸다. 동생을 그리는 지수에게 누구를 그린 거냐고 교사가 묻자 "아기예요."라고 말했다. 어떤 아기냐고 교사가 묻자 "엄마 뱃속에 아기가 들어 있었어요."라고 말했다(교사가 알기로는 지수 어머니가 현재 임신 중이 아니다). 아기는 지수 그림보다 작게 그렸고, 엄마는 배가 강조되어 그려져 있었으며, 배 그림 가운데 동그라미를 뱅글뱅글 둘러서 그렸다. 아마도 엄마 뱃속에 아기가 있는 것을 그린 것 같다. 지수는 그림을 그리면서 계속 이야기하였다. "지수가 아기였을 때 엄마 뱃속에 있었는데, 엄마 아기 구멍으로 쑥~ 나왔어요. 지수가 네 살이었을 때는 작아서 문화센터에 다녔는데, 지금은 다섯 살 형님이 되어 어린이집에 다녀요~. 아기는 작아서 지수처럼 어린이집에 다닐 수 없어요."라고 매우 자랑스럽게 말했다. "근데 지금은 다섯 살이라서 다섯 살짜리 옷이 많은데, 여섯 살짜리 옷이 없어요. 여섯 살 되면 옷 많이 있어야 해요."라고도 말했다.

평가: 지수는 엄마 뱃속에서 아기가 태어난다는 사실을 알고 있고, 자신이 아기보다 크기도 크고 할 수 있는 것이 많다는 점에 긍정적인 자아개념을 가지고 있다. 같은 반 친구들 중에 동생들이 많은데, 등하원 시간에 어머니들이 동생들을 함께 데려오면 지수는 늘 동생들에게 다가가 말을 걸고 동생들의 행동을 흥미롭게 관찰하였다. 지수는 요즘 출생과 성장에 대해 많은 관심과 흥미를 보이고 있다.

자료: 이순형·김지현(2010). p.43.

② 체크리스트

체크리스트는 교사가 평가하고자 하는 영유아의 과학적 기술이나 태도에 관한 행동목록을 미리 준비하고, 그 행동이 나타나는지 여부를 관찰하여 '예·아니오'로 표기하는 방법이다. 체크리스트의 장점은 영유아의 과학 개념 수준이나 탐구기술과 같은 항목에 대해서 쉽게 관찰하여 표기할 수 있다는 데 있다. 그러나 제시되지 않은 항목에 대해서는 측정하기 어려운 단점이 있다. 체크리스트의 행동목록은 '돌의 특성을 비교한다.'와 같이 관찰 가능한 구체적 행동이 묘사된 문항이 적합하다.

예시2 체크리스트

	예	아니오	비고
• 돌, 물, 흙 등 자연물의 특성을 비교한다.			
• 지구, 달, 해, 별 등에 관심을 가진다.			
• 계절의 변화에 관심을 가진다.			
• 낮과 밤의 차이점을 안다.			
• 자신과 주변 환경과의 관계에 관심을 가진다.			
• 자연환경의 소중함을 알고 더불어 살려는 마음을 가진다.			
• 다시 쓸 수 있는 자원을 찾아보고 재활용한다.			

---

③ 평정척도

체크리스트의 제한점을 보완하고 확장한 방법은 평정척도이다. 평정척도는 체크리스트처럼 행동의 발생여부를 표시하는 것을 넘어 행동의 발생빈도나 질 등에 대해 알려줄 수 있다. 즉, 평가하고자 하는 과학적 지식, 기술, 태도 등에 대한 행동목록들을 선정한 후 질적 특성이나 발생 빈도에 대한 척도에 따라 영유아를 관찰한 결과에 대해 점수를 줄 수 있다.

예시3 생물(곤충과 작은 동물)의 성장(변화)에 대한 영유아의 과학적 기술을 측정하는 평정척도

	항상 한다	때때로 한다	전혀 하지 않는다
• 교실 내외에서 곤충과 작은 동물을 관찰한다.			
• 곤충과 작은 동물을 비교한다.			
• 유사점과 차이점을 확인한다.			
• 곤충과 동물의 신체부분과 기능에 대한 과학적 용어를 학습한다.			
• 곤충과 작은 동물의 생애주기를 관찰하고 기록한다.			
• 곤충과 작은 동물이 생존할 수 있는 환경을 확인한다.			
• 곤충과 작은 동물이 새끼를 위해 만드는 다양한 피신처를 확인한다.			
• 다양한 동물들이 먹는 먹이를 확인한다.			
• 해당 동물을 정확히 묘사하는 이야기인지 안다.			
• 곤충과 작은 동물들을 분류한다.			
• 적절한 질문을 한다.			
• 적절한 결론에 이른다.			
• 간단한 실험을 구성한다(도움을 받거나 도움 없이).			
• 현장 가이드와 참고도서를 사용한다.			
• 과학 저널을 규칙적으로 사용한다.			
• 곤충과 작은 동물의 신체 부분을 그리고 이름을 붙인다.			
• 곤충과 작은 동물을 존중한다.			

자료: Seefeldt & Galper(2011). p.97.

(2) 면접

관찰이 영유아의 자발적인 반응이 나올 때를 기다린다면 영유아에게 직접적으로 질문하여 필요한 정보를 수집하는 데 요구되는 시간을 절약할 수 있는 방법도 있다. 면접은 이처럼 직접적인 방법으로 구체적인 정보를 얻는 데 활용된다. 여기서 말하는 직접적인 방법은 영유아의 과학적 개념수준이나 과학적 문제해결에 사용된 과학적 과정기술을 알아보기 위해 질문을 하거나 대화를 하는 것을 말한다. 면접에서는 교사가 영유아에게 과제를 제시하고, 영유아가 그 문제를 풀고 해결하는 방법을 관찰하고 기록한다. 교사는 면접에서 다양한 질문으로 영유아의 사고 수준을 측정할 수 있으며, 그 결과는 관찰 방법으로는 얻기 어려운 정보이다.

면접은 시간이 많이 걸리고 교사가 질문을 신중하게 선택해야 하는 어려움이 있다. 그러나 면접은 답의 옳고 그름보다 영유아가 어떻게 정답에 접근했는가 하는 과정이 더욱 중요하다는 관점에서 볼 때 가치 있는 정보를 제공하는 평가방법 이다. 면접을 통해 교사는 영유아의 과학적 사고를 탐색할 수 있고, 영유아가 현재 하고 있는 과학적 행동에 대한 세부 정보도 수집할 수 있다. 또한 교사가 제시한 새로운 과학적 개념을 영유아가 잘 이해하였는지를 알아볼 수 있어 영유아의 과학적 사고 '과정'을 평가할 수 있다. 영유아가 평가의 내용을 이해하고 있는지 등 영유아에게 반응을 보이며 면접자의 태도를 융통성 있게 취할 수 있는 것도 장점 이다. 또한 면접은 읽고 쓰는 능력이 부족한 영유아의 발달 특성에 적합한 평가방 법이다.

예시4 영유아의 과학적 사고를 촉진할 수 있는 질문

- "지금 네가 하고 있는 것을 나에게 말해 줄 수 있겠니?"
- "어느 부분에서 어려웠니? 나한테 설명해 줄 수 있겠니?"
- "다른 방법으로 할 수는 없을까?"

참가자: 4세 유아들(소그룹)

상황: '신발' 프로젝트를 진행하며 유아들과 신발을 왜 신는지에 대한 이유를 이야기 나누는 중 '마찰력'이라는 개념이 자연스럽게 도출되는 과정

교사가 유아들에게 "신발을 왜 신을까?"라는 질문을 하였다. 유아들은 "양말과 발바닥이 더러워지지 않게 하려고, 바닥이 더러우니까, 바닥이 까칠하고 뾰족해서 다친다."고 말하였다. 이에 교사는 매끄럽고 깨끗한 바깥 바닥이 있지 않느냐는 반증으로 재질문을 하였다. 이에 대해 한 유아는 교실에서도 양말을 신고 있으면 집에 갈 때 더러워져 있다고 대답하였고, 어떤 유아는 딱딱하고 미끄러진다는 대답을 하였다. 미끄러진다는 이야기가 나오니, 또 다른 유아가 "얘들아, 깨끗하고 까칠하지 않은 데도 있잖아~."라고 문제를 제기하였고, 한 유아는 "얼음! 얼음은 깨끗하고 매끈해!"라고 대답하였다. 이에 몇 유아들이 깨끗하지만 너무 차가워서 발이 시릴 거라고 대답하거나 동상에 걸려서 발가락이 다친다는 말을 하였다. 조금 전에 미끄러진다고 말을 했던 그 유아가 이번에도 친구들의 말에 "그리고 또 미끄러져서 위험해!"라고 주의를 환기시켰고, 그 말에 다른 유아들은 "그러니까 신발 신잖아~."라고 대답하였다. 이에 교사가 "신발을 신으면 안 미끄러울까?"라고 질문을 하였다. 교사의 질문에 몇 유아가 "신발 바닥이 울퉁불퉁해서 안 미끄럽다, 신발 바닥에 모양이 있다, 뾰족한 까만 부분이 있다."는 대답들을 하였다.

면접을 시작할 때 영유아가 편안함을 느끼도록 하는 것이 중요하다. 성인의 관점에서 영유아의 대답의 옳고 그름을 판단할 것이 아니라 영유아의 대답 자체를 존중하고 수용해야 한다. 면접자는 고개 끄덕이기, 어깨 두드리기와 같은 제스처와 웃음을 통해 영유아가 잘 하고 있다는 메시지를 전달해야 한다. 면접자가 사용하는 언어도 영유아가 이해할 수 있는 언어여야 한다. 만약 영유아가 모르는 낯선 성인이 면접을 할 때에는 반드시 면접 전에 영유아와 시간을 함께 보내는 것이 중요하다.

영유아 보육교육 현장에서 면접은 계획된 상황에서만 사용할 수 있는 것이 아니

라 즉흥적 상황에서도 사용할 수 있다. 예를 들어, 교사는 영유아가 특정 과업을 끝맺지 못했다는 사실을 발견하고 즉석에서 영유아와 어떤 부분에서 어려움이 발생했는지에 대해 토론할 수 있다. 효과적인 과학교육을 위해서는 이와 같이 즉흥적인 상황에서 이루어지는 비형식적인 면접이 기관에서의 일과의 일부분으로 포함되는 것이 바람직하다.

(3) 검사

영유아의 과학적 지식수준을 평가할 수 있는 방법으로 검사가 있다. 검사 결과는 영유아의 과학 개념의 발달 수준에 대한 정보를 제공하는 유용한 수단이다. 영유아의 과학적 발달 수준이 전국적으로 같은 연령의 다른 영유아들과 비교할 때 어느 정도인지를 알려주는 표준화된 검사들도 있다. 이들 검사는 한국 웩슬러 유아지능검사(K-WIPPSI)나 카우프만 아동용 개별지능검사(K-ABC-II)와 같은 지능검사로, 하위항목에 과학적 과정기술을 일부 다루기도 한다. 그러나 과학적 개념 자체를 주되게 활용하는 표준화된 검사는 드물며, 연구자들이 본인의 연구주제에 맞게 개발하여 사용하는 실정이다. 다음 예시6은 유아의 생명과학 개념을 검사하기 위해 개발된 도구이다.

교사들이 매일 이루어지는 교수계획에 대한 정보로 검사 결과를 활용할 때에는 신중해야 한다. 왜냐하면 검사 결과에 대한 판단은 반드시 관찰자료나 수행자료와 균형을 맞추어 이루어져야 하기 때문이다(Shaw & Blake, 1998). 또한 영유아를 대상으로 하는 검사는 반드시 일대일로 진행되어야 하고, 종이와 연필을 사용한 지필 검사도구를 사용하는 것을 지양해야 한다. 그리고 사물을 지적하거나 재배열하는 것과 같은 동적인 대답, 언어적 대답, 구체적 사물이나 그림을 사용한 대답 등으로 반응을 평가하는 형식을 취해야 한다. 기존에 개발된 검사가 교육과정이나 목적에 맞지 않을 때, 그리고 검사를 사용할 수 없을 때에는 교사가 스스로 검사를 만들 수도 있다. 교사는 검사 주제 정하기, 검사 목적 정하기, 검사 설계하기, 검사 절차 정하기, 검사 결과 해석하기 과정을 따라 자체적으로 검사를 실시할 수 있다.

• 이 중 숨을 쉬는 것은 무엇일까?

꽃   연필   자전거

• 이 중 한 가지는 살아 있는 것이다. 어떤 것일까?

코끼리   컵   지우개

• 이 중 물과 햇빛이 필요한 것은 무엇일까?

꽃   인형   시계

• 이것은 금붕어이다. 금붕어는 무엇으로 헤엄칠까?

금붕어

• 소가 새끼를 낳으면 누구를 낳을까?

강아지   병아리   송아지

자료: 김희영(2014). pp.100, 102, 107, 109, 112.

(4) 작품수집

영유아는 일과 중에 그리기, 쓰기, 만들기 등을 통해 과학활동과 관련된 결과물을 남긴다. 영유아의 작품들을 지속적으로 수집하면 과학개념에 대한 영유아의 표상의 발달과정을 파악할 수 있다. 작품을 수집할 때 누가 만든 것인지, 언제 만든 것인지, 작품 제목은 무엇인지, 작품 제작 당시 주변 상황은 어떠했는지 등을 함께 기록해두면 추후 다른 작품을 함께 두고 평가할 때 중요한 정보가 될 수 있다. 또한 교사는 영유아의 과학 작품을 기관의 교실 및 복도에 전시하거나 가정에 간략한 기록과 함께 보냄으로써 가정과의 연계를 도모할 수 있다.

체계적인 과학 작품수집을 위해서는 다음을 고려해야 한다(한유미, 2009).

- 작품수집의 기준(수집 기간, 수집 대상 작품의 유형, 수집 수량 등)을 세워놓는다.

표 10-1 '내가 만들고 싶은 신발'에 대한 표상 작품

유아들의 작품	메모
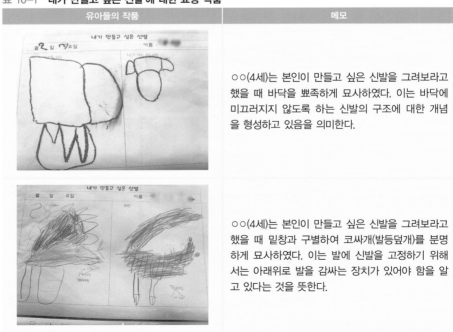	○○(4세)는 본인이 만들고 싶은 신발을 그려보라고 했을 때 바닥을 뾰족하게 묘사하였다. 이는 바닥에 미끄러지지 않도록 하는 신발의 구조에 대한 개념을 형성하고 있음을 의미한다.
	○○(4세)는 본인이 만들고 싶은 신발을 그려보라고 했을 때 밑창과 구별하여 코싸개(발등덮개)를 분명하게 묘사하였다. 이는 발에 신발을 고정하기 위해서는 아래위로 발을 감싸는 장치가 있어야 함을 알고 있다는 것을 뜻한다.

- 작품의 소유는 영유아이므로 영유아의 동의하에 수집한다.
- 영유아가 자발적으로 만든 작품을 수집한다.
- 작품에 대한 영유아의 의견(제작 방법, 마음에 드는 점, 다시 만들고 싶은지 등)을 함께 수집한다.
- 작품에 대한 교사의 의견(활동목표와의 관련성, 영유아의 발달 정도 등)도 함께 기록한다.

(5) 포트폴리오 평가

포트폴리오(portfolio)는 영유아가 무엇을 배웠는지, 어떻게 그 학습을 이루어 냈는지, 어떻게 생각하고 질문하고 분석하고 창조해 냈는지, 타인과의 지적·정서적·사회적 상호작용은 어떠했는지 등 영유아들의 학습과정 전반에 대한 기록을 말한다(이순형 외, 2007). 포트폴리오를 활용한 평가는 정보를 수집하고 종합하여 해석하는 총체적 평가방법으로, 1년 동안 각 영유아의 성취나 진전, 발달을 보여 주는 작업 표본들을 수집하여 평가하는 것이다. 영유아가 완성한 그림이나 그래 프, 쓰기, 과학과 관련된 작품과 사진 등을 포트폴리오에 끼워둘 수 있으며, 교사는 이 작품들과 영유아의 노력에 대해 설명을 적거나 영유아의 과학 태도 및 진전을 평가할 수 있다.

포트폴리오 평가는 기존 평가들의 단점들을 보완하는 평가방법으로 평가 받고 있으며, 객관식 평가에 대한 반성으로 출현한 참평가로 인식되고 있다. 여기서 말하는 참평가는 영유아의 개념이 발달하고 있는 구체적인 환경을 존중하여 그 구체적인 맥락에서 평가가 이루어져야 한다는 주장으로부터 비롯되었다. 앞서 살펴 본 표준화 검사와 비교했을 때 포트폴리오 평가는 시간의 경과에 따라 이루어지는 영유아 자신의 개인 내적 발달을 평가 대상으로 하고, 영유아의 장점에 초점을 두며, 영유아가 생활하는 맥락에서 정보를 수집하여 종합적으로 평가하는 방법이라는 점에서 보다 바람직한 평가로 인정받고 있다. 영유아는 포트폴리오에 들어간 자신의 작품에 대해 평가할 수 있으며, 포트폴리오에 들어갈 작품을 선정하는 과

그림 10-2 '고양이'를 주제로 활동한 기록물들을 수집한 포트폴리오의 표지와 내부

정에도 참여할 수 있다(Smith, 2013). 포트폴리오를 통해 영유아는 자신의 과학적 발달과정을 알 수 있고 스스로 자신의 장점이나 약점 등을 인식할 수 있다. 교사도 영유아의 과거와 현재를 파악하여 영유아의 앞으로의 과학적 발전 방향을 미리 그려볼 수 있다.

영유아 과학지도 평가에서 포트폴리오 평가는 적절한 평가로 높은 점수를 받을 수 있다. 왜냐하면 영유아의 과학에서는 과학적 개념의 학습과 동시에 탐구 과정에서 활용되는 과학적 과정기술의 습득 및 긍정적인 과학적 태도 형성 또한 강조되기 때문이다. 각 요소가 왜 선택되었는지에 대한 영유아와 교사의 기록도 들어갈 수 있다. 자기평가와 자기성찰적 기록이 좋은 포트폴리오의 핵심 구성요소이다(Smith, 2013). 영유아의 과학에 대한 포트폴리오에는 다음과 같은 내용들이 포함될 수 있다.

- 영유아가 일상생활 속에서 나타낸 과학적 사고 및 행동에 대한 관찰기록
- 영유아가 과학적 문제를 해결하는 과정에서 주고받은 면접기록(녹음 및 녹화자료 포함)

- 영유아의 과학적 능력에 대한 검사 결과
- 영유아의 과학적 개념 이해나 과학적 능력을 보여주는 개인 또는 그룹 작품 결과들
- 과학활동이나 프로젝트에 대한 보고서
- 과학영역에 대한 영유아의 참여 정도에 대한 기록
- 영유아의 과학 관련 놀이 및 활동 장면을 담은 녹음 및 녹화자료
- 과학활동에 대한 영유아의 자기평가, 또래평가, 교사평가
- 영유아가 가장 좋아하는 과학탐구놀이의 예

포트폴리오 평가는 작품을 단지 수집하는 것 이상이다. 포트폴리오 평가는 포트폴리오에 포함될 작품들을 선정하고 평가하는 과정에서 교사뿐만 아니라 영유아 본인과 또래, 가족 등을 참여시키고 또 그 의견을 포함시킴으로써 앞으로 확장하여 이루어질 학습의 방향을 결정할 수 있다. 더 나아가 포트폴리오 평가는 앞에

예시7 영유아의 자기 평가 포트폴리오 양식

	전혀 하지 않는다	거의 한다	중간 정도 한다	가끔 한다	항상 한다
• 과학활동 시간이 재미있다.					
• 필요할 때 선생님에게 도움을 구한다.					
• 친구와 협력한다.					
• 과학활동에 필요한 준비물을 잘 챙긴다.					
• 과학활동 시간에 선생님 설명을 잘 듣는다.					
• 과학활동 시간에 배운 것을 직접 실험하고 싶다.					
• 과학활동 시간에 노력한다.					

자료: 윤애희·김온기·이혜경(2002). p.179.

서 살펴본 관찰, 면접, 검사, 작품수집 등 다양한 평가방법을 모두 포함하는 포괄적인 평가 체계이다.

표 10-2 **포트폴리오 평가자료**

유아명	○○○	반(연령)	○○반(5세)	평가 시기	○○
생활주제	봄	주제	봄의 꽃	활동명	씨앗 관찰하기
평가 내용 및 관점	과학적 탐구하기(생명체와 자연환경 알아보기) 씨앗을 관찰하고 그 특징을 아는가? 여러 가지 씨앗의 같은 점 다른 점을 표현하는가?				
평가 상황	자유선택활동 – 과학영역				
평가 유형	평정척도, 활동작품(사진)				
평정척도					
평가 기준	1. 씨앗에 관심을 보이지 않는다. 2. 씨앗 관찰 활동에 소극적으로 참여한다. 3. 씨앗 관찰 활동에 적극적으로 참여한다. 4. 관찰한 것을 표현한다. 5. 관찰한 것을 다양하고 세밀하게 표현한다.				
활동작품					

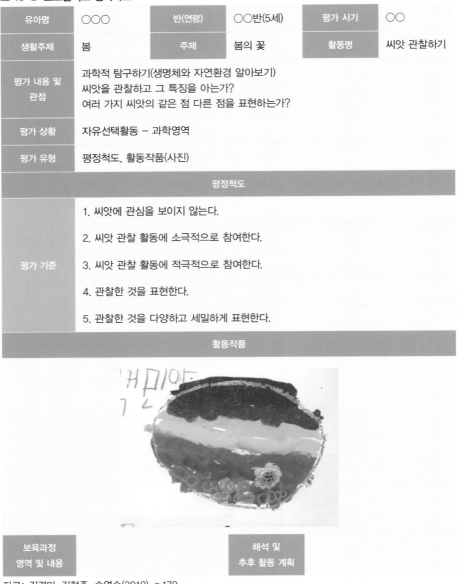

보육과정 영역 및 내용	해석 및 추후 활동 계획

자료: 김경미·김현주·송연숙(2010). p.179.

2. 프로그램 평가

영유아 과학지도 평가에는 영유아를 대상으로 하는 평가뿐 아니라 교사가 과학지도를 어떻게 수행하였는지와 과학적 탐구의 보육과정을 어떻게 구성하였는지에 대한 평가도 포함된다. 이를 과학프로그램 평가라고 부를 수 있다. 교사가 영유아의 과학적 탐구를 격려하는 상호작용을 적절히 하였는지, 과학프로그램이 표준보육과정의 자연탐구영역에 제시된 내용을 균형 있게, 그리고 발달에 적합하게 포함하였는지가 과학프로그램 평가에서 다루어진다. 더 나아가 프로그램 평가에서는 현재의 평가 결과를 반영하여 앞으로 어떻게 과학프로그램을 개선시킬 수 있을지 등이 고려되어야 한다(Shaw & Blake, 1989).

영유아를 위한 탐구 중심 과학프로그램(inquiry-based science program)을 개발하기 위해서 교사는 다음을 고려해야 한다(NRC, 1996).

- 영유아를 위한 단기 목표와 장기 목표를 개발한다.
- 프로그램에서 다룰 과학의 내용을 선택하고 적용하며 보육과정을 설계할 때에는 영유아의 관심, 지식, 이해, 능력, 경험에 기초해야 한다.
- 영유아의 이해와 발달을 지원할 수 있는 교수방법을 선택하고 이를 적절히 평가할 수 있는 전략을 세우기 위해 영유아 학습자들로 구성된 공동체를 기른다.
- 영유아가 협동하여 함께 활동하도록 구성한다.

과학프로그램을 평가할 수 있는 체크리스트의 한 예는 다음 〈표 10-3〉과 같다.

한편, 어린이집 평가인증(보건복지부, 2014)에는 과학프로그램을 평가하는데 활용 가능한 지표들이 있다. 과학적 탐구활동에 한정된 지표도 있고(40인 이상 평가인증지표 기준 대 1-6. 자연탐구활동자료, 대 3-12. 자연탐구활동), 보육활동 운영 전반과 상호작용 및 교수법, 운영관리에 관련된 문항을 과학프로그램에 대입시켜 생각해 볼 수 있는 지표들도 있다. 이를 과학활동 계획과 구성, 과학활동 실행 및 자료, 교수법 및 상호작용, 가족 및 지역사회와의 협력의 항목으로 재구성하여 정리하면 다음 〈표 10-4〉와 같다.

표 10-3 **영유아 과학프로그램 평가 체크리스트**

프로그램 평가요인	평가 항목	평가 기록 시기		
		월/일	월/일	월/일
내용	• 연령과 발달 수준에 적합한 내용인가? • 영유아의 삶에 있어 중요하고 영유아의 일상 생활과 관련 있는 내용인가?			
교수 구조	• 과학적인 탐구를 가르치고, 시범을 보이고, 연습하는가? • 영유아가 활동에 참여함으로써 내용을 이해하는 데 도움이 되는가? • 영유아가 과학적인 사고에 관해서 토론하거나 의사소통할 충분한 기회를 제공하는가?			
교수-학습 방법의 구성	• 관련 배경 지식이 적당하고 명확한가? • 교사용 지도서에 제시된 내용은 수업을 운영하는 데 도움이 되는가? • 프로그램의 구조와 형식이 교사가 따라가기에 쉬운가? • 특별한 교구나 장비가 필요한가?			
평가	• 평가도구가 포함되어 있는가? • 형식적, 비형식적 평가가 다양하게 포함되어 있는가?			
평등성	• 교구는 편견(인종, 성별, 능력, 연령 등)을 포함하고 있지 않은가? • 다양한 특별한 요구를 가진 영유아에게 적합한 전략을 사용하는가?			
다른 기준과 부합	• 과학프로그램 내용 기준에 적합한가? • 과학프로그램 탐구 기준에 적합한가?			

자료: Settlage & Southerland(2007). pp.232~233.

표 10-4 어린이집 평가인증에서 살펴본 과학프로그램 평가 항목

프로그램 평가요인	평가 항목
과학활동 계획과 구성	• 월 1회 이상 정기적으로 과학프로그램을 평가하고 있는가? 수행하였던 과학활동에 대해 교사회의 등에서 평가하고, 관련 내용을 보육일지에 기록하며, 이를 참고로 새로운 과학프로그램을 계획하고 있는가? • 개별 영유아의 과학적 행동에 대한 관찰이 이루어지는가? 개별 영유아에 대한 관찰 기록지에 다양한 과학 관련 놀이와 흥미영역, 과학적 행동, 또래 간 과학적 상호작용 등을 고루 포함한 구체적인 내용을 기록하고 있는가? • 자유선택활동 시간에 영유아의 흥미와 요구, 능력에 따라 자유롭게 과학영역(탐색영역)을 선택할 수 있고, 충분한 활동시간이 주어지는가? • 실외에서 이루어지는 다양한 과학적 활동을 실시하고 있고, 여기에 충분한 활동시간이 부여되는가? • 하루일과 내에서, 그리고 활동영역별로 과학활동이 통합적으로 운영되고 있는가? • 일상생활과 관련해서 어린이집 주변 동네 산책하기, 가게 가기, 공원 가기 등의 과학 관련 활동을 하고 있는가?
과학활동 실행 및 자료	• 과학적 탐구 활동을 수학적 탐구 활동과 함께 주 3회 이상 실행하고 일상생활에서도 이를 경험하도록 하는가? • 과학활동 자료(탐색활동 자료)가 다양하고 대부분 실물자료로 구성되어 있는가?
교수법 및 상호작용	• 영유아의 사전경험이나 지식에 기초하여 새로운 활동과 경험이 의미 있게 연결되도록 교수법을 효과적으로 사용하는가? • 영유아가 과학활동이나 과학적 놀이에 자발적으로 참여하고 호기심을 높이도록 자주 격려하는가? 영유아가 주변 환경과 사물, 사람에 대해 다양한 호기심을 보이고 그것을 과학적 활동이나 과학적 놀이로 연결하여 스스로 호기심을 자기 나름의 방법을 사용하여 자발적으로 해결할 수 있도록 설명, 자료 제공, 개방형 질문 등을 통해서 일관적이고 지속적으로 격려하는가? • 과학과 관련된 영유아의 개인적 흥미를 존중해 주고 있는가? • 영유아의 과학적 질문을 잘 알아차리고 적절하게 반응하는가? • 영유아의 과학적 놀이 상대를 관찰하여 필요할 경우, 놀이 상대의 역할을 맡거나 과학적 놀잇감을 함께 가지고 놀고, 영유아가 과학 놀이에 흥미를 잃어 갈 때 다른 관련 놀이를 제안하여 놀이를 확장하는 등 놀이를 활성화하는가?
가족 및 지역사회와의 협력	• 과학과 관련된 부모프로그램에 참여할 기회가 있는가? • 지역사회 자원을 이용한 과학활동이 활발하게 이루어지는가?

예비교사인 나의 과학에 대한 태도는?

교사의 과학에 대한 태도는 직·간접적으로 과학프로그램 구성 및 운영에 영향을 미친다. 더 나아가 영유아의 과학적 개념 이해, 과학적 태도 형성 및 과학적 과정기술 습득에 영향을 미칠 것이다. 과연 예비교사인 나의 과학에 대한 태도는 어떠할까?

예비교사의 과학에 대한 태도는 무어와 마틴(Moore & Martin, 1997)이 사용한 Inventory of Science Attitudes(ISA)를 활용하여 측정할 수 있다. 이 도구는 과학에 대한 흥미 9문항, 과학 및 과학자에 대한 인식 9문항, 과학의 사회적 가치 9문항의 총 27문항으로 구성되어 있다. 점수 계산은 '전혀 그렇지 않다'에 1점, '매우 그렇다'에 5점을 부여하며, 6, 7, 8, 9, 10, 11, 12, 13, 14, 15, 16, 17, 18번은 역산하여 처리한 후 총점을 구한다. 점수가 높을수록 과학에 대한 태도가 긍정적임을 말한다.

	문항	전혀 그렇지 않다	그렇지 않다	보통 이다	그렇다	매우 그렇다
과학에 대한 흥미	1. 나는 과학활동에 관심이 있다.					
	2. 나는 과학적 지식을 배우는 데 적극적이다.					
	3. 과학은 흥미로운 과목이다.					
	4. 나는 과학적인 문제 해결을 좋아한다.					
	5. 나는 과학적 탐구를 좋아한다.					
	6. 과학과 관련된 일은 지루하다.					
	7. 과학적인 지식은 이해하기 어렵다.					
	8. 과학 관련 내용의 TV프로그램이나 신문기사는 재미없다.					
	9. 나는 과학 관련 연수 프로그램에 참여하고 싶지 않다.					
과학 및 과학자에 대한 인식	10. 대부분의 과학자들은 동료 과학자를 제외하고는 친구를 거의 사귀지 않는다.					
	11. 과학자들은 종종 별난 행동을 한다.					
	12. 과학자들은 보통 개인의 이윤추구를 위해 새로운 것을 발견해 낸다.					

(계속)

문항		전혀 그렇지 않다	그렇지 않다	보통 이다	그렇다	매우 그렇다
과학 및 과학자에 대한 인식	13. 과학자들은 과학의 실용성에는 관심이 없다.					
	14. 한 국가를 대표하는 과학자들은 자신들의 현재 연구분야에만 관심이 있다.					
	15. 과학자들은 자신의 관심사를 연구하기 위해 다른 사람의 행복을 침해하기도 한다.					
	16. 나는 과학적 지식을 절대적인 것이라고 생각한다.					
	17. 과학은 주로 새로운 도구를 창안해 내기 위한 행위이다.					
	18. 과학의 발달은 일부 분야의 사람들로 하여금 우리의 삶을 통제하게 만들 가능성이 있다.					
과학의 사회적 가치	19. 과학자들은 정치, 경제 및 사회의 발전에 중대한 영향을 미친다.					
	20. 현대사회에서 과학교육은 불가피하다.					
	21. 과학은 이 시대를 살아가는 사람들에게 필수적이다.					
	22. 과학교육은 훌륭한 시민정신 함양에 기여한다.					
	23. 과학에 관한 연구는 사회적으로 유익하다.					
	24. 인간은 과학적 방법을 활용함으로써 많은 분야에서 중요한 발전을 할 수 있었다.					
	25. 과학을 이해하는 것은 나의 일상생활을 위해 필요하다.					
	26. 과학교육은 사람들이 좀 더 논리적인 결정을 할 수 있도록 돕는다.					
	27. 지속적인 과학연구를 위해서는 과학에 대한 국가의 공적인 관심이 필요하다.					

자료: 조부경·고영미·남옥자(2012). pp.34~36.

3. 평가 결과의 해석 및 활용

영유아의 과학 발달을 평가하는데 활용되는 여러 가지 평가 결과들은 체계적으로 분석될 때 의미 있는 자료가 될 수 있다. 영유아의 과학적 행동과 발달을 올바로 평가하는 것은 교사의 해석과 추론이 정확한지 여부에 달려 있다. 정확한 추론을 할 수 있기 위해서는 교사가 표준보육과정의 '자연탐구'의 목표와 내용에 대한 전문적인 지식을 갖고 있어야 한다. 더 나아가 영유아의 개인차를 인정하고 영유아만의 독특한 가치를 인식하여 영유아의 과학적 발달을 종합적으로 평가할 때 영유아의 과학적 발달에 대한 온전한 평가가 가능하다.

영유아 과학지도 평가자료를 활용할 때에는 여러 가지 다양한 평가자료를 수집하여 총괄적으로 평가를 하도록 주의해야 한다. 또한 인위적인 상황에서 영유아의 과학발달을 측정하는 것보다는 자연스러운 일상생활에서 이루어지는 활동을 통해 영유아의 전반적인 발달 상황을 평가하는 것이 바람직하다.

영유아 과학지도 평가 결과들은 부모면담 시 활용할 수 있다. 부모에게 영유아의 과학발달에 대한 정보를 제공할 때에는 서술적인 형식의 정보로 제공하는 것이 부모가 영유아의 전반적인 발달 상황을 이해하는 데 도움을 줄 수 있다. 또한 정규적으로 부모와 영유아의 과학적 성장과 발달에 대한 정보를 주고받는 것이 좋다. 예를 들어, 교사가 포트폴리오에 대해 영유아나 부모와 논의할 때, 또는 영유아가 포트폴리오를 집으로 가져갈 때에는 생산적인 대화가 풍부하게 이루어질 수 있다. 영유아와 부모가 작품을 보면서 함께 이야기 나눌수록 부모는 영유아의 작품의 깊이나 창의성을 엿볼 수 있게 된다. "이 작품에 대해 말해 줄래?", "이것에 대해 어떻게 느끼니?"와 같은 개방형 질문을 함으로써 영유아가 자신이 학습하는 것에 대해 이야기하도록 이끌 수 있다.

영유아의 과학발달에 대한 다양한 평가 결과들은 교사가 앞으로의 교수계획을 수립하는 데 기초 자료가 된다. 또한 이 평가자료들은 현재 영유아에게 제공되고 있는 과학프로그램의 효과를 파악하여 각 영유아의 과학적 발달에 적합한 프로그램을 계획하고 실행하는 데 도움이 된다.

PART 4

영유아
과학활동의 실제

지금까지 우리는 영아 과학지도가 왜 중요한지, 어떤 이론에 기초하고 있는지, 영아의 과학능력이 어떻게 발달하는지에 기초하여 물체와 물질, 생명체와 자연환경, 자연현상, 도구와 기계 이렇게 네 가지 과학지도 내용에 대해 학습하였다. 또한 과학활동 지도방법과 교사의 역할, 환경구성, 평가에 대한 실질적 부분도 학습하였다. 이제 지금까지 학습한 내용을 바탕으로 영아 과학활동을 실제로 계획하고 실행하며 평가할 수 있는 활용 능력을 갖출 필요가 있다.

이 장은 지금까지 학습한 내용을 활용하고 적용하여 영아를 위한 과학활동을 실제로 계획하고, 실행 및 평가할 수 있도록 하는 데 필요한 능력을 기르고자 하는 내용을 담고 있다. 구체적으로 어떻게 영아 과학활동을 계획하는지를 연령별 활동내용, 목표, 활동방법 선정을 통해 알아보고, 영아 과학활동을 실제로 어떻게 실행하는지를 일상지도, 자유선택활동, 소집단활동, 실외활동, 주제탐구표현활동의 예시를 통해 살펴볼 것이다. 마지막으로 영아 과학활동의 실행 후에 활동의 계획과 실행, 활동의 효과를 평가하는 방법을 살펴볼 것이다.

1. 영아를 위한 과학활동의 계획

영아를 위한 과학활동을 계획하기 위해서는 교사가 연령별로 활동내용, 목표, 활동방법을 선정해야 한다. 먼저 활동내용을 선정하고 그 활동을 통해 달성하고자 하는 목표를 선정하게 되며, 그 다음으로는 해당 내용을 바탕으로 목표 달성을 구현할 수 있도록 이에 적절한 활동방법을 모색하게 된다.

1) 연령별 내용 선정

먼저 영아 과학활동의 내용을 선정해야 한다. 영아 과학활동의 대상이 될 수 있는 활동내용은 물체와 물질, 생명체와 자연환경, 자연현상, 도구와 기계 이렇게 크게 네 가지이다. 우선적으로 네 가지 범주가 균형 있게 다루어질 수 있도록 하는 것이 중요하다. 또한 영아의 신체·인지·언어·사회·정서 발달 수준을 고려해야 한다. 예를 들어, 친숙한 가축의 울음소리를 구별해 보는 활동과 지구의 자전에 따른 낮과 밤의 변화를 알아보는 활동 중 후자를 1세 대상 활동으로 선정하고 전자를 5세 대상 활동으로 선정한다면, 이는 해당 연령의 발달 수준과 적합하지 않은 선정이 된다. 또한 영아의 흥미와 관심을 고려해야 한다. 해당 연령에서 일반적으로 나타나는 흥미와 관심뿐 아니라 개별 영아의 흥미와 관심에도 관심을 기울이고, 이와 관련된 내용을 반영할 수 있도록 한다. 산책 중에 영아 한 명이 길에 떨어진 나뭇잎 하나를 유심히 살펴보고 있다면, 이러한 영아의 관심을 반영하여 마음에 드는 나뭇잎을 주워와 교실에서 다시 탐색해 보도록 하고 나뭇잎을 활용하여 나뭇잎 위에 그림 그리기나 나뭇잎 물감으로 찍어 보는 활동 등으로 연계해 볼 수 있다. 더불어 영아의 보이는 세상에 대한 주된 관심은 자신의 일상과 관련된 것이다. 자주 접할 수 있는 대상과 같이 친숙하고 구체적인 것으로부터 시작하므로 영아의 일상이나 친숙한 대상과 관련된 내용을 선정하도록 한다. 예를 들어 간식 시간에 우유를 붓기 전과 우유를 부은 후의 시리얼의 특성을 눈으로 보고 맛으로 느끼며 비교해 볼 수 있고, 또래와 역할놀이를 하며 전화기를 탐색해 볼 수 있다.

연령별 발달 수준에 따른 과학활동의 내용은 〈0~1세 표준보육과정〉과 〈2세 표준보육과정〉을 참고하도록 하며, 이는 2부 영유아 과학지도의 내용에서 다루었다.

2) 목표 선정

활동내용이 정해지면, 해당 활동의 목표를 선정해야 한다. 같은 내용이라 할지라도 어떤 목표를 가지고 계획하느냐에 따라 활동이 지향하는 바가 달라질 수 있다. 영아를 위한 과학활동의 목표를 선정할 때에는 활동의 내용을 선정할 때와 마찬가지로 표준보육과정의 자연탐구영역 중 과학적 탐구하기의 세부 내용을 기준으로 하여 목표를 선정한다. 예를 들어, 생활도구의 하나인 칫솔과 관련된 내용으로 진행되는 2세 대상 과학활동이라면 자연탐구영역의 과학적 탐구하기에서 생활도구 사용하기의 세부 내용인 '생활 속에서 간단한 도구에 관심을 가진다.' 혹은 '간단한 도구를 사용한다.'를 토대로, '칫솔모의 촉감을 손으로 느껴본다.' 혹은 '칫솔로 양치하기를 시도한다.'를 목표로 설정할 수 있다. 즉, 활동의 목표는 표준보육과정에 제시된 연령별·수준별 세부 내용 그 자체가 아니라 해당 활동을 통해 달성하고자 하는 행동을 토대로 자세히 기술하고, 이를 토대로 활동의 결과를 평가할 수 있도록 한다. 또한 영아를 위한 과학활동은 우선적으로 자연탐구영역의 과학적 탐구하기와 관련된 목표를 가지나 영아를 위한 활동은 기본적으로 영아의 전인적 발달을 위해 영역 통합적으로 구성하는 것이 바람직하므로 자연탐구영역 이외에도 기본생활, 신체운동, 의사소통, 사회관계, 예술경험영역을 자연스럽게 통합·연계시킨다. 즉 영아를 위한 과학활동은 자연탐구영역과 관련된 목표 이외에 다른 영역과 관련된 목표를 함께 가질 수 있으며, 활동의 목표를 진술한 후에는 진술된 목표가 표준보육과정에서 어느 영역에 해당하는지 확인할 수 있도록, 해당 목표와 관련된 표준보육과정의 세부 내용을 함께 제시해 준다.

목표진술의 예는 다음과 같다.

① 만 1세 대상 활동

- 제목: 미숫가루를 맛있게 타요
- 활동목표: 수저를 이용해 우유에 미숫가루를 탄다.
- 자연탐구 > 과학적 탐구하기 > 물체와 물질 탐색하기 > 일상생활 주변의 몇 가지 친숙한 것을 양육자와 함께 탐색한다.

② 만 2세 대상 활동

- 제목: 맨들맨들 돌멩이를 찾아라!
- 활동목표: 매끄러운 표면을 가진 돌멩이를 찾는다.
- 자연탐구 > 과학적 탐구하기 > 자연을 탐색하기 > 돌, 물, 모래 등의 자연물을 탐색한다.

3) 활동방법 선정

활동의 내용과 목표가 선정되면, 이러한 내용과 목표를 구현하기에 가장 적합한 활동방법이 무엇인지 구상해 보고 적절히 선정하는 과정이 필요하다. 영아를 위한 과학활동은 이야기 나누기, 감각적 탐색과 조작, 극놀이, 음률동작, 미술조형, 신체표현활동, 게임 등의 다양한 방법으로 이루어질 수 있다. 영아는 개인별 발달 수준의 차이가 크므로 영아를 대상으로 한 활동으로는 대집단 활동보다는 개별활동이나 소집단활동이 적합하므로, 영아 개인의 관심이나 흥미에 따라 교사와 일대일로 상호작용하는 방식으로 활동을 진행하거나 서너 명 정도의 소집단을 구성하여 활동하는 것이 좋다는 점을 참고하도록 한다. 과학활동을 지도하는 구체적인 방법에 대해서는 9장에 제시되어 있다.

가루로 된 물질(밀가루, 미숫가루, 설탕 등) 특성에 대한 활동에서는 손으로 직접 가루로 된 물질을 만져보고 물에 타서 섞어 보는 것과 같이 감각적 탐색과 조작의 방법을 사용할 수 있다. 또한 동물들의 움직임에 대한 활동에서는 '악어떼' 동요를 함께 배워 불러보거나, 악어처럼 기어 반환점을 돌아오는 간단한 신체게임을 해 볼 수 있다. 이와 같이 활동의 주제와 목표에 따라 영아들의 발달 수준에 적합한 활동방법을 선정하여 진행하고, 더불어 영아들의 관심과 개인차 등을 고려하여 영아들이 활동에 보다 흥미롭게 참여할 수 있도록 한다.

한편 활동방법을 선정한 후에는 이러한 방법으로 활동을 진행할 때 필요한 교재교구도 함께 준비하도록 한다. 영아가 자신의 신체를 이용하여 주로 보고, 듣고, 만지고, 빨고, 맡아보는 방법으로 대상에 대한 탐색을 해나간다는 점에서 감각적인 탐색이 가능한 교재교구를 활용한다. 예를 들어, 1세 영아들을 위한 활동에서 콩, 팥, 수수, 조 등의 곡식을 각각 넣은 마르카스를 만들어 제공하면 영아들이 다양한 곡식들이 만들어내는 소리를 청각적으로 탐색해 볼 수 있으며, 2세 영아들을 위한 활동에서 다양한 재질과 형태의 장바구니와 지갑 등을 제공하면 영아들이 그것들을 활용하여 시장놀이를 즐기는 가운데 장바구니와 지갑의 재질, 형태, 용도, 쓰임 등에 대한 탐색을 자연스럽게 경험해 볼 수 있다. 교재교구는 활동의 재료가 되는 대상 그 자체나 완제품 등이 될 수도 있으며, 활동의 효율적인 진행을 위해 교사가 미리 구상하여 별도로 제작한 것이 될 수도 있다.

2. 영아 과학활동의 실행

영아 과학활동은 일상지도, 자유선택활동, 소집단활동, 실외활동, 주제탐구표현활동 등 다양한 맥락에서 이루어질 수 있다. 다음은 일상지도, 자유선택활동, 소집단활동, 실외활동으로 실행될 수 있는 영아 과학활동의 계획안 예시이다. 각 계획안은 과학활동내용과 영아의 연령에 따라 다양하게 소개한다. 주제탐구표현활동은 과학활동과 보다 관련 있는 주제에 대해 만 2세반에서 이루어질 수 있는 주제중심통합활동의 예시를 통해 설명하고자 한다.

활동명	거울 속 예쁜 내 모습
과학활동내용	생활도구 사용하기
활동목표 및 표준보육과정	1. 거울과 빗을 각각의 용도에 맞게 사용한다. • 자연탐구 > 과학적 탐구하기 > 생활도구 사용하기 > 간단한 도구를 사용한다. 2. 거울에 비치는 나와 친구의 모습에 관심을 가진다. • 사회관계 > 나를 알고 존중하기 > 나를 구별하기 > 나와 다른 사람의 모습을 구별한다.
대상연령	2세
활동자료	벽면거울, 손거울, 머리빗 등
활동방법	1. 오후 간식을 먹은 후, 물로 입을 닦은 후 매트 위에 모여 앉는다. 2. 영아들이 손에 쥘 수 있는 크기의 손거울과 탁상용 거울을 준비하여 영아들이 탐색해 보도록 한다. • 이것의 이름은 무엇이지? • 언제 사용하는 물건일까? • 무엇이 보이니? 3. 이번에는 교실에 있는 벽면 거울 앞으로 가서 거울에 비치는 전체적인 모습을 보며 이야기를 나눈다. • 거울에 비치는 내 모습은 어떻게 보이니? • 거울에 비치는 친구의 모습은 어떻게 보이니? 4. 빗을 준비하여 영아들이 탐색해 보도록 한다. • 이것의 이름은 무엇일까? • 언제 사용하는 물건일까? 5. 낮잠을 자고 나서 헝클어진 머리를 빗으로 빗어보기로 하며, 영아들이 빗을 사용해 자신의 머리와 친구의 머리를 조심스럽게 빗어보는 경험을 하도록 한다.

(계속)

활동방법

6. 교사가 영아들의 머리를 다시 한 번 정리해 주며, 거울을 통해 단정해진 자신의 모습을 확인한다.

참고사항

• 영아 교실에 있는 벽면거울은 깨지지 않는 안전거울이어야 한다. 안전을 위해 손거울은 활동용으로만 사용하고 교실에는 비치하지 않는 것이 좋다.
• 빗을 잘못 사용하여 머리가 엉키는 일이 없도록 빗의 올바른 사용법을 알려주고, 영아가 교사의 지도하에 빗을 사용하도록 한다.

확장활동

• 다양한 역할놀이 용품(의상, 가방, 신발 등)을 준비하여 자신의 모습을 색다르게 꾸민 후, 거울을 통해 비치는 자신과 친구들의 모습을 흥미롭게 관찰해 보고 비교해 볼 수 있다.
• 볼록거울이나 오목거울을 준비하여 거울의 특성에 따라 보이는 모습에 어떤 차이가 있는지 비교해 본다.

활동 2 자유선택활동

활동명	동물들의 소리를 들어 보아요
과학활동내용	주변 동식물에 관심 가지기
활동목표 및 표준보육과정	1. 친숙한 동물의 울음소리를 구별한다. 　• 자연탐구 > 과학적 탐구하기 > 주변 동식물에 관심가지기 > 주변 동식물의 모양, 소리, 움직임에 관심을 가진다. 2. 동물의 울음소리를 듣고 따라한다. 　• 의사소통 > 말하기 > 발성과 발음으로 소리내기 > 교사의 말을 모방하여 발음한다.
대상연령	1세
활동자료	동물그림카드, 동물소리 관련동화(소리기능), 녹음기 등
활동방법	1. 친숙한 동물들(개, 고양이, 돼지, 소, 사자 등)의 모습이 담긴 카드를 함께 보며 이야기를 나눈다. 　• 이 친구는 고양이라고 해. 꼬리가 길지? 　• 이 친구는 사자래. 얼굴에 털이 이렇게 나 있대. 2. '소리 나는 동물 동화책'을 함께 보며, 해당 동물의 그림을 손으로 직접 눌러 울음소리가 나오는 과정을 교사와 함께 경험해 본다. 　• 여기(해당 동물의 그림)를 누르면 무슨 소리가 날까? 　• 어떤 소리가 나니? 3. 동물들의 소리(멍멍, 야옹, 꿀꿀, 음메, 어흥)를 귀담아 들어본 후, 교사가 이 소리를 입으로 따라해 보고 영아도 소리를 내어보도록 격려한다. 　• 강아지 소리를 한 번 따라해 볼까? 멍멍! 4. 영아들이 따라하는 소리를 녹음기로 녹음해 본 뒤, 같이 들어본다. 　• 이 목소리는 누구의 목소리였지? 　• 어떤 동물의 울음소리로 들리니? 5. 동물카드를 펼쳐놓고 녹음기에서 들리는 소리가 어떤 동물의 소리인지 해당하는 카드를 골라본다. 　• 이 소리는 어떤 동물의 울음소리일까?

(계속)

활동방법	6. 동물마다 생김(모습)과 울음소리가 다르다는 점을 이해하며 마무리한다.
참고사항	• 아직 동물의 모습을 직접 본 적이 없는 경우가 있을 수 있으므로 가능하다면 동물을 직접 볼 수 있는 기회를 만들어 보거나 혹은 동물들의 모습을 영상을 통해 함께 확인해 보는 것도 좋다.
확장활동	• 동물들의 생김이나 울음소리뿐 아니라 움직임에 대해 알아보고, 신체를 활용하여 다양한 움직임(깡충깡충 뛰기, 엉금엉금 기기 등)을 따라 해 보는 활동으로 확장해 본다.

활동 3 소집단활동 1

활동명	뽀글뽀글 거품 놀이
과학활동내용	물체와 물질 탐색하기
활동목표 및 표준보육과정	1. 거품의 특성을 감각적으로 탐색한다. 　• 자연탐구 > 과학적 탐구하기 > 물체와 물질 탐색하기 > 일상생활 주변의 몇 가지 친숙한 것들을 양육자와 함께 탐색한다. 2. 손의 힘을 이용하여 손바닥으로 문지르기를 한다. 　• 신체운동 > 신체조절과 기본운동하기 > 소근육 조절하기 > 눈과 손을 협응하여 소근육을 활용해 본다. 3. 몸이 깨끗해지는 느낌을 기분 좋게 인식한다. 　• 기본생활 > 건강하게 생활하기 > 몸을 깨끗이 하기 > 몸이 깨끗해졌을 때 기분이 좋음을 안다.
대상연령	0세
활동자료	거품비누, 물, 큰 비닐, 수건 등
활동방법	1. 거품비누를 소개하며, 손을 씻었던 경험을 떠올려볼 수 있게 한다. 　• 이것이 무엇일까? 　• 우리 손을 깨끗하게 해주는 거품비누라고 해. 손을 씻을 때 써 보았던 기억이 나니? 2. 거품의 느낌을 탐색해 보기 위해 한쪽 손바닥에 물비누를 소량 올린 후 그 느낌을 다른 쪽 손으로 탐색해 보도록 한다. 　• 거품을 만져보니 느낌이 어떠니? 　• 하얗고 부드러운 이것을 거품이라고 해.

(계속)

활동방법	3. 거품놀이를 해 보기로 하고, 비닐을 깔아 놓은 책상 위에 소량의 물을 뿌리고 거품비누를 푼다. 　• 책상 위에 있는 거품을 손으로 한번 쓱쓱 밀어볼까? 　• 미끌미끌하지? 　• 거품으로 그림도 한번 그려볼까? 4. 영아들이 책상 위의 거품을 손으로 밀고 만지며, 자유롭게 거품의 향기, 촉감 등을 탐색해 볼 수 있도록 한다.  5. 우리 손을 깨끗하게 해주는 거품을 이용해 즐거운 놀이를 해 볼 수 있음을 확인하며, 깨끗한 물로 손을 씻고 수건으로 물기를 닦은 후 마무리한다. 　• 와, 거품을 물로 씻어내니 손이 다시 깨끗해졌네!
참고사항	• 영아가 거품을 만진 손으로 눈을 비비는 일이 없도록 교사가 세심히 지켜보는 가운데 놀이를 진행한다. • 물을 사용하는 활동이므로, 영아들이 바닥에 묻은 물이나 거품을 밟고 넘어지는 일이 없도록 유의한다.
확장활동	• 조금 더 높은 연령에서는 소꿉놀이 그릇을 닦아 보는 설거지 놀이, 작은 손수건이나 천 인형 등을 빨아 보는 빨래 놀이로 연계하여 진행해 볼 수 있다.

활동 4 소집단활동 2

활동명	알록달록 가을 나무를 꾸며요
과학활동내용	주변 동식물에 관심 가지기
활동목표 및 표준보육과정	1. 나뭇잎(단풍잎, 은행잎)을 색과 모양에 따라 구별한다. • 자연탐구 > 과학적 탐구하기 > 주변 동식물에 관심 가지기 > 주변 동식물의 모양, 소리, 움직임에 관심을 가진다. 2. 자신의 손바닥을 활용한 찍기 활동에 참여한다. • 신체운동 > 감각과 신체 인식하기 > 신체 탐색하기 > 주요 신체 부분의 움직임을 탐색한다. 3. 나뭇잎의 색과 모양의 아름다움에 관심을 가진다. • 예술경험 > 아름다움 찾아보기 > 예술적 요소에 호기심 가지기 > 주변 환경에서 색, 모양에 호기심을 가진다.
대상연령	1세
활동자료	단풍잎, 은행잎 등, 물감, 도화지 등
활동방법	1. 산책을 나가 길에 떨어진 단풍잎들을 주워본다. 마음에 드는 단풍잎을 산책가방에 담아본다. 2. 교실에 돌아와 주워온 빨간색 단풍잎을 탐색해 보는 시간을 가진다. • 이것은 단풍잎이라고 해. 단풍나무의 잎이야. • 단풍잎과 같은 색깔은 빨간색이라고 해. • 이 나뭇잎의 색깔과 비슷한 색깔을 어디에서 본 적이 있니? • 이 나뭇잎의 모양은 어떠니? • 우리 손바닥을 펼쳐서 나뭇잎과 그 모양을 한번 비교해 볼까? 3. 단풍잎이 달려 있던 나무의 모습을 떠올려보며, 빨간 단풍나무를 표현해 보기로 한다. • 물감 중에 단풍잎과 색깔이 똑같은 색깔의 물감을 찾아볼까? 4. 빨간색 물감을 손바닥에 찍어 단풍나무를 꾸며본다.

(계속)

활동방법	 5. 완성한 그림을 교실 벽면에 게시하여 영아들이 자신의 작품을 감상해 볼 수 있도록 한다.
참고사항	• 영아들이 단풍잎의 색깔과 똑같다고 생각한 색깔의 물감을 스스로 고르도록 하고, 손바닥 이외에도 영아들이 단풍잎의 모양을 표현하고 싶은 몸의 부위로 단풍잎을 표현해 보도록 할 수 있다.
확장활동	• 주워온 단풍잎을 크기별로 순서대로 나열해 보거나 같은 단풍잎 중에서도 빨간색의 진하기에 따라 비슷한 색끼리 분류해 보는 활동을 해 볼 수 있다.

활동 5 실외활동

활동명	돌과 흙으로 소꿉놀이를 해요
과학활동내용	자연을 탐색하기
활동목표 및 표준보육과정	1. 자연물(돌, 흙, 모래, 나뭇잎, 나뭇가지, 열매 등)을 감각적으로 탐색한다. 　• 자연탐구 > 과학적 탐구하기 > 자연을 탐색하기 > 돌, 물, 모래 등의 자연물을 탐색한다. 2. 또래와 소꿉놀이를 하며 관련된 대화를 주고받는다. 　• 순서: 의사소통 > 말하기 > 낱말과 간단한 문장으로 말하기 > 일상생활의 반복적인 일이나 친숙한 상황을 한두 낱말이나 간단한 문장으로 말해 본다.
대상연령	2세
활동자료	돌, 흙, 모래, 나뭇잎, 나뭇가지, 열매, 산책가방 등
활동방법	1. 돌과 흙으로 소꿉놀이를 하기로 하고 영아들과 놀이하기에 적절한 장소로 이동한다. 2. 영아들이 관심 있는 대상(돌, 흙, 모래, 나뭇잎 등)을 자연스럽게 탐색해 보도록 한다. 　• 땅에 어떤 것들이 있니? 　• 무엇으로 소꿉놀이를 하면 재미있을까?

(계속)

3. 준비해 간 소꿉놀이 도구를 활용하여 돌과 흙 등의 자연물로 소꿉놀이를 해 본다.
   - 흙과 모래로는 무엇을 만들까?
   - 나뭇잎 위에 돌을 올린 다음 고기쌈을 한번 먹어볼까?

4. 각각의 자연물을 다양한 용도로 활용해 보는 방안을 교사가 새롭게 제안하거나 영아들이 생각을 확장해 볼 수 있는 질문을 한다.
   - 돌로 나뭇잎을 빻으면 어떻게 될까?
   - 숟가락과 포크는 무엇으로 만드는 것이 좋을까?

5. 자유놀이 시간을 가진 후, 영아들이 자신이 만든 음식이나 자신이 꾸민 이야기를 친구들에게 소개해 볼 수 있는 기회를 갖는다.
   - ○○는 무슨 음식을 만들었니? 누구한테 주면 좋을까?

6. 교실에 가져와 실내에서도 소꿉놀이로 활용할 수 있는 자연물들을 산책가방에 담아 교실로 돌아온다.

활동방법	(위 내용)
참고사항	• 영아들의 상상력이 충분히 발휘되도록 불필요한 개입을 줄여 자유로운 놀이를 격려하고, 그 놀이 속에서 영아들이 표현해내는 생각과 의미에 귀 기울인다.
확장활동	• 일회용 도시락 통을 활용하여 실외에서 가져온 자연물들을 사용하여 자연물 도시락을 만들어 부모님들께 선물해 보는 활동을 해 본다.

활동 6 주제탐구표현활동

　하나의 주제를 정하여 영역 통합적인 활동을 진행해 나가는 주제탐구표현활동도 영아를 위한 과학활동을 실시하는 하나의 방법이 될 수 있다. 주제탐구표현활동은 '교사의 지도하에 한 명 또는 그 이상의 유아가 특정 주제에 대해 깊이 있게 연구하는 것'으로 정의되는 프로젝트 접근법을 한국적으로 적용한 프로그램이다. 주제탐구표현활동은 도입, 전개, 마무리의 3단계로 구성되고, 집단 토의, 현장활동, 표현, 조사, 전시의 다섯 가지 구조적 특성을 지닌다(이순형 외, 2000). 영아를 대상으로 한 주제탐구표현활동에서는 영아의 발달적 수준을 고려하여, 놀이를 통해 드러나는 영아의 언어적, 비언어적 행동을 주의 깊게 관찰하며 활동을 진행해 나가야 한다.

　〈그림 11-1〉은 '감'을 주제로 구성한 주제망이다. '감' 주제망은 감에 대한 영아

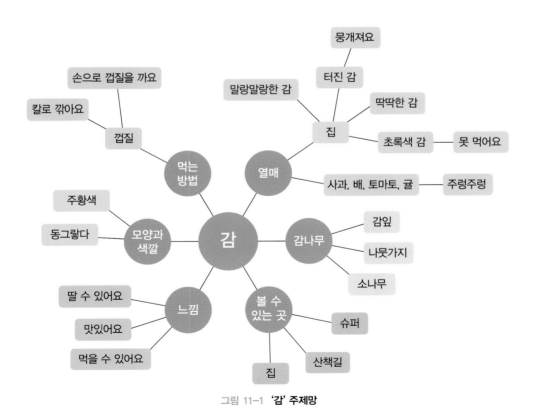

그림 11-1 **'감' 주제망**

들의 관심과 흥미가 반영된 놀이를 관찰하고 영아들과 경험과 생각을 나누는 과정을 통해 구성된다. 하위주제로는 감나무, 열매, 볼 수 있는 곳, 느낌, 모양과 색깔, 먹는 방법 등이 있으며, 주제와 하위주제들을 관계에 따라 구성한 주제망은 다음과 같다.

'감' 주제망에 근거하여 이루어질 수 있는 주제탐구표현활동은 〈그림 11-2〉와 같다. 도입 단계에서는 경험 나누기와 생각 나누기를 토대로 주제망을 작성하고, 전개 단계에서는 감의 하위주제에 연관된 질문목록을 해결하는 활동인 '감나무 탐색하기', '감 친구들 알아보기', '감으로 요리하기' 등을 수행하며, 마무리 단계에서 종결행사로 함께 만든 감나무를 이용해 '감 따기 대회'를 열며 주제를 마무리한다.

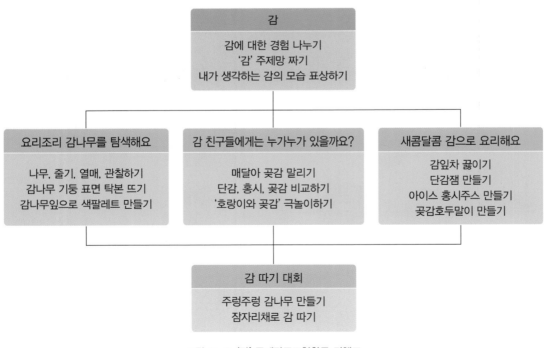

그림 11-2 '감' 주제탐구표현활동 진행표

감나무 열매와 잎을 탐색하는 영아의 모습   감나무 기둥의 표면을 탁본하는 영아의   감나무 잎으로 색팔레트를 만드는 영아
모습   의 모습

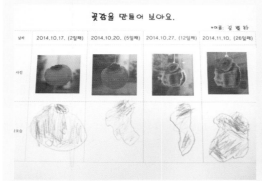  

매달아 놓은 단감이 곶감이 되는 과정을 그림으로 표상한   단감잼 만들기에 참여하는 영아   언 홍시를 체에 거르는 영아의
영아의 작품   의 모습   모습

신문지와 한지로 만든 감을 만들어 붙이고 있는 영아의   잠자리채로 감을 따는 게임에 참여 중인 영아들의 모습
모습

그림 11-3 **'감' 주제탐구표현활동 활동 모습**

3. 영아 과학활동의 평가

영아 과학활동의 평가는 영아가 호기심을 가지고 주변 세계를 탐구하며, 일상생활에서 과학적으로 생각하는 능력과 태도를 기를 수 있도록 하는 데 있다. 즉, 영아 과학활동을 평가하는 것은 활동을 계획하고 운영하는 과정을 상시적으로 돌아보고 또한 활동에서 보여 지는 영아의 반응이나 활동이 가져온 발달적 효과를 확인하며, 그 결과들을 다시 활동에 반영하고 활동의 질을 높여 궁극적으로 영아가 과학적 사고를 키우고 탐구능력을 배양할 수 있도록 하기 위함이다. 따라서 활동 자체에 대한 평가와 영아 평가의 두 측면에서 살펴보고자 한다.

1) 활동 평가

활동 평가는 영아 과학활동이 목표했던 바를 달성하기 위해 적절히 계획하고 실행되었는지를 확인하기 위해 실시된다. 활동 평가는 활동계획, 활동방법, 활동실행 측면을 중심으로 다음과 같이 평가할 수 있다.

(1) 활동계획 측면

활동계획 측면의 평가는 활동에 대한 계획 수립이 적절했는지에 대한 내용으로 이루어지며, 다음의 기준으로 실시할 수 있다.

- 영아의 연령별 수준을 고려하여 계획하였는가?
- 영아의 흥미와 관심을 고려하여 계획하였는가?
- 영아의 경험이나 일상생활과 관련된 내용으로 계획하였는가?
- 감각적 탐색이 가능한 내용으로 계획하였는가?
- 영아의 과학적 사고능력의 발달에 대한 이론에 근거하여 계획하였는가?
- 과학적 사실의 범주 및 내용이 연간계획 안에 골고루 포함되도록 계획하였는가?

- 자연탐구영역뿐 아니라 기본생활, 신체운동, 의사소통, 사회관계, 예술경험 등의 영역의 내용들이 통합적으로 경험되도록 계획하였는가?
- 안전사고를 예방하기 위한 내용을 포함하여 계획하였는가?
- 기관의 특성 및 지역사회의 특성을 고려하여 계획하였는가?

(2) 활동방법 측면

활동방법 측면의 평가는 활동에 사용된 방법이 적절했는지에 대한 내용으로 이루어지며, 다음의 기준으로 실시할 수 있다.

- 영아들의 흥미를 유발하는 방법이 사용되었는가?
- 영아들이 지식과 설명을 쉽고 재미있게 이해할 수 있는 방법이 사용되었는가?
- 영아들의 발달 수준에 적합한 탐구기술을 활용하도록 하는 방법이 사용되었는가?
- 활동의 내용 및 특성을 고려하여 상호작용 방식, 집단의 구성 방법 및 크기 등이 적절히 선택되었는가?
- 영아들의 발달 수준에 적합한 교재교구와 교수자료가 활용되었는가?
- 영아들의 개별적인 관심과 흥미를 충족시키는 교재교구와 교수자료가 활용되었는가?
- 과학적 탐구의 내용에 따라 활동유형과 자료를 다양하게 구성하였는가?
- 이야기 나누기, 감각적 탐색과 조작, 극놀이, 음률동작, 미술조형, 신체표현활동, 게임 등 지식을 획득할 수 있는 다양한 방법이 활용되었는가?
- 어린이집에서 실행되는 과학활동의 내용의 경험이 가정과 연계될 수 있도록 배려하였는가?

(3) 활동실행 측면

활동실행 측면의 평가는 활동 실행의 과정이 적절했는지에 대한 내용으로 이루어지며, 다음의 기준으로 실시할 수 있다.

- 영아가 해당 주제나 대상에 관심과 흥미를 높이도록 격려하였는가?
- 영아가 해당 주제나 대상에 심화된 호기심을 가져보도록 격려하였는가?
- 영아가 자신의 호기심을 감각적 탐색 등의 방법을 통해 스스로 해결해 보도록 격려하였는가?
- 영아가 내적 동기를 바탕으로 과학적 탐색의 즐거움을 경험하도록 격려하였는가?
- 영아의 반응에 민감하게 반응하며 활동을 진행하였는가?
- 영아가 자신의 경험이나 생각, 느낌을 다양한 방식(말, 글, 그림, 몸짓 등)으로 표현해 볼 수 있도록 격려하였는가?
- 영아가 자신의 경험과 활동을 관련지을 수 있는 시간을 충분히 제공하였는가?
- 영아가 일상 속에서 관심 대상을 반복적으로 탐색할 수 있도록 배려하였는가?

2) 영아 평가

영아 평가는 과학활동을 통해 확인한 영아의 반응이나 발달적 효과를 통해 활동의 목표가 적절히 달성되었는지 확인하기 위해 실시된다. 영아의 경우, 언어능력이 아직 완전하지 않다는 점에서 교사가 영아의 언어적, 비언어적 행동을 관찰하여 평가하는 방식이 적절하다. 이에 따라 활동의 목표를 토대로 행동관찰표를 제작하고, 평소 혹은 특정한 시기에 관찰을 통해 영아의 모습을 평가할 수 있다. 다음 〈표 11-1〉은 어린이집 표준보육과정의 자연탐구영역의 과학적 탐구하기 내용을 기준으로 작성한 영아 행동관찰표이며, 〈표 11-2〉는 이 책에 제시된 만 1세 대상 자유선택활동 중 '동물들의 소리를 들어 보아요' 활동에 대한 행동관찰표의 예시이다.

표 11-1 만 2세 영아 대상의 과학활동의 효과 평가를 위한 행동관찰표

항목	내용	전혀 그렇지 않다	별로 그렇지 않다	보통이다	대체로 그렇다	매우 그렇다
물체와 물질 탐색하기	1. 친숙한 물체와 물질에 관심을 가진다.					
	2. 친숙한 물체와 물질을 능동적으로 탐색한다.					
주변 동식물에 관심 가지기	3. 주변 동물의 모양, 소리, 움직임에 관심을 가진다.					
	4. 주변 식물의 모양, 소리, 움직임에 관심을 가진다.					
자연을 탐색하기	5. 돌, 물, 모래 등의 자연물을 탐색한다.					
	6. 날씨를 감각적으로 느낀다.					
생활도구 사용하기	7. 생활 속에서 간단한 도구에 관심을 가진다.					
	8. 간단한 도구를 사용한다.					
종합평가						

표 11-2 만 1세 활동 '동물들의 소리를 들어 보아요'의 평가를 위한 행동관찰표

항목	내용	1차		2차		비고
		월 일		월 일		
		예	아니오	예	아니오	
주변 동식물에 관심 가지기	1. 교사가 동물(개, 고양이, 돼지, 소, 사자)의 그림이 그려진 책을 읽어주면 관심을 가지고 듣는다.					
	2. 교사가 소리가 나는 책을 통해 동물(개, 고양이, 돼지, 소, 사자)의 울음소리를 들어주면 관심을 가지고 듣는다.					
	3. 동물의 울음소리(멍멍, 야옹, 꿀꿀, 음메, 어흥)를 따라하는 시도를 한다.					
	4. 교사가 부르는 동물(개, 고양이, 돼지, 소, 사자)의 이름을 듣고, 해당하는 동물의 그림을 가리킬 수 있다.					
	5. 교사가 들려주는 동물의 울음소리(멍멍, 야옹, 꿀꿀, 음메, 어흥)를 듣고, 해당하는 동물의 그림을 가리킬 수 있다.					

CHAPTER 12

유아를 위한 과학활동의 계획, 실행, 평가

　　지금까지 우리는 이 책에서 유아 과학지도가 왜 중요한지, 어떤 이론에 기초하고 있는지, 유아의 과학능력이 어떻게 발달하는지에 기초하여 물체와 물질, 생명체와 자연환경, 자연현상, 도구와 기계 이렇게 네 가지 과학지도 내용에 대해 학습하였다. 또한 과학활동 지도방법과 교사의 역할, 환경구성, 평가에 대한 실질적 부분도 학습하였다. 이제 지금까지 학습한 내용을 바탕으로 유아 과학활동을 실제로 계획하고 실행하며 평가할 수 있는 활용 능력을 갖출 필요가 있다.

　　이 장은 지금까지 학습한 내용을 활용하고 적용하여 유아를 위한 과학활동을 실제로 계획하고 실행 및 평가할 수 있도록 하는 데 필요한 능력을 기르고자 하는 내용을 담고 있다. 구체적으로 어떻게 유아 과학활동을 계획하는지를 연령별 활동내용, 목표, 활동방법 선정을 통해 알아보고, 유아 과학활동을 실제로 어떻게 실행하는지를 일상지도, 자유선택활동, 대소집단활동, 실외활동, 주제탐구표현활동의 예시를 통해 살펴볼 것이다. 마지막으로 유아 과학활동의 실행 후에 활동의 계획과 실행, 그리고 활동의 효과를 평가하는 방법을 살펴볼 것이다.

1. 유아를 위한 과학활동의 계획

유아를 위한 과학활동을 계획하기 위해서는 교사가 연령별로 활동내용, 목표, 활동방법을 선정해야 한다. 먼저 활동내용이 선정되면 그 활동을 통해 달성하고자 하는 목표를 선정하게 되며, 그 다음으로는 해당 내용을 바탕으로 목표 달성을 구현할 수 있도록 적절한 활동방법을 모색하게 된다. 유아를 위한 과학활동의 내용을 선정할 때에는 다음을 고려한다.

1) 연령별 내용 선정

먼저 유아 과학활동의 내용을 선정해야 한다. 유아 과학활동의 대상이 될 수 있는 활동내용은 물체와 물질, 생명체와 자연환경, 자연현상, 도구와 기계 이렇게 크게 네 가지이다. 우선적으로 네 가지 범주가 균형 있게 다루어질 수 있도록 하는 것이 중요하다. 각각의 내용 범주 내에서도 과학적 지식의 종류에 따라 내용이 고르게 구성되도록 한다. 물체와 물질에서는 물리와 화학에 대한 내용이, 생명체와 자연환경에서는 사람, 동물, 식물, 사람과 동식물과의 관계성 등의 내용이, 자연에서는 천체, 지질, 계절, 기상 등의 내용이, 기계와 도구에서는 일반적 특성, 필요성 및 장단점, 동력, 장치 등의 내용이 두루 포함되도록 한다. 또한 유아의 신체·인지·언어·사회·정서 발달 수준을 고려해야 한다. 예를 들어, 유아기에는 같은 잠자리라 하더라도 고추잠자리, 된장잠자리, 깃동잠자리 등 잠자리의 종류를 구분할 수 있을 만큼 사전지식 수준이 높아져 있으며, 잠자리채를 이용해 직접 잠자리를 채집할 수도 있을 만큼 신체운동기능이 발달되어 있다. 즉, 유아기에는 영아기에 비해 신체·인지·언어·사회·정서발달이 크게 향상됨에 따라 다룰 수 있는 주제와 세부 내용이 다양화되고 깊이가 있어진다. 유아는 자신에게 친숙하지 않은 대상이나 추상적인 개념에 대한 탐색과 이해도 가능하다. 예를 들어, 유아들은 실제로 한 번도 본 적이 없는 아나콘다나 비버 등에 대해서도 관심을 가지고 관련 책을 읽는 모습을 보이며, 생태계 보호의 가치를 이해하고 자원절약이나 분리수거 실천을 스스로 하기도 한다. 이러한 발달 수준을 고려하여 영아를 대상으로 하는 과학활동에 비해 전반적으로 확장되고 심화된 활동이 될 수 있도록 내용을 선정한다.

연령별 발달 수준에 따른 과학활동의 내용은 〈3~5세 표준보육과정(누리과정)〉을 참고하도록 하며, 이는 2부 영유아 과학지도의 내용에서 다루었다.

2) 목표 선정

활동내용이 정해지면, 해당 활동의 목표를 선정해야 한다. 목표를 어떻게 설정하는지에 따라 같은 내용도 각기 다른 방식으로 계획될 수 있다. 유아를 위한 과학활동의 목표를 선정할 때에는 활동의 내용을 선정할 때와 마찬가지로 표준보육과정의 자연탐구영역 중 과학적 탐구하기 세부 내용을 기준으로 하여 목표를 선정한다. 예를 들어, '돌의 풍화'을 주제로 한 4세 대상 활동이라면 자연탐구영역의 과학적 탐구하기에서 자연현상 알아보기의 세부 내용인 '돌, 물, 흙 등의 자연물의 특성과 변화를 알아본다.'를 토대로 '부서지고 깎이는 과정(풍화)을 통해 돌의 크기와 모습(표면)이 변화함을 안다.'를 활동의 목표로 설정할 수 있다. 즉, 활동의 목표는 표준보육과정에 제시된 연령별·수준별 세부 내용 그 자체가 아니라 해당 활동을 통해 달성하고자 하는 행동을 토대로 자세히 기술하고, 이를 토대로 활동의 결과를 평가할 수 있도록 한다. 또한 유아를 위한 과학활동은 우선적으로 자연탐구영역의 과학적 탐구하기와 관련된 목표를 가지지만 영아를 위한 활동과 마찬가지로 전인적 발달을 도모할 수 있도록 영역 통합적으로 구성하는 것이 바람직하므로 자연탐구영역 이외에도 신체운동·건강, 의사소통, 사회관계, 예술경험영역을 자연스럽게 통합·연계시킨다. 즉, 유아를 위한 과학활동은 자연탐구영역과 관련된 목표 이외에 다른 영역과 관련된 목표를 함께 가질 수 있으며, 활동의 목표를 진술한 후에는 진술된 목표가 표준보육과정에서 어느 영역에 해당하는지 확인할 수 있도록, 해당 목표와 관련된 표준보육과정의 세부 내용을 함께 제시해준다.

목표진술의 예는 다음과 같다.

① 만 3세 대상 활동
- 제목: 깃털과 자석구슬 중에 누가 먼저 떨어질까요?
- 활동목표: 물체의 무게에 따라 바닥으로 떨어지는 속도가 다르다는 점을 안다.
- 자연탐구 > 과학적 탐구하기 > 물체와 물질 알아보기 > 친숙한 물체와 물질의 특성에 관심을 갖는다.

② 만 5세 대상 활동
- 제목: 맨드라미 씨앗 관찰하기
- 활동목표: 정밀한 관찰을 돕는 도구(돋보기, 현미경, 실물화상기)의 장단점을 비교하여 말한다.
- 자연탐구 > 과학적 탐구하기 > 간단한 도구와 기계 활용하기 > 변화하는 새로운 도구와 기계에 관심을 갖고 장단점을 안다.

3) 활동방법 선정

활동의 내용과 목표가 선정되면, 이러한 내용과 목표를 구현하기에 가장 적합한 활동방법이 무엇인지 구상해 보고, 적절히 선정하는 과정이 필요하다. 유아를 위한 과학활동은 이야기 나누기, 조작, 탐구·실험·조사, 극놀이, 음률동작, 미술조형, 신체표현활동, 게임, 토의, 인터넷활동, 현장학습 등의 방법이 사용될 수 있다. 예를 들어, 유아들은 물이 끓고 있는 냄비 위쪽으로 비닐을 대보는 실험을 통해 구름과 비의 생성원리를 이해할 수 있고, 유아 세 명이 각각 지구, 해, 달의 역할을 맡아 신체게임을 해 본 후에 지구의 자전과 낮과 밤의 변화에 대해 토의를 해 볼 수 있다.

유아기에는 영아기에 비해 전반적으로 집중력이 높아지고 의사소통능력도 향상되므로 대집단활동도 가능하다. 따라서 활동의 주제나 내용, 활동 교구 및 재료의 특성, 일과나 상황 등에 따라 개별활동, 소집단활동, 대집단활동 중 적절한 집단구성 방법을 선택하고, 대소집단활동을 하게 될 경우에는 집단의 크기가 적절하도록 배려한다. 이와 같이 활동의 주제와 목표에 따라 영아들의 발달 수준에 적합한 활동방법을 선정하여 진행하고, 더불어 유아들의 관심과 개인차 등을 고려하여 유아들이 활동에 보다 흥미롭게 참여할 수 있도록 한다.

한편 활동방법을 선정한 후에는 이러한 방법으로 활동을 진행할 때 필요한 교재교구도 함께 준비하도록 한다. 꽃의 성장에 대해 알아볼 경우에 '씨앗' 동요의 가사판을 준비하여 먼저 꽃의 성장과정에 대해 동요를 통해 알아보고, 그 다음에 화분, 씨앗, 흙, 모종삽 등을 준비하여 유아들과 직접 씨앗을 심어 꽃 키우기를 해 본다. 다양한 힘의 근원(동력)에 대해 알아보는 활동에서는 사람, 전기, 석탄, 물, 공기, 태양 등의 힘을 활용한 도구나 기계 등의 그림 및 사진 자료를 준비하여 이를 활용하여 이야기 나누기를 진행할 수 있다.

2. 유아 과학활동의 실행

유아 과학활동은 일상지도, 자유선택활동, 대소집단활동, 실외활동, 주제탐구표현활동 등 다양한 맥락에서 이루어질 수 있다. 다음은 일상지도, 자유선택활동, 대소집단활동, 실외활동으로 실행될 수 있는 유아 과학활동의 계획안 예시이다. 각 계획안은 수학활동내용과 유아의 연령에 따라 다양하게 소개한다. 주제탐구표현활동은 과학활동과 보다 관련 있는 주제에 대해 만 5세반에서 이루어질 수 있는 주제중심통합활동의 예시를 통해 설명하고자 한다.

활동 1 **일상지도**

활동명	지금은 몇 시 일까요?
과학활동내용	각종 도구와 기계 활용하기
활동목표 및 표준보육과정	1. 시계의 기능과 움직임에 관심을 가진다. • 자연탐구 > 과학적 탐구하기 > 간단한 도구와 기계 활용하기 > 생활 속에서 간단한 도구와 기계에 관심을 갖는다. 2. 일상생활에서 시계를 활용한다. • 사회관계 > 다른 사람과 더불어 생활하기 > 사회적 가치를 알고 지키기 > 약속과 규칙을 지켜야 함을 안다.
대상연령	3세
활동자료	벽걸이 시계, 대형 시계 모형 등
활동방법	1. 유아들의 자유놀이 정리를 시작할 시간을 미리 알려준다. • 지금 긴 바늘이 어디에 가 있지? • 지금 3에 있는데 4에 가면 정리를 시작해 볼까? 2. 긴 바늘이 4가 되면 유아들이 정리를 시작하도록 안내하고, 정리노래를 틀어 유아들이 정리노래를 따라 부르며 즐겁게 정리를 할 수 있도록 돕는다. • 누가, 누가 정리를 잘 하나? • 블록은 누가 정리를 해줄까? 3. 정리가 마무리되어 가면 다시 한번 시계를 보도록 하고, 5분 동안 정리를 마무리하기로 한다. • 지금 긴 바늘이 7에 있는데 7에 가면 정리를 마무리하자. 4. 정리를 마치면 유아들을 칭찬한 후, 매트에 모일 수 있도록 한다. • 긴 바늘은 시간을, 작은 바늘은 분을 알려준대. • 지금 긴 바늘은 어디를 가리키고 있지? • 이제 긴 바늘은 잠시 후에 어떤 숫자 가까이로 옮겨갈까? • 지금 짧은 바늘은 어디를 가리키고 있지? • 지금은 몇 시일까?

(계속)

<table>
<tr><td rowspan="2">활동방법</td><td>5. 벽걸이 시계의 긴바늘과 짧은 바늘이 가리키고 있는 모습을 관찰한 후, 대형 시계 모형을 통해 유아들이 현재 시간을 표현해 보도록 한다.

6. 긴 바늘과 짧은 바늘로 표현해 본 시간을 양팔을 쭉 벌린 채 '내가 바로 시계' 신체 게임을 해 본다.

• 두 팔을 이용해 시계가 되어보니 어떠니?

7. 다음 일과로 자연스럽게 넘어간다.</td></tr>
</table>

활동방법	5. 벽걸이 시계의 긴바늘과 짧은 바늘이 가리키고 있는 모습을 관찰한 후, 대형 시계 모형을 통해 유아들이 현재 시간을 표현해 보도록 한다. 6. 긴 바늘과 짧은 바늘로 표현해 본 시간을 양팔을 쭉 벌린 채 '내가 바로 시계' 신체 게임을 해 본다. • 두 팔을 이용해 시계가 되어보니 어떠니? 7. 다음 일과로 자연스럽게 넘어간다.
참고사항	• 유아들이 정확하게 시간을 읽지 못하더라도 시계를 통해 시간의 흐름을 확인할 수 있다는 점을 알고, 긴 바늘과 짧은 바늘의 움직임과 그것이 가리키는 숫자의 변화 자체에 관심을 가지는 수준에서 시계에 대한 흥미를 높여나갈 수 있도록 한다.
확장활동	• 어린이집 안에서 손목시계, 탁상시계, 뻐꾸기시계, 종시계 등 다양한 종류의 시계를 찾아보는 활동을 진행해 본다.

활동 2 자유선택활동

활동명	달팽이를 키워요
과학활동내용	생명체와 자연환경 알아보기
활동목표 및 표준보육과정	1. 달팽이의 성장에 관심을 가진다. • 자연탐구 > 과학적 탐구하기 > 생명체와 자연환경 알아보기 > 관심 있는 동식물의 특성을 알아본다. 2. 달팽이를 키우는 과정 속에 생명을 가진 대상을 아끼는 마음을 가진다. • 자연탐구 > 과학적 탐구하기 > 생명체와 자연환경 알아보기 > 생명체를 소중히 여기는 마음을 갖는다. 3. 하나의 역할을 맡아 달팽이 키우기에 참여한다. • 사회관계 > 나를 알고 존중하기 > 나의 일 스스로 하기 > 내가 할 수 있는 일을 해 본다.
대상연령	4세
활동자료	달팽이, 달팽이집, 먹이 등
활동방법	1. 분양해온 달팽이를 교실에서 키워보기로 하고, 달팽이의 특성과 성장조건 등에 대해 유아들이 다양한 경로로 정보를 모은다. • 달팽이는 어떤 환경에서 자랄까? • 달팽이는 무엇을 먹고 자랄까? • 달팽이를 키우기 위해 달팽이집을 어떻게 마련해 주는 것이 좋을까? • 달팽이를 위해 우리가 할 수 있는 일은 무엇이 있을까? • 이름은 무엇이라 지어줄까? 2. 유아들과 미리 논의했던 내용을 바탕으로 오전 자유선택활동시간에 유아들이 자신이 맡은 역할(성장 지켜보기, 먹이주기, 배설물 치워주기, 목욕시켜주기, 흙 갈아주기 등)을 자율적으로 수행한다. 3. 달팽이의 성장모습을 지속적으로 관찰한다. • 달팽이의 모습이 어떻게 변화했니? • 그동안 달팽이의 성장을 도왔던 소감은 어떠니? 4. 달팽이의 성장에 대한 추가적인 호기심을 도감이나 지식책 등을 통해 지속적으로 해결해 본다. • 달팽이에 대해 새롭게 알게 된 사실은 무엇이니? • 더 알고 싶은 것은 무엇이니?

(계속)

참고사항	• 달팽이에 대한 관심과 애정이 지나쳐 달팽이를 피곤하게 하거나 오히려 성장을 방해할만한 요소를 제공하는 일이 없도록 올바르게 달팽이를 돌보는 방법에 대해서 유아들과 꾸준히 이야기를 나눈다.
확장활동	• 유아들이 정기적으로 달팽이를 돌보며 돌봄일지를 작성해 보거나, 달팽이의 성장 과정을 지켜보며 성장일지를 작성해 보도록 할 수 있다.

활동 3 대집단활동

활동명	팽이버섯 된장국 만들기(요리활동)
과학활동내용	물체와 물질 알아보기
활동목표 및 표준보육과정	1. 용해 및 가열 등에 의해 요리재료의 모습과 형태가 변화하는 과정에 관심을 가진다. • 자연탐구 > 과학적 탐구하기 > 물체와 물질 알아보기 > 물체와 물질을 여러 가지 방법으로 변화시켜 본다. 2. 요리의 간단한 방법을 듣고 이해한다. • 의사소통 > 듣기 > 이야기 듣고 이해하기 > 다른 사람의 이야기를 듣고 이해한다. 3. 된장국의 맛과 풍미에 흥미를 가진다. • 신체운동·건강 > 건강하게 생활하기 > 바른 식생활하기 > 음식을 골고루 먹는다.
대상연령	4세
활동자료	팽이버섯, 두부, 파, 멸치육수, 된장, 물, 냄비, 국자, 수저, 그릇, 칼, 빵칼, 도마 등
활동방법	1. 된장국을 먹어본 경험에 대해 이야기를 나누어 본다. • 된장국을 먹어본 적이 있니? • 먹어본 된장국에는 어떤 재료가 들어 있었니? • 맛이 어땠지? 2. 팽이버섯을 먹어본 경험에 대해 이야기를 나누어본다. • 팽이버섯이라는 버섯의 종류를 들어본 적이 있니? • 생김이 어땠지? • 맛이 어땠지? 3. 팽이버섯 된장국을 끓여보기로 하고, 그림과 사진 자료를 통해 요리활동 과정에 대해 알아본다. 4. 순서에 맞추어 요리활동을 진행한다. • 냄비에 미리 준비한 멸치육수를 넣고 끓인다. • 멸치육수에 된장을 넣고 푼다. • 씻은 팽이버섯과 두부를 먹기 좋은 크기로 썰고, 파도 잘게 썬다. • 끓고 있는 국에 팽이버섯, 두부, 파를 넣고, 다시 끓인다. • 재료들이 익었는지 확인한 후 간을 보고, 불을 끈다.

활동방법	5. 요리가 완성되면 유아들의 개인 그릇에 담아 나누어 함께 시식을 해 본다. 　• 요리 전의 된장과 된장국 속의 된장은 그 모습이 어떻게 다르니? 　• 익기 전의 팽이버섯(두부)은 익은 후의 팽이버섯(두부)과 그 모습이 어떻게 다르니? 　• 완성된 요리는 어떤 맛이 나니? 6. 팽이버섯 된장국을 만들어 먹어본 소감을 나누어보며, 활동을 마무리한다. 　• 된장으로 만들 수 있는 요리에는 또 무엇이 있을까? 　• 된장국에 다른 재료를 넣어본다면 어떤 재료를 넣어보고 싶니?
참고사항	• 파는 썰 때 눈이 매울 수 있으므로 교사가 미리 썰어둔다. • 불을 사용하는 활동이므로 화재 예방에 유의하고, 유아들이 뜨거운 냄비에 팔을 데이는 일이 없도록 주의사항을 강조하여 안내한다.
확장활동	• 시래기나 냉이, 혹은 다른 종류의 버섯을 넣은 된장국을 끓여보고 맛을 비교해 볼 수 있다.

활동 4 소집단활동

활동명	계산대로 마트놀이를 해요
과학활동내용	간단한 도구와 기계 활용하기
활동목표 및 표준보육과정	1. 계산기 사용의 쓰임과 유용성을 안다. 　• 자연탐구 > 과학적 탐구하기 > 간단한 도구와 기계 활용하기 > 변화하는 새로운 도구와 기계에 관심을 갖고 장단점을 안다. 2. 극놀이를 통해 판매자와 구매자의 역할에 맞는 대화를 나눈다. 　• 의사소통 > 말하기 > 상황에 맞게 바른 태도로 말하기 > 때와 장소, 대상에 알맞게 말한다. 3. 마트놀이에 필요한 소품과 배경을 직접 만드는 과정에 참여한다. 　• 예술경험 > 예술적 표현하기 > 극놀이로 표현하기 > 소품, 배경, 의상 등을 사용하여 협동적으로 극놀이를 한다.
대상연령	5세
활동자료	마트놀이용 계산대, 전자계산기, 역할놀이대, 역할놀이 용품 등

(계속)

활동방법	1. 마트놀이를 즐겨하는 유아들을 위해 역할놀이영역에 마트놀이용 계산대와 전자계산기를 배치한다. 2. 유아들이 계산기를 자유롭게 탐색해 볼 수 있도록 하고, 사용방법에 대해 간단히 알려준다. • 계산기의 모양과 구조는 어떠니? • 계산기 버튼에는 어떤 것(숫자, 기호)가 쓰여 있니? • 계산기는 어떤 힘으로 작동될까? • 계산기를 또 어디에서 본 적이 있니? • 계산기가 없던 시절에는 어떻게 계산을 했을까?  3. 유아들은 교실 한쪽을 마트(각 영역, 계산하는 곳 등)로 꾸미고 가격표가 붙은 다양한 음식과 생활용품들을 배치하고 가게주인과 손님으로 각각 역할을 배분한다. 4. 각각의 역할에 따라 놀이에 필요한 소품과 배경을 직접 만들어본다. • 마트놀이를 위해 어떤 소품과 배경이 필요할까? • 그것들을 무엇으로 만들면 좋을까? 5. 직접 만든 소품과 배경을 활용하여 교실 내에 마트를 꾸미고, 자유롭게 놀이를 진행한다.  6. 역할을 바꾸어보기도 하며 놀이를 지속한다.
참고사항	• 물건값을 정할 때 미리 계산하기 간편한 금액(예: 100원, 1,000원)으로 정해 놓으면 조금 더 쉽게 계산할 수 있다. 5세 수준에서 보통 세 자리 이상인 금액의 계산은 쉽지 않으므로 어려운 수학적 개념 이해보다는 일상 속에서 계산기를 사용하면 보다 편리하게 계산할 수 있음을 인식하는 수준 정도로 유아의 경험을 돕는다.
확장활동	• 우유곽, 상자 등의 재활용품과 작은 휴대용 계산기를 사용하여 마트용 계산대를 만들어볼 수 있다.

활동 5 실외활동

활동명	바람아, 불어라
과학활동내용	자연현상 알아보기
활동목표 및 표준보육과정	1. 풍향과 풍속의 개념 및 측정법을 안다. • 자연탐구 > 과학적 탐구하기 > 자연현상 알아보기 > 날씨와 기후변화 등 자연현상에 대해 관심을 갖는다. 2. 변화하는 날씨에 대한 호기심을 가진다. • 자연탐구 > 탐구하는 태도 기르기 > 호기심을 유지하고 확장하기 > 주변 사물과 자연세계에 대해 지속적으로 호기심을 갖고 알고자 한다. 3. 측정한 바람의 특성을 글자와 숫자 등으로 간단히 기록한다. • 의사소통 > 쓰기 > 쓰기에 관심 가지기 > 자신의 느낌, 생각, 경험을 글자와 비슷한 형태나 글자로 표현한다.
대상연령	5세
활동자료	풍향풍속계, 날씨 기록지, 연필, 나침반 등
활동방법	1. 오늘의 날씨에 대해 이야기를 나누어본다. • 오늘 하늘은 어떤 모습이니? • 어린이집에 올 때 바깥 기온은 어떠니? • 창밖에 보이는 나뭇가지는 어떻게 흔들리고 있니? 2. 그림 자료를 통해 풍향과 풍속의 개념과 측정법, 풍향풍속계의 구조와 쓰임에 대해 이야기를 나누어본다. • 풍향은 바람이 어디에서 불어오는지 그 방향을 의미하고, 풍속은 바람이 얼마나 세게 불어오는지 그 세기를 의미한대. • 바람이 동쪽에서 불어오면 동풍, 서쪽에서 불어오면 서풍 이렇게 말할 수 있단다. • 풍속은 영국의 보퍼트라는 사람이 만든 풍력계급을 사용하여 측정한단다. 보퍼트 계급에 의하면 1단계는 계급이 0~3인 단계로 바람이 전혀 없거나 아주 약한 산들바람이 부는 상태를 뜻해. 2단계는 계급이 4~7인 단계로 바람이 조금 더 세지고, 작은 나무가 바람에 흔들리는 상태래. 마지막으로 3단계는 계급이 8~12인 단계로 바람이 거세게 불고, 바다에 큰 파도가 일어나는 상태란다. • 풍향풍속계는 바람의 방향과 세기를 측정할 수 있게 해주는 기계야. 3. 오늘 바람의 특성(풍향, 풍속)을 측정해 보기로 하고, 실외로 나간다. 4. 주변에 건물이 없고 넓어 바람을 측정하기에 적합한 장소로 이동한 후, 먼저 바람을 온몸으로 느껴본다. • 어디서 불어오는 바람일까? • 바람의 세기는 어떠니?

(계속)

활동방법	5. 이번엔 유아들이 미리 준비해간 풍향풍속계를 통해 바람의 특성을 측정해 본다. 　• 풍향풍속계로 바람의 방향과 세기를 측정해 볼까? 　• 바람이 어느 쪽에서 불어오니? 　• 바람의 세기가 어느 정도이니?  6. 측정했던 바람의 특성에 대한 정보를 글자(혹은 기호)와 숫자(보퍼트 풍력계급)로 기록해 본다.  7. 내일의 바람은 어떨지 함께 예측해 보며, 교실로 돌아온다. 　• 내일은 바람이 어디에서 불까? 　• 어떤 바람이 불까? 　• 왜 그렇게 생각하니?
참고사항	• 풍향풍속계를 설치하기에 적합한 장소가 어디인지 유아들과 미리 논의해 본다. • 유아들이 바람이 불어오는 방향을 추정했을 때 나침반을 사용하여 정확한 방위(동서남북)를 확인하고, 이를 기반으로 하여 바람의 방향에 대한 정보를 글자나 기호로 기록할 수 있게 한다.
확장활동	• 유아들과 매일 일정한 시간과 장소에서 바람의 방향과 세기를 반복적으로 측정하고 기록해 본 후, 결과를 분석해 봄으로써 바람의 특성에 대한 중장기적인 기후 정보를 얻을 수 있다.

활동 6 주제탐구표현활동

하나의 주제를 정하여 영역 통합적인 활동을 진행해 나가는 주제탐구표현활동을 운영하는 것도 유아를 위한 과학활동을 실시하는 하나의 방법이 될 수 있다.

〈그림 12-1〉은 '분리수거'를 주제로 구성한 주제망이다. '분리수거' 주제망은 유아들의 분리수거에 대한 경험과 생각을 나누는 과정을 통해 구성된다. 하위주제로는 '필요성', '장소', '분리수거 방법', '분리할 수 있는 물건', '종류', '느낌', '활용방법' 등이 있으며, 주제와 하위주제들을 관계에 따라 구성한 주제망은 다음과 같다.

'분리수거' 주제망에 근거하여 이루어질 수 있는 주제탐구표현활동은 〈그림 12-2〉와 같다. 도입 단계에서는 경험 나누기와 생각 나누기를 토대로 주제망을 작성하고, 전개 단계에서는 '분리수거의 필요성에 대해 알아보아요', '분리수거의 방법에 대해 알아보아요', '모두 함께 자연을 지켜요' 등의 내용으로 분리수거의 하위주제에 연관된 질문목록을 해결하는 활동을 수행하며, 마무리 단계에서는 종결행사로 '분리수거 캠페인'을 열며 주제를 마무리한다.

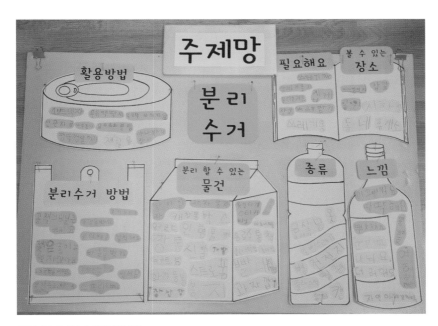

그림 12-1 **'분리수거' 주제망**

```
                        ┌─────────────────────────┐
                        │        분리수거         │
                        ├─────────────────────────┤
                        │ • 분리수거에 대한 경험 나누기 │
                        │ • 관련 자료 수집 및 탐색하기 │
                        │ • 우리 동네 분리수거장 방문하기 │
                        │ • 생각 모으기 및 주제망 작성하기 │
                        └─────────────────────────┘
```

분리수거의 필요성에 대해 알아보기	분리수거의 방법에 대해 알아봐요	모두 함께 자연을 지켜요
• 어린이집에서 하루에 버리는 쓰레기의 양 조사하기 • 우리가 사용하는 물건의 재료와 성분 알아보기 • 쓰레기는 어떻게 처리되는지 알아보기 • '썩는 것과 썩지 않는 것' 실험활동 하기 • '아마존의 눈물' 감상하고 소감 나누기	• 품목별로 분리배출하는 방법 조사하기 • 분리수거 마크에 대해 알아보기 • 쓰레기의 부피와 양을 줄이는 법 알아보기 • (캔)재활용 박물관 견학하기 • 우리 반 분리수거장 만들기	• 재활용품으로 놀잇감 발명하기 • 자연보호 포스터 그리기 • 아나바다 장터 개최하기 • 자연보호 실천을 위한 약속의 나무 꾸미기 • 산책길 쓰레기 줍기 대회 열기

```
                        ┌─────────────────────────┐
                        │      분리수거 캠페인      │
                        ├─────────────────────────┤
                        │ 분리수거 캠페인하기 : 팻말과 전단지 꾸미기, │
                        │ 캠페인송 만들기, 캠페인 리허설하기, 캠페인하기 │
                        └─────────────────────────┘
```

그림 12-2 '분리수거' 주제탐구표현활동 예상 활동 전개표

분리수거에 대한 이전 경험을 그린 유아의 작품

썩는 것(과일껍질, 종이)과 썩지 않는 것 (캔, 비닐)에 대한 실험의 결과

분리배출하는 품목을 구분해 보는 NIE 활동 작품

그림 12-3 '분리수거' 주제탐구표현활동 활동 모습(1)

유아들이 재활용품을 이용해 꾸민 분리수
거장의 모습

아나바다 장터를 위해 물건을 진열하는
유아의 모습

산책길에서 쓰레기를 줍고 있는 유아의
모습

캠페인용 팻말을 만들고 있는 유아들의 모습

지역사회에서 캠페인을 하고 있는 유아들의 모습

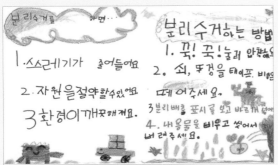

유아들이 만든 캠페인 전단지

그림 12-4 '분리수거' 주제탐구표현활동 활동 모습(2)

3. 유아 과학활동의 평가

유아 과학활동의 평가는 유아가 호기심을 가지고 주변 세계를 탐색하고 탐구하며, 일상생활에서 과학적으로 생각하는 능력과 태도를 기를 수 있도록 하는 데 있다. 즉, 유아 과학활동을 평가하는 것은 활동을 계획하고 운영하는 과정을 상시적으로 돌아보고 또한 활동에서 보이는 유아의 반응이나 활동이 가져온 발달적 효과를 확인하며, 그 결과들을 다시 활동에 반영하고 활동의 질을 높여 궁극적으로 유아가 과학적 사고를 기르고 탐구능력을 배양할 수 있도록 하기 위함이다.

1) 활동 평가

활동 평가는 유아 과학활동이 목표했던 바를 달성하기 위해 적절히 계획하고 실행되었는지를 확인하기 위해 실시된다. 활동 평가는 계획에 대한 평가, 방법에 대한 평가, 실행에 대한 평가로 구분해 볼 수 있다.

(1) 활동계획 측면

활동계획 측면의 평가는 활동에 대한 계획 수립이 적절했는지에 대한 내용으로 이루어지며, 다음의 기준으로 실시할 수 있다.

- 유아의 연령별 수준을 고려하여 계획하였는가?
- 유아의 흥미와 관심을 고려하여 계획하였는가?
- 유아의 경험과 관련된 내용으로 계획하였는가?
- 유아에게 친숙하지 않은 대상, 눈에 보이지 않는 개념이나 가치에 이르기까지 내용의 범위를 이전보다 확장하여 계획하였는가?
- 유아의 과학적 사고능력의 발달에 대한 이론에 근거하여 계획하였는가?
- 과학적 사실의 범주 및 내용이 연간계획 안에 골고루 포함되도록 계획하였는가?

- 자연탐구영역뿐 아니라 신체운동·건강, 의사소통, 사회관계, 예술경험 등의 영역의 내용들이 통합적으로 경험되도록 계획하였는가?
- 안전사고를 예방하기 위한 내용을 포함하여 계획하였는가?
- 기관의 특성 및 지역사회의 특성을 고려하여 계획하였는가?

(2) 활동방법 측면

활동방법 측면의 평가는 활동에 사용된 방법이 적절했는지에 대한 내용으로 이루어지며, 다음의 기준으로 실시할 수 있다.

- 유아들의 흥미를 유발하는 방법이 사용되었는가?
- 유아들이 지식과 설명을 쉽고 재미있게 이해할 수 있는 방법이 사용되었는가?
- 유아들의 발달 수준에 적합한 탐구기술을 활용하도록 하는 방법이 사용되었는가?
- 활동의 내용 및 특성을 고려하여 상호작용 방식과 집단의 크기를 적절히 조절하였는가?
- 유아들의 발달 수준에 적합한 교재교구와 교수자료가 활용되었는가?
- 유아들의 개별적인 관심과 흥미를 충족시키는 교재교구와 교수자료가 활용되었는가?
- 과학적 탐구의 내용에 따라 활동유형과 자료를 다양하게 구성하였는가?
- 이야기 나누기, 조작, 탐구·실험·조사, 극놀이, 음률동작, 미술조형, 신체표현 및 게임, 토의, 인터넷활동, 현장학습 등 지식을 획득할 수 있는 다양한 방법이 활용되었는가?
- 어린이집에서 실행되는 과학활동의 내용의 경험이 가정과 연계될 수 있도록 배려하였는가?

(3) 활동실행 측면

활동실행 측면의 평가는 활동 실행의 과정이 적절했는지에 대한 내용으로 이루어지며, 다음의 기준으로 실시할 수 있다.

- 유아가 해당 주제나 대상에 관심과 흥미를 높이도록 격려하였는가?
- 유아가 해당 주제나 대상에 심화된 호기심을 가져보도록 격려하였는가?
- 유아가 스스로 자신의 경험이나 생각, 느낌을 다양한 방식(말, 글, 그림, 몸짓 등)으로 표현해 볼 수 있도록 격려하였는가?
- 유아의 반응에 민감하게 반응하며 활동을 진행하였는가?
- 유아가 자신의 호기심을 다양한 탐색 기술을 활용하여 스스로 해결해 보도록 격려하였는가?
- 유아가 교사나 또래와 이야기를 나누며, 서로 다른 생각에 대해 관심을 기울이고 토론을 해 볼 수 있는 시간과 기회를 제공하였는가?
- 유아가 활동 중간에 새롭게 가지는 질문이나 추가적인 호기심 등을 해결해 볼 수 있는 시간과 기회를 제공하였는가?
- 유아가 자신의 경험과 활동을 관련지을 수 있는 시간을 충분히 제공하였는가?
- 유아가 일상 속에서 관심 대상에 대해 지속적으로 탐구할 수 있도록 배려하였는가?

2) 유아 평가

유아 평가는 과학활동을 통해 확인한 유아의 반응이나 발달적 효과를 통해 활동의 목표가 적절히 달성되었는지 확인하기 위해 실시된다. 다음 〈표 12-1〉은 어린이집 표준보육과정의 자연탐구영역의 과학적 탐구하기 내용을 기준으로 작성한 유아 행동관찰표이며, 교사는 이러한 방법으로 평소 혹은 특정한 기회에 유아를 관찰하여 평가할 수 있다. 〈표 12-2〉는 이 책에 제시된 만 4세 대상 소집단활동 중 '바람아, 불어라' 활동에 대한 행동관찰표의 예시이다.

표 12-1 만 4세 유아 대상의 과학활동의 효과 평가를 위한 행동관찰표

범주	내용	전혀 그렇지 않다	별로 그렇지 않다	보통이다	대체로 그렇다	매우 그렇다
물체와 물질 알아보기	1. 친숙한 물체와 물질의 특성을 알아본다.					
	2. 물체와 물질을 여러 가지 방법으로 변화시켜 본다.					
생명체와 자연 환경 알아보기	3. 나의 출생과 성장에 대해 관심을 갖는다.					
	4. 관심 있는 동식물의 특성을 알아본다.					
	5. 생명체를 소중히 여기는 마음을 갖는다.					
	6. 생명체가 살기 좋은 환경에 대해 관심을 갖는다.					
자연현상 알아보기	7. 돌, 물, 흙 등 자연물의 특성과 변화를 알아본다.					
	8. 날씨와 기후변화에 관심을 갖는다.					
간단한 도구와 기계 활용하기	9. 생활 속에서 간단한 도구와 기계를 활용한다.					
	10. 도구와 기계의 편리함에 관심을 갖는다.					
종합평가						

표 12-2 만 4세 활동 '바람아, 불어라'의 평가를 위한 행동관찰표

항목	내용	1차 월 일		2차 월 일		비고
		예	아니오	예	아니오	
자연현상 알아보기	1. 풍향이라는 용어의 의미를 설명할 수 있다.					
	2. 풍속이라는 용어의 의미를 설명할 수 있다.					
	3. 풍향풍속계의 용도를 설명할 수 있다.					
	4. 풍향풍속계를 사용해 바람이 불어오는 방향을 측정할 수 있다.					
	5. 풍향풍속계를 사용해 바람이 부는 속도를 측정할 수 있다.					
	6. 측정한 바람의 특성을 글자와 숫자, 기호 등으로 간단히 기록할 수 있다.					

CHAPTER 13

통합적 과학활동의 실제

최근 영유아 과학지도에서는 통합적 접근법을 바람직한 방향으로 설정하여 실행하고 있다. 영유아들은 주변 세계를 탐색할 때 분절적이거나 단편적인 지식보다는 통합된 전체 경험으로 자신의 경험을 재구성하기 때문에 통합은 영유아 활동의 기본요소라 할 수 있다. 또한 영유아는 흥미와 수준에 맞는 주제를 중심으로 여러 영역을 통합하여 활동을 구성할 때 주도적으로 문제해결방법을 모색하고자 한다는 점에서 통합활동이 유용하다.

이 장에서는 통합적 접근에 기초한 과학활동에 대해 알아보고 활동의 통합에 관한 여러 가지 방식 중에 영유아 지도과정에서 많이 활용하고 있는 표준보육과정의 6개 영역에서 자연탐구영역과 다른 영역과의 통합에 대해 알아보고 실제 활동에 적용해 보고자 한다.

1. 통합적 접근에 기초한 과학지도

통합적 지도란, 전통적으로 각 영역 또는 지식의 특성에 따라 영역을 분리하여 활동을 구성하였던 방식에서 벗어나 각 영역의 지식이나 경험을 재구성하여 영유아의 흥미를 중심 또는 주제를 중심으로 활동을 구성하는 것을 의미한다. 특히 영유아는 발달특성상 통합된 전체 경험으로 경험을 재구성하기 때문에 영유아를 지도할 때 발달영역별로 구분하기보다는 영역을 통합하여 지도하는 것이 적합하다. 따라서 영유아 지도에서의 통합은 많은 학자들에 의해서 강조되어 왔으며 다양한 영역의 통합을 통해 지식을 효과적으로 생성할 수 있다. 인간의 지능을 다차원적인 측면에서 평가한 가드너의 다중지능이론(multiple intelligence)은 영유아 지도현장에서 개별 영유아의 강점지능영역을 활용한 교수법으로 통합에 대한 강력한 이론적인 근거를 제시하였다(Harlan & Rivkin, 2000). 홍혜경(2009)은 다중지능이론과 관련하여 영유아들은 개별적 특성에 적합한 다양한 교수학습방법으로 지도할 때 효과적이며, 이를 위해서는 영유아들이 가지고 있는 강점지능영역을 기초로하여 지도를 해야 한다고 하였다. 이는 영유아를 위한 통합적 활동의 적용을 중요시하는 것과 같은 맥락으로 볼 수 있다.

이와 관련하여 어린이집 표준보육과정의 주요 구성방향을 살펴보면 영아의 경우에는 기본생활, 신체운동, 의사소통, 사회관계, 예술경험, 자연탐구의 6개 영역을, 유아의 경우에는 신체운동·건강, 의사소통, 사회관계, 예술경험, 자연탐구의 5개 영역을 중심으로 구성하였으며, 5개 또는 6개 영역의 전체 또는 일부가 서로 연계되고 통합적으로 운영될 수 있도록 하는 것이 바람직하다고 하였다(보건복지부, 2013). 이는 6개의 영역을 각각 개별적인 영역으로 볼 것이 아니라 영역 간의 상호의사소통과 협력이 중요하다는 것을 강조한다. 특히 표준보육과정에서 제시하는 주제중심의 통합은 영유아의 흥미와 발달, 학습에 적합한 주제를 선정하여 표준보육과정의 6개 영역과 관련되는 내용을 통합하여 학습하는 것이다. 선정된 주제를 탐구하기 위하여 영유아는 다양한 활동을 하게 되는데, 이러한 활동들은 6개의 영역이 서로 연관되어 주제에 대해 더욱 효과적으로 탐색할 수 있게 한다.

영유아 과학지도는 영유아가 가지고 있는 타고난 호기심을 기초로 일상생활에서 탐구하는 과정을 경험하도록 해야 하며, 영유아가 이를 토대로 과학적 사고의 기초를 다지고 과학적인 기초기술뿐만 아니라 과학적 태도를 길러줄 수 있도록 해야 한다(이순형·김지현, 2010). 특히 영유아 과학지도는 영유아의 직관적 사고를 자극하여 이성적 사고와 통합될 수 있도록 구성하는 것이 중요한데, 영유아의 과학적 경험이 다른 영역과 통합될 때 영유아의 과학능력의 향상에 긍정적인 영향을 미친다. 이를 위해서는 영유아가 통합된 지식을 활용하여 실제 생활의 문제를 해결할 수 있도록 영유아에게 신체적, 감각적, 정서적인 활동을 다양한 경로를 통해 제공해주는 것이 중요하다(Harlan et al., 2000). 이와 같은 맥락에서 미국의 과학진흥위원회(AAAS, 1989)는 영유아기 과학지도의 필요성을 설명한 Project 2061에서 과학지도는 분리된 교과로 다루기보다는 다른 영역과 통합적으로 이루어져야 한다는 것을 강조하였다. 이처럼 과학지도에 있어서의 통합을 강조하는 지도과정의 방향이 실제 영유아 활동에서 시도하고 있는 그림책을 통한 과학활동, 예술적 접근을 통한 과학활동, 게임을 통한 과학활동 등에 반영되고 있다.

2. 통합적 과학활동의 실제

통합적 과학활동은 과학적 개념을 활용한 자연탐구의 과학활동이 기본생활(0~2세), 신체운동(3~5세의 경우 신체운동·건강), 의사소통, 사회관계, 예술경험의 5개 영역과 각각 통합하여 이루어질 수 있다.

다음은 영역별로 영유아가 과학활동과 통합하여 활동할 수 있는 영유아의 통합적 과학활동의 내용 및 계획안을 살펴보고자 한다. 발달 수준은 영아와 유아 수준으로 나누어 살펴보고자 한다.

1) 기본생활영역과의 통합

영아는 일상생활에서 건강하고 안전한 생활습관을 형성하는 과정에서 비형식적 과학을 경험한다. 요리활동을 통해 손을 깨끗이 씻고 음식을 골고루 섭취하는 습관을 기를 수 있으며 이 과정에서 자연스럽게 다양한 음식을 탐색할 수 있다. 또한 장난감이나 생활도구를 안전하게 사용하는 법을 배울 수 있으며, 목욕을 위해 필요한 도구를 사용해 보면서 동시에 몸을 깨끗이 하는 것에 관심을 가질 수 있

표 13-1 기본생활영역의 활동과 통합한 과학활동 내용

과학 내용	대상연령	통합활동 내용
물체와 물질	2세	식사시간에 여러 가지 음식의 모양과 냄새, 맛을 탐색하고 음식을 골고루 섭취해 본다.
생명체와 자연환경	1세	동물 인형을 이용하여 목욕 놀이를 하면서 여러 가지 동물의 특성뿐만 아니라 몸을 깨끗이 하는 것에 대해 관심을 갖는다.
자연현상	1세	산책을 하면서 안전한 실외활동을 위해 지켜야 할 규칙에 대해 알아본다.
도구와 기계	2세	요리활동을 하면서 사용되는 도구와 기계를 안전하게 사용하는 방법에 대해 알아본다〈활동 1〉.

다. 따라서 기본생활영역의 활동은 영유아로 하여금 추상적인 과학적 개념을 구체적인 상황에서 경험할 수 있도록 하기 때문에 영유아에게 흥미 있고 의미 있는 맥락을 제공한다. 또한 기본생활영역의 활동은 영유아에게 일상생활에서 과학적인 사고를 표현하고 과학적 어휘를 사용할 수 있는 기회를 제공하기 때문에 영유아의 일상생활을 과학과 연결시킬 수 있다. 따라서 기본생활영역의 활동과 과학활동을 통합하여 영아가 일상생활에서 과학적인 요소를 인식하고 자연스럽게 과학적 지식을 확장할 수 있도록 하는 것이 중요하다. 〈표 13-1〉은 자연탐구의 과학적 탐구하기 범주에서 제시하고 있는 과학내용에서 영아가 과학활동과 기본생활영역과 통합하여 활동할 수 있는 영아의 통합적 과학활동 내용이다.

다음은 구체적인 활동 계획안 예시이다. 〈활동 1〉에서 영아는 요리활동을 하기 위해 올바른 방법으로 손을 깨끗이 씻는 연습을 할 수 있으며, 휘핑기와 믹서기와 같은 기계와 도구를 안전하게 사용하는 방법에 대해 배울 수 있다. 또한 요리활동을 통해 완성된 음식을 맛있게 먹으면서 기본생활영역의 활동과 자연탐구영역의 과학활동이 통합적으로 이루어지는 것을 볼 수 있다.

활동 1

활동명	홍시 아이스크림 만들기
과학활동내용	생활도구 사용하기
활동목표 및 표준보육과정	1. 주변의 단순한 기계와 도구를 사용해 본다. • 자연탐구 > 과학적 탐구하기 > 생활도구 사용하기 > 간단한 도구를 사용한다. 2. 요리를 하기 전에 손을 깨끗이 씻는다. • 기본생활 > 건강하게 생활하기 > 몸을 깨끗이 하기 > 스스로 손과 몸 씻기를 시도한다. 3. 요리활동을 통해 만든 음식을 맛있게 먹는다. • 기본생활 > 건강하게 생활하기 > 바르게 먹기 > 음식을 골고루 먹는다.
대상연령	2세
활동자료	손씻기 순서도, 홍시, 감, 곶감, 우유, 휘핑크림, 휘핑기, 믹서기, 아이스크림 틀, 요리 순서도
활동방법	1. 요리활동을 하기 전에 손을 깨끗이 씻는다. • 맛있는 음식을 만들 때 가장 먼저 무엇을 해야 할까? • 손을 씻는 순서를 함께 이야기해 보자. • (손 씻기 순서도를 보여주며) 손을 씻을 때 가장 먼저 무엇을 해야 하지? 그 다음에는 무엇을 해야 하지? • 손에 물을 묻혀요 → 비누칠을 해요 → 손을 잘 문질러요 → 손을 헹궈요 → 수건에 닦아요. • 선생님과 이야기 나눈 손 씻기 순서를 잘 생각하면서 손을 씻어보자. 2. 요리에 사용할 도구(휘핑기, 믹서기)들을 보여주며 이야기를 나눈다. • 이것은 무엇이니? • 무엇을 할 때 사용하는 것일까? • 어떻게 사용하는 것일까? • 안전하게 사용하기 위해서는 어떻게 해야 할까? 3. 감, 홍시, 곶감의 실물자료를 보면서 감의 형태가 변화하는 과정에 대해 이야기를 나눈다. 4. 홍시 아이스크림 만드는 순서도를 보며 아이스크림을 만든다. • 휘핑기에 휘핑크림을 넣고 돌려서 크림을 단단하게 만들어준다. • 믹서기에 우유와 홍시를 넣고 간다. • 단단한 휘핑크림과 믹서기에 간 홍시우유를 섞어 아이스크림 틀에 붓는다. • 아이스크림 틀을 냉동실에 넣고 얼린다.

(계속)

활동방법	5. 홍시 아이스크림을 만들며 대화를 나눈다. 　• 홍시에 우유를 넣고 믹서기에 갈았더니 홍시가 어떻게 되었니? 　• 아이스크림 틀을 냉동실에서 꺼냈을 때 아이스크림 틀에 넣은 것은 어떻게 되었니?  6. 완성된 홍시 아이스크림을 친구들과 함께 맛있게 먹는다. 　• 아이스크림은 어떤 맛이 나니? 　• 음식을 먹을 때 어떻게 먹어야 할까? 　• ○○는 바르게 앉아서 맛있게 먹는구나. 
참고사항	• 휘핑기와 믹서기를 사용할 때 영아가 손을 다치지 않도록 주의한다. • 그림으로 된 요리순서도를 준비하고 아이스크림을 만들 때, 다음 순서로 넘어갈 때마다 영아와 함께 요리순서도를 확인한다.
확장활동	• 생활을 편리하게 해주는 도구와 기계에 대해 이야기를 나눈다. • 감을 햇볕에 말려 곶감을 만들어볼 수 있다.

2) 신체운동영역과의 통합

　영유아는 신체의 반복적인 움직임을 통해 다양한 동작을 구성하는 과정에서 사고능력과 탐색능력을 발달시키며, 상황에 적절하게 신체를 움직이는 과정에서 문제해결능력을 기를 수 있다. 피아제(1952)는 영유아가 신체의 움직임을 통해 외부

표 13-2 신체운동(신체운동·건강)영역의 활동과 통합한 과학활동 내용

과학 내용	대상연령	통합활동 내용
물체와 물질	2세	공기의 힘으로 움직이는 풍선 로켓 만들고, 날아가는 풍선로켓을 잡아본다〈활동 2〉.
생명체와 자연환경	3세	실외에서 술래가 정한 색깔과 유사한 색깔의 자연물을 찾는 게임을 하고, 게임을 하면서 수집한 자연물을 손수건에 염색해 본다〈활동 3〉.
자연현상	4세	그림자밟기 놀이를 하면서 그림자가 생기는 원리에 대해 알아본다.
도구와 기계	5세	보도와 모래, 잔디 위에서 자동차를 밀어보고 차이점에 대해 알아본다.

의 세계에 적응하는 방법을 배우며 이러한 과정에서 사물의 본질을 깨닫고 상황에 따라 자신의 행동을 조절한다고 했다. 즉, 영유아는 끊임없이 변화하는 환경에 적응하기 위해 동화와 조절의 과정을 통해 자신의 신체를 조절하고 효과적인 움직임의 방법을 탐색하여 문제를 해결한다. 이러한 신체운동의 과정이 영유아의 과학적 사고력을 향상시킬 수 있는 근거가 된다. 영유아는 추상적인 과학적 개념을 습득하는데 있어서 구체적인 신체의 움직임을 통해 학습하는 것이 효과적이며, 주의집중 시간이 비교적 짧고 신체를 자유롭게 움직이고자 하는 특성이 있다. 이러한 영유아의 발달적 특성을 고려할 때, 추상적인 과학적 개념을 흥미롭고 구체적인 신체의 움직임을 통해 습득할 수 있도록 하는 것이 영유아의 과학적 지식의 형성과 과학적 문제해결력의 증진에 효과적이다. 따라서 신체운동영역(3~5세의 경우 신체운동·건강영역)의 활동은 자연탐구영역의 과학활동과 통합하여 적용할 필요가 있다. 〈표 13-2〉는 자연탐구의 과학적 탐구하기 범주에서 제시하고 있는 과학내용에서 영유아가 과학활동과 신체운동영역과 통합하여 활동할 수 있는 영유아의 통합적 과학활동 내용이다.

다음은 구체적인 활동 계획안 예시이다. 〈활동 2〉는 영아를 대상으로 신체운동과 자연탐구영역의 활동을 통합한 예가 될 수 있다. 영아는 공기의 힘으로 풍선이 날아가는 것을 경험하면서 공기의 힘에 대해 이해할 수 있으며 동시에 움직이는 풍선을 잡기 위해 대근육을 조절하는 과정에서 신체운동영역의 활동이 통합되어 이루어질 수 있다. 〈활동 3〉은 유아를 대상으로 신체운동·건강과 자연탐구영역의 활동을 통합한 예가 될 수 있다. 유아는 산책을 통해 주변에서 관찰 가능한 자연물에 관심을 가질 수 있으며, 자연물이 나타내는 색깔을 활용하여 다른 사람과 함께 하는 신체게임 활동에 참여할 수 있다. 또한 신체활동을 하면서 수집한 자연물을 탐색하고 염색을 해 보는 활동을 통해 자연스럽게 과학적 개념을 접하게 된다.

활동 2

활동명	풍선로켓 잡기
과학활동내용	물체와 물질 탐색하기
활동목표 및 표준보육과정	1. 공기의 힘으로 풍선이 날아가는 것을 경험한다. • 자연탐구 > 과학적 탐구하기 > 물체와 물질 탐색하기 > 친숙한 물체와 물질을 능동적으로 탐색한다. 2. 이동하는 물체를 잡기 위해 신체의 움직임을 조절한다. • 신체운동 > 신체조절과 기본운동하기 > 기본운동하기 > 대근육 조절하기
대상연령	2세
활동자료	《풍선 부는 요술쟁이》(양연주 글, 이종균 그림, 한국톨스토이) 풍선, 풍선펌프, 빨대, 실, 우유곽, 색시트지, 양면테이프
활동방법	1. 그림책 《풍선 부는 요술쟁이》를 읽고 이야기를 나눈다. • 토끼의 풍선이 작아졌네. 왜 작아졌을까? • 토끼의 풍선이 다시 커졌네. 왜 커졌을까? • 토끼의 풍선이 커지면서 풍선은 어떻게 되었니? 2. 풍선을 불어보고 다시 공기를 뺄 때 풍선을 놓아본다. • 풍선을 후~ 불었을 때 풍선의 크기는 어떻게 되었니? • 풍선의 입구를 손으로 잡고 있다가 놓았을 때 풍선은 어떻게 되었니? 3. 날아가는 풍선로켓을 잡아보는 활동을 한다. • 미리 잘라놓은 색시트지를 우유곽에 붙여 로켓을 만든다. • 의자와 의자 사이에 빨대를 끼운 실을 연결한다.

(계속)

활동방법	• 공기를 채운 풍선에 우유곽으로 만든 로켓을 붙인다. • 영아가 풍선의 위치와 동일한 위치에 서있도록 하고 '출발' 신호가 울리면 움직이는 풍선로켓을 잡아보도록 한다. 이때 교사는 잡고 있던 풍선의 입구를 놓는다. 4. 활동에 대한 이야기를 나누며 마무리 한다. • 풍선로켓 잡기 게임은 어땠니?
참고사항	• 영아의 경우 풍선을 불기 힘들어할 수 있으므로 교사가 풍선펌프를 이용해 풍선에 공기를 채워준다. • 영아가 만든 로켓의 한쪽 면에 미리 양면테이프를 붙여놓아서 풍선에 공기를 주입한 후 바로 붙일 수 있도록 한다.
확장활동	• 크기가 다른 풍선과 모양이 다른 풍선을 준비하여 이동하는 풍선의 빠르기를 비교해 보는 활동을 할 수 있다.

활동 3

활동명	자연에서 찾은 빛깔
과학활동내용	자연현상 알아보기, 생명체와 자연환경 알아보기
활동목표 및 표준보육과정	1. 자연물이 가지고 있는 다양한 색상을 이용하여 예술적 감각을 기른다. • 자연탐구 > 과학적 탐구하기 > 자연현상 알아보기 > 돌, 물, 흙 등 자연물에 관심을 갖는다. 2. 염색이 가능한 식물을 알고 염색을 해 본다. • 자연탐구 > 과학적 탐구하기 > 생명체와 자연환경 알아보기 > 주변의 동식물에 관심을 갖는다. 3. 다른 사람과 함께 하는 신체활동에 즐겁게 참여한다. • 신체운동·건강 > 신체활동에 참여하기 > 자발적으로 신체활동에 참여하기 > 다른 사람과 함께 하는 신체 활동에 참여한다.
대상연령	3세
활동자료	흰색 천, 망치, 색물을 만들 수 있는 다양한 종류의 식물
활동방법	1. 산책을 하며 자연에서 발견할 수 있는 색에 대해 이야기를 나눈다. • 자연에서 색을 찾아보자. 어떤 색을 찾을 수 있니? • 자연에서 찾은 색을 보면 어떤 느낌이 드니?

(계속)

	2. 자연 빛깔 찾기 활동을 해 본다.
	  • 술래를 정한다.
	  • 술래가 색깔을 정해 알려주면 다른 유아들이 색을 찾아 몸에 대고 있는다.
	  • 색을 찾기 전에 술래에게 잡히거나 잘못된 색을 찾으면 술래가 된다.
	
	3. 자연 빛깔 찾기 놀이에서 찾은 나뭇잎과 꽃잎을 수집하여 교실에 가지고 올 수 있
	  도록 한다.

	4. 교실에 돌아와 수집해온 자연물로 대화를 한다.
	  • 어떤 색의 자연물을 가지고 왔니?
	  • 자연물로 색물을 만들 수 있는 방법은 무엇이 있을까?
	
	5. 다음 순서대로 자연물 염색놀이를 한다.
	  • 흰색 천 위에 수집해 온 자연물을 올리고 천을 접어 고무망치로 두드려준다.
	  • 나뭇잎과 꽃잎을 염색해 여러 가지 색의 무늬를 표현한다.

	6. 자연물 염색놀이로 만든 천으로 대화를 나눈다.
	  • 자연물로 만든 색은 물감이나 크레파스의 색과 어떻게 다를까?
	  • 자연물로 표현한 색과 무늬는 어떤 느낌을 주니?
	
	7. 자기가 만든 손수건을 친구들 앞에서 소개한다.
	  • 친구가 만든 손수건을 함께 살펴보자.
	  • 어떤 색과 어떤 무늬를 표현한 것이니?

활동방법	(위 내용)
참고사항	• 염색이 잘 되기 위해서 수분이 많이 함유된 식물을 수집하도록 교사가 도와준다.

확장활동	• 자연물로 표현한 무늬에 염색물감(패브릭 물감)으로 연상 그림을 그려 미술작품을
	  완성해 본다.
	• 다양한 방법으로 자연물 염색하기 활동을 해 본다(예: 자연물을 끓여 만든 색물에
	  천을 담가 염색하기, 색깔 있는 야채를 갈아 색물 만들기 등).

3) 의사소통영역과의 통합

영유아 과학지도는 영유아의 과학적 지식 획득에만 중점을 두는 것이 아니라 영유아가 능동적으로 과학적 지식을 구성하고 문제를 해결하는 과정을 중시한다(NAYEC, 2003). 즉, 영유아기의 과학지도는 영유아가 주변세계에 호기심을 갖고 적극적으로 과학적인 문제를 해결할 수 있도록 과학적 탐구 능력을 기를 수 있는 기회를 제공해야 한다.

여기서 과학적 탐구 능력은 영유아가 과학활동을 통해 관찰, 실험, 분류하는 과정에서 문제를 해결하기 위해 요구되는 과학적 사고 능력을 의미하며(Martin, 1997), 최근 영유아 과학지도가 영유아 스스로 과학적으로 사고하고 탐색할 수 있는 과학적 사고력의 발달을 중시한다는 것을 의미한다.

영유아는 언어적 의사소통을 통해 새로운 개념을 습득하고 다른 사람과 다양한 방법으로 서로의 의견을 나눔으로써 사고의 영역을 확장시킬 수 있다. 따라서 과학활동에서의 의사소통은 영유아가 가지고 있던 과학에 대한 직관적 사고를 이성적 사고로 연계할 수 있을 뿐만 아니라 추상적이고 직관적인 과학적 개념을 상징적으로 표상할 수 있도록 해 준다. 그뿐만 아니라 자신의 과학적 사고를 다른 사람의 과학적 사고와 교환하는 과정을 통해 새로운 과학적 지식을 형성할 수 있다. 따라서 의사소통영역의 활동과 자연탐구영역의 과학활동을 통합하여 접근하는 것은 영유아의 과학적 사고력을 발달시키는 데 효과적이다. 〈표 13-3〉은 자연탐구의 과학적 탐구하기 범주에서 제시하고 있는 과학내용에서 영유아가 과학활동과 의사소통영역과 통합하여 활동할 수 있는 영유아의 통합적 과학활동 내용이다.

다음은 구체적인 활동 계획안 예시이다. 〈활동 4〉는 바람에 대한 과학적 개념과 어휘가 포함되어 있는 그림책을 선택하여 영아에게 들려주고 실외활동과 바람을 이용한 도구의 사용을 통해 그림책에서 다룬 '바람'이라는 주제를 영아가 감각적으로 느껴볼 수 있도록 하여 의사소통과 자연탐구영역의 과학활동을 통합하고

표 13-3 **의사소통영역의 활동과 통합한 과학활동 내용**

과학 내용	대상연령	통합활동 내용
물체와 물질	3세	여러 가지 종류의 물체를 다섯 가지 감각을 이용하여 탐색해 보고 한 가지 물체를 비밀상자 안에 넣는다. 비밀상자 안에 있는 물체를 하나의 감각으로 탐색하여 어떤 물체인지를 맞추고 그렇게 생각한 이유에 대해 설명해 본다.
생명체와 자연환경	4세	산책에서 수집한 자연물로 자음과 모음을 만들어 보고, 이를 조합하여 글자를 만들어본다.
자연현상	5세	여러 가지 자료를 이용하여 우주를 탐색하고 내가 생각한 우주를 동시로 표현해 본다.
도구와 기계	5세	상대방이 설명하고 있는 물체의 특성에 대해 주의 깊게 듣고 직접 만든 튜브를 이용해 해당하는 물체를 찾아본다〈활동 5〉.
	2세	바람에 대해 다룬 그림책을 읽어보고 이야기를 나눈 후 실외활동에서 바람을 감각적으로 느껴본다〈활동 4〉.

있다. 〈활동 5〉는 유아를 대상으로 의사소통과 자연탐구영역의 활동을 통합한 예가 될 수 있다. 유아는 또래가 이야기하는 물체의 특성을 주의 깊게 듣고 해당하는 물체를 알아내는 과정에서 다양한 크기와 모양의 튜브를 이용해볼 수 있다. 유아들은 또래에게 주변에 있는 여러 가지 물체의 특성에 대해 설명하기 위해 과학적인 지식을 활용하며, 상대방이 설명하고 있는 물체의 특성에 대해 주의 깊게 듣고 물체를 찾으면서 의사소통과 자연탐구영역의 활동이 통합적으로 이루어지는 것을 볼 수 있다.

활동 4

활동명	살랑살랑 바람을 느껴보아요
과학활동내용	주변 자연에 관심 가지기, 생활도구 탐색하기
활동목표 및 표준보육과정	1. 바람을 느껴본다. • 자연탐구 > 과학적 탐구하기 > 자연을 탐색하기 > 날씨를 감각으로 느낀다. 2. 바람개비를 탐색해 보고 실외에서 사용해 본다. • 자연탐구 > 과학적 탐구하기 > 생활도구 사용하기 > 간단한 도구를 사용한다. 3. 바람에 대한 그림책을 읽어보고 그림과 내용에 관심을 가진다. • 의사소통 > 읽기 > 그림책과 환경 인쇄물에 흥미 가지기 > 그림책과 환경 인쇄물이 있는 그림과 내용에 관심을 가진다.
대상연령	2세
활동자료	《바람이 불었어》(팻 허친즈 지음, 박현철 옮김, 시공주니어), 바람개비
활동방법	1. 영아와 함께 그림책 ≪바람이 불었어≫를 읽는다. • (그림책을 읽으며) 모자가 무엇 때문에 날아갔니? • 바람이 연이랑, 풍선이랑, 모자도 날아가게 했구나. • 바람은 또 무엇을 날아가게 했니? • 바람을 본 적이 있니? • 바람이 부는 날 어떤 일이 있었니? 책에서 보았던 것처럼 어떤 것이 바람에 날아간 적이 있었니? 2. 바람이 부는 실외로 나가 바람을 느껴본다. • 살랑살랑 바람이 불구나. • 바람을 볼 수 있니? 어떻게 바람이 부는지 알 수 있을까? • 바람이 부니 머리카락이 움직이는구나. • 바람에 나무가 옆으로 살랑살랑 움직이는 것을 보자. 3. 바람개비를 나누어주고 돌려본다. • 이것은 무엇이니? • 바람개비를 손에 들고 걸어보자. 바람개비가 어떻게 되었니? • 바람개비를 손에 들고 뛰어보자. 바람개비가 어떻게 되었니? • 살랑살랑 부는 바람에 바람개비가 돌아가는 것을 보자. • 바람개비가 더 잘 돌아가게 하려면 바람이 어떻게 불어야 할까?

(계속)

활동방법	
참고사항	• 영아가 직접 만든 바람개비로 활동을 해 볼 수 있다. • 바람이 부는 날 바람개비 돌리기 활동을 해 본다.
확장활동	• 도화지에 밀가루 풀로 바람을 표현해 보는 활동을 할 수 있다. • 바람에 날리는 사물을 관찰하고 신체로 표현해 보는 활동을 할 수 있다. • 바람을 이용한 여러 가지 생활도구(부채, 선풍기 등)를 알아보고 사용해 보는 활동을 할 수 있다.

활동 5

활동명	무엇일까요?
과학활동내용	물체와 물질 알아보기, 간단한 도구와 기계 활용하기
활동목표 및 표준보육과정	1. 주변 사물에 호기심을 갖고 탐구하는 과정을 즐긴다. 　• 자연탐구 > 과학적 탐구하기 > 물체와 물질 알아보기 > 주변의 여러 가지 물체와 물질의 기본 특성을 알아본다. 2. 다양한 크기와 모양의 튜브를 탐색하고 사용해 본다. 　• 자연탐구 > 과학적 탐구하기 > 간단한 도구와 기계 활용하기 > 생활 속에서 간단한 도구와 기계를 활용한다. 3. 다른 사람의 이야기를 집중하여 듣는다. 　• 의사소통 > 듣기 > 낱말과 문장 듣고 이해하기 > 다양한 낱말과 문장을 듣고 뜻을 이해한다.
대상연령	5세
활동자료	잡지, 도화지, 두꺼운 도화지, 테이프, 튜브를 꾸밀 재료(색종이, 색연필 등), 가위, 풀
활동방법	1. 미리 만들어놓은 튜브를 보여주며 이야기를 나눈다. 　• 이것은 무엇이니? 　• 무엇을 하는데 사용할 수 있을까? 2. 여러 가지 형태의 튜브(구멍이 작은 튜브, 구멍이 큰 튜브, 길이가 긴 튜브, 길이가 짧은 튜브 등)를 이용해 그림책에 있는 사물을 탐색해 본다. 　• 물건을 쉽게 찾기 위해서는 어떤 튜브가 좋을까?

(계속)

3. 도화지에 있는 그림에서 물건을 찾기 위한 튜브를 만들어보도록 한다.
   - 두꺼운 도화지를 이용해서 튜브를 만들 때 어떻게 만들어야 물건을 쉽게 찾을 수 있을까?
   - 튜브의 구멍을 너무 작게 또는 너무 크게 만든다면 어떨까?
   - 튜브의 길이를 너무 짧게 또는 너무 길게 만든다면 어떨까?
   - 그림 찾기 게임에 사용할 나만의 튜브를 만들어보자.

4. 다음 순서대로 튜브를 만든다.
   - 두꺼운 도화지를 적당한 길이로 자른다.
   - 자른 두꺼운 도화지를 말아 테이프로 고정한다.
   - 다양한 재료를 이용해 나만의 튜브를 꾸며준다.

5. 그림에서 물건 찾기 게임을 하는 방법에 대해 이야기를 나눈다.
   - 유아 2명이 한 조가 되어 게임을 진행한다.
   - 게임에서 찾고자 하는 종류의 그림을 한 가지씩 정한다(예: 동물, 꽃, 음식, 가구, 사람 등).
   - 자신이 정한 종류의 그림을 잡지에서 오려 도화지에 붙인다.

   - 도화지에 붙인 그림에서 친구에게 문제를 낼 그림을 마음속으로 한 가지 정하고 친구에게 그림의 특징을 설명해준다(예: 이것은 빨간색 과일이야. 새콤달콤한 맛이 나고 씹으면 사각사각 소리가 나기도 해. 이것은 무엇일까?).
   - 친구가 이야기하는 것을 주의 깊게 듣고 자신의 튜브를 이용해 그림을 찾아 보여준다.
   - 친구와 순서를 바꿔가며 게임을 진행한다.

(계속)

활동방법	
	
	6. 유아가 그림을 오려붙인 도화지를 앞에 나와 보여주면 다른 유아들이 어떤 종류의
	   그림인지를 맞춰본다.
	    • 어떤 물건들을 모아놓은 그림일까?

참고사항	• 물건 찾기 게임방법을 소개할 때 교사가 미리 준비한 여러 가지 종류(동물, 음식
	  등)의 그림판을 앞에 두고 유아와 함께 물건 찾기 게임을 해 본다. 유아들이 게임의
	  방법에 대해 이해하였을 때 각자 게임을 진행할 수 있도록 한다.
	• 그림의 특성을 언어로 설명하는 것을 어려워하는 유아의 경우에는 교사가 설명하
	  는 방법에 대해 도움을 준다.

확장활동	• 자연물을 이용해 게임을 할 수 있다. 이때 자연도감을 활용하여 미리 자연물의 특 성을 탐색한 후 진행한다.

4) 사회관계영역과의 통합

영유아 과학지도는 과학이 영유아의 실제생활과 연계되어야 하며 과학과 기술의 발달로 인해 발생한 사회적인 문제를 해결할 수 있는 토대가 되어야 한다는 것을 강조한다(이경민, 2013). 이는 영유아가 과학적 사고를 토대로 주변 환경에서 일어나는 사회현상을 탐색하고 경험하며 실제 사회적인 문제를 해결할 수 있다는 것을 의미한다. 그뿐만 아니라 영유아의 과학적 지식은 영유아를 둘러싸고 있는 사회와 문화에 토대를 두고 형성된 것이기 때문에 사회적 맥락에서 이해할 수 있다. 또한 구체적이고 실제적인 활동에서 학습하는 것이 더 효과적인 영유아의 발달적 특성을 고려할 때, 영유아에게 과학적 개념을 직접적으로 지도하는 것보다 실제 생활에서 과학적인 사고를 통해 과학적 개념을 이해하고 과학적인 문제를 해결할 수 있는 기회를 제공하는 것이 중요하다. 즉, 영유아가 일상생활에서의 과학적 경험을 토대로 과학적인 문제해결 전략을 세우고 다른 사람과의 상호작용을 통해 과

표 13-4 **사회관계영역의 활동과 통합한 과학활동 내용**

과학 내용	대상연령	통합활동 내용
물체와 물질	5세	검은색 도화지에 소금물로 편지를 써서 친구에게 전해주고, 편지를 받은 친구는 편지를 드라이기로 말려 나타난 글자나 그림을 관찰한다〈활동 7〉.
	2세	귤껍질을 이용하여 손난로를 만들어 가족에게 선물한다〈활동 6〉.
생명체와 자연환경	4세	교실을 남극의 자연환경으로 구성해 보고, 친구들과 남극탐험을 위한 계획을 세우고 탐험해 본다.
자연현상	5세	물, 모래, 돌을 이용해 우리나라 지도를 만들어 본다.
도구와 기계	2세	친구와 짝이 되어 보자기로 물건을 옮기는 게임을 한다.

학적 문제해결의 경험을 갖도록 해야 한다. 따라서 영유아의 사회적 환경에 대한 이해를 기초로 하고 있는 사회관계영역의 활동과 영유아의 과학적 사고의 발달을 기초로 하고 있는 자연탐구영역의 과학활동을 통합하여 접근할 필요가 있다. 〈표 13-4〉는 자연탐구의 과학적 탐구하기 범주에서 제시하고 있는 과학내용에서 영유아가 과학활동과 사회관계영역과 통합하여 활동할 수 있는 영유아의 통합적 과학활동 내용이다.

다음은 구체적인 활동 계획안 예시이다. 〈활동 6〉은 영아를 대상으로 사회관계와 자연탐구영역의 활동을 통합한 예가 될 수 있다. 영아는 귤껍질을 이용해 손난로를 만들어보고 이를 탐색해 볼 수 있으며, 동시에 영아의 가족에게 자신이 만든 손난로를 선물하면서 가족에 대한 애정을 표현할 수 있다. 〈활동 7〉에서 유아는 친구에게 비밀편지를 써보는 활동을 하면서 친구에게 자신의 감정을 전달할 수 있으며, 이러한 과정에서 유아는 물이 증발하여 소금이 생성되는 과학적인 원리를 이해하게 된다.

활동 6

활동명	따뜻한 손난로를 선물해요
과학활동내용	물체와 물질 탐색하기
활동목표 및 표준보육과정	1. 추운 날씨에 귤껍질을 이용하여 만든 손난로로 몸을 따뜻하게 할 수 있다는 것을 안다. • 자연탐구 > 과학적 탐구하기 > 물체와 물질 탐색하기 > 친숙한 물체와 물질을 능동적으로 탐색한다. 2. 가족과 따뜻함을 함께 나누어본다. • 사회관계 > 더불어 생활하기 > 내 가족 알기 > 내 가족에게 애정을 표현한다.
대상연령	2세
활동자료	손난로, 귤껍질, 비닐팩, 헌 양말, 핸드페인팅 물감
활동방법	1. 추운 날씨에 몸을 따뜻하게 하기 위한 방법에 대해 이야기를 나눈다. • 추운 날씨에 몸을 따뜻하게 하기 위해 무엇을 할 수 있을까? • 손난로를 본 적이 있니? • (손난로를 만져보며) 느낌은 어떠니? • 추운 날 손난로를 선물 받으면 기분이 어떨까? 2. 손난로를 만들어 가족에게 선물한다. • 귤껍질을 모아서 뭉친 후에 비닐팩에 넣는다. • 비닐팩을 전자레인지에 넣고 20초 동안 데운다. • 헌 양말에 비닐팩을 넣어 따뜻한 귤껍질 손난로를 만든다. 3. 선물을 받을 사람을 생각하며 손난로를 꾸며본다. • 핸드페인팅 물감을 사용하여 손가락으로 손난로를 꾸며보자. • 어떤 그림이니? 4. 친구들에게 자신이 만든 귤껍질 손난로를 소개한다. • 가족 중에 누구에게 손난로를 선물할 것이니? • 내가 만든 손난로를 선물하게 되어서 기분이 어떠니? • 손난로를 선물 받은 사람은 어떤 기분이 들까?

(계속)

참고사항	• 귤껍질을 넣은 비닐팩을 전자레인지에 돌리면 뜨거워지므로 20초 정도 데우고 꺼 낼 때 장갑 등을 끼우고 꺼내도록 한다. • 헌 양말에 비닐팩을 넣은 후 비닐팩이 빠지지 않도록 교사가 양말의 윗부분을 끈 으로 묶어주거나 단단하게 접어준다. • 핸드페인팅 물감을 사용하여 손난로를 꾸민 후 일정시간 말린 후에 사용할 수 있 도록 한다.
확장활동	• 추운 날 산책할 때 손난로를 데워 가지고 나가 손난로의 느낌에 대해 이야기를 나 누어볼 수 있다.

활동 7

활동명	친구에게 비밀 편지로 마음을 전해요
과학활동내용	물체와 물질 알아보기

활동목표 및
표준보육과정
	1. 소금이 생성되는 원리에 대해 이해한다.
	  • 자연탐구 > 과학적 탐구하기 > 물체와 물질 알아보기 > 주변의 여러 가지 물
	    체와 물질의 기본 특성을 알아본다.
	2. 물이 증발하는 원리에 대해 이해한다.
	  • 자연탐구 > 과학적 탐구하기 > 물체와 물질 알아보기 > 주변의 여러 가지 물
	    체와 물질의 기본 특성을 알아본다.
	3. 친구에게 편지를 써서 자신의 생각을 전달해 본다.
	  • 사회관계 > 나와 다른 사람의 감정 알고 조절하기 > 나와 다른 사람의 감정 알
	    고 표현하기 > 자신의 감정을 알고 표현한다.

대상연령	5세
활동자료	《소금이 온다》(도토리 글, 백남호 그림, 보리), 검은색 도화지, 소금, 물, 컵, 붓, 티스푼, 드라이기

활동방법	1. 친구와 편지를 주고받았을 때의 경험에 대해 이야기를 나눈다.
	  • 마음을 전달하는 방법으로는 무엇이 있니?
	  • 친구에게 편지를 전해준 적이 있니?
	  • 친구로부터 편지를 받은 적이 있니? 기분이 어땠니?
	  • 친구에게 어떤 편지를 전해주면 친구가 기뻐할까?
	2. 비밀편지에 대해 소개를 한다.
	  • 친구에게 받은 편지에 아무것도 쓰여 있지 않구나, 어떤 기분이 드니?
	  • 비밀편지에서 조금 있다 글씨가 나타나는 것을 잘 보자.
	  • 편지를 받았을 때 없었던 글씨와 그림이 어떻게 나타난 것일까?
	  • 친구에게 이런 편지를 받는다면 어떤 기분이 들겠니?

(계속)

활동방법	3. 비밀편지를 쓰고싶은 친구를 생각하며 비밀편지 쓰기 활동을 해 본다. • 컵에 물 100ml를 넣고 소금을 5ts 넣어 소금물을 만든다. • 소금물을 묻힌 붓으로 검은 도화지 위에 글씨를 쓴다. • 글씨 쓴 종이를 드라이기로 말린다. • 종이 위에 나타난 글자 또는 그림을 관찰한다. 4. 친구에게 받은 비밀편지를 드라이기로 말려본다. • 친구에게 받은 검은색 도화지의 편지를 드라이기로 말렸을 때 어떤 일이 일어났니? • 어떻게 글자가 나타났을까? 5. 그림책 《소금이 온다》를 읽고 이야기를 나눈다. • 소금은 어떻게 만들어진다고 했니? • 소금이 만들어지는데 필요한 것은 무엇일까? • 친구에게 받은 비밀편지의 글자를 알아보기 위해 필요한 것은 무엇이니?
참고사항	• 활동에서 소외되는 유아가 없도록 교사가 편지를 주고받고 싶은 친구를 미리 알아보고 조정해 준다.
확장활동	• 비밀편지의 글자가 빨리 나타나도록 하는 방법을 찾고 비교해 보는 활동을 할 수 있다(예: 빛, 바람 등). • 물질의 화학반응을 이용한 다른 방법의 비밀편지 쓰기를 할 수 있다(예: 레몬즙으로 쓴 편지를 알코올램프에 그을리기, 소다수로 쓴 편지를 물 위에 띄우기, 페놀프탈레인 용액으로 쓴 편지에 암모니아수 뿌리기 등).

5) 예술경험영역과의 통합

예술경험은 영유아에게 즐거움과 정서적 안정감을 제공하는 반면에, 과학경험은 추상적이고 비교적 어려운 활동으로 인식된다. 따라서 과학활동을 예술경험영역의 활동과 통합하여 제공할 때 영유아가 논리적인 과학적 지식을 일상생활에서 자연스럽게 경험하고 내면화할 수 있으므로 영유아가 과학에 흥미를 가지고 자발적으로 활동에 참여할 수 있으며, 과학에 대해 긍정적인 태도를 형성하도록 할 수 있다(안지영·최미숙, 2014).

개정된 표준보육과정과 누리과정에 따르면 예술경험영역은 음악, 미술, 동작, 극놀이 등을 포함한다(교육부·보건복지부, 2013). 따라서 예술경험이라는 여러 가지 매체를 통해 과학을 경험할 때 영유아는 보다 다양한 방식으로 과학에 접근할 수 있으며, 창의적인 사고능력을 기를 수 있는 예술경험영역의 특성으로 인해 과학적 사고를 확장할 수 있다. 또한 과학적 경험을 통해 얻어진 창의적 사고능력은 영유아의 문제해결능력을 기르는 데 도움을 줄 것이다.

음악의 다양한 요소는 영유아가 과학을 이해하는데 도움이 될 수 있다. 영유아는 음악적 활동을 통해 시공간적 추론능력을 향상시킬 수 있으며, 시공간능력은 과학을 이해하는데 기초적인 능력이다(Rauscher, 1997). 음악의 멜로디는 영유아에게 긍정적인 정서를 불러일으키며, 가사에 담겨진 내용을 이해하는 것은 영유아로 하여금 은유적인 사고를 할 수 있도록 해준다.

과학과 미술은 시공간적 능력을 활용한다는데 공통점을 가진다. 또한 영유아는 과학적인 지식과 사고를 미술활동을 통해 통합하고 표상할 수 있으며 과학적으로 의사소통을 할 수 있다. 이러한 과정에서 영유아가 과학적인 사건을 자신의 방식 대로 경험하고 해석하며 미술활동을 통해 표현할 수 있기 때문에 과학적인 사고를 확장시킬 수 있다. 이처럼 예술경험영역과 자연탐구영역의 과학은 학문적으로도 많은 관련성이 있으며 통합을 하였을 때 긍정적인 효과가 있으므로 영유아가 통합하여 과학활동을 할 수 있는 기회를 제공하는 것이 중요하다. 〈표 13-5〉는 자연탐구의 과학적 탐구하기 범주에서 제시하고 있는 과학내용에서 영유아가 과학 활동과 예술경험영역과 통합하여 활동할 수 있는 영유아의 통합적 과학활동 내용이다.

다음은 구체적인 활동 계획안 예시이다. 〈활동 8〉은 영아를 대상으로 예술경험과 자연탐구영역의 활동을 통합한 예가 될 수 있다. 영아는 여러 가지 색의 얼음으로 그림을 그리기 위해 물이 얼음이 되고 얼음이 다시 물이 되는 것을 경험하면

표 13-5 **예술경험영역의 활동과 통합한 과학활동 내용**

과학 내용	대상연령	통합활동 내용
물체와 물질	2세	물에 물감을 섞어 여러 가지 모양의 틀에 넣어 얼려서 색 얼음을 만들어보고 도화지에 색 얼음 그림을 그려본다〈활동 8〉.
생명체와 자연환경	5세	신문지나 우유곽을 이용해 만든 재생종이로 부채를 만들어본다.
자연현상	4세	비와 관련이 있는 음악을 감상하면서 신체와 그림을 통해 비를 표현해 본다〈활동 9〉.
도구와 기계	3세	동그랗게 오린 두꺼운 종이에 여러 가지 색을 칠하고 둥근 막대를 가운데 끼워 색팽이를 만든다. 팽이가 돌아가면서 만드는 색을 관찰한다.

서 물질이 변화하는 과학적 지식을 이해하게 된다. 또한 손의 열기로 인해 색얼음이 녹아 도화지에서 그림이 되는 과정에서 영아는 예술경험과 함께 과학적인 경험을 동시에 할 수 있다. 〈활동 9〉에서 유아는 비가 만들어지는 과정을 실험하면서 비에 대해 관심을 갖고 탐색할 수 있으며, 비와 관련이 있는 음악을 감상하면서 신체와 그림을 통해 비를 표현할 수 있다. 유아는 이러한 활동을 통해 '비'라는 자연현상에 대해 과학적으로 접근할 수 있을 뿐만 아니라 예술적으로도 통합하여 접근할 수 있다.

활동 8

활동명	색얼음으로 그림을 그려요
과학활동내용	물체와 물질 탐색하기
활동목표 및 표준보육과정	1. 물이 얼음이 되고 얼음이 녹아 물이 되는 것을 관찰한다. • 자연탐구 > 과학적 탐구하기 > 자연을 탐색하기 > 돌, 물, 모래 등의 자연물을 탐색한다. 2. 여러 가지 색깔의 얼음으로 그림을 그려본다. • 예술경험 > 예술적 표현하기 > 자발적으로 미술활동하기 > 자발적으로 그리기, 만들기를 한다.

(계속)

대상연령	2세
활동자료	도화지, 여러 가지 모양의 얼음틀, 물, 물감
활동방법	1. 물에 물감을 섞어 여러 가지 모양의 얼음틀에 넣는다. 　• 초록색 물감은 어떤 모양의 얼음틀에 넣었니? 　• 빨간색 물감은 어떤 모양의 얼음틀에 넣었니? 　• 노란색 물감이 얼면 어떤 모양이 될까? 2. 색얼음을 탐색한다. 　• 색얼음을 만져보자. 만져보니 어떤 느낌이 드니? 　• 빨간색 얼음은 어떤 모양이니? 　• 노란색 얼음은 어떤 모양이니? 　• 색얼음을 도화지 위에 올려놓고 조금 기다려보자. 색얼음은 커졌니, 작아졌니?  3. 색얼음으로 도화지에 그림을 그려본다. 　• ○○은 빨간색 동그란 모양의 색얼음을 골랐구나. 　• ○○은 초록색 네모 모양의 색얼음을 골랐구나. 　• 무엇을 그리고 있니? 　• 색얼음이 따뜻한 손을 만나니 크기가 점점 작아졌니, 커졌니?  4. 친구들에게 색얼음 그림을 소개한다. 　• ○○은 무엇을 그렸니?

(계속)

활동방법	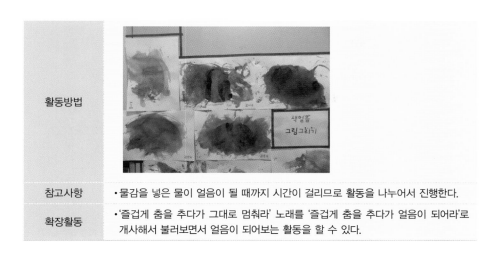
참고사항	• 물감을 넣은 물이 얼음이 될 때까지 시간이 걸리므로 활동을 나누어서 진행한다.
확장활동	• '즐겁게 춤을 추다가 그대로 멈춰라' 노래를 '즐겁게 춤을 추다가 얼음이 되어라'로 개사해서 불러보면서 얼음이 되어보는 활동을 할 수 있다.

활동 9

활동명	비의 소리들
과학활동내용	자연현상 알아보기
활동목표 및 표준보육과정	1. 비가 만들어지는 과정에 대해 안다. 　• 자연탐구 > 과학적 탐구하기 > 자연현상 알아보기 > 날씨와 기후변화에 관심을 갖는다. 2. 비와 관련된 다양한 소리를 언어, 신체, 그림으로 표현할 수 있다. 　• 예술경험 > 예술적 표현하기 > 통합적으로 표현하기 > 음악, 움직임과 춤, 미술, 극놀이 등을 통합하여 표현한다. 3. 음악을 감상하면서 비와 관련된 소리를 창의적으로 표현할 수 있다. 　• 예술경험 > 예술적 표현하기 > 통합적으로 표현하기 > 예술 활동에 참여하여 창의적으로 표현하는 과정을 즐긴다.
대상연령	4세
활동자료	쇼팽의 빗방울 연주곡, OHP필름지, 네임펜, 다양한 색깔의 스카프, 끓인 물, 차가운 물, 빈 통, 페트병
활동방법	1. 비가 만들어지는 과정에 대해 실험을 하여 비에 대한 흥미를 유발한다. 　• 끓인 물을 빈 통에 담는다. 　• 차가운 물을 넣은 페트병을 뚜껑을 닫아 눕혀 뜨거운 물이 담긴 통 위에 들고 있는다. 　• 페트병 표면 위에 물방울이 맺혀 떨어지는 것을 관찰한다. 2. 페트병을 보며 대화를 나눈다. 　• 페트병 표면 위에 어떤 변화가 생겼니? 　• 비는 어떻게 만들어지니?

(계속)

3. 비오는 날의 경험에 대해 이야기를 나눈다.
   • 비오는 날 빗방울이 떨어지는 것을 본 적이 있니?
   • 빗방울이 어디서 떨어지는 것을 보았니?
   • 우산에 떨어진 빗방울과 땅위에 흐르는 빗방울의 모습은 어떻게 다르니? 소리는 어떠니?

4. 쇼팽의 빗방울 연주곡을 들으며 빗방울을 신체로 표현해 본다.
   • 빗방울이 하늘에서 땅으로 떨어지는 모습을 표현해 보자.
   • 다른 세기로 우산에 떨어지는 빗방울의 모습은 어떻게 표현할 수 있을까?
   • 소나기가 오는 모습은 어떻게 표현할 수 있을까?
   • 차의 지붕에 쏟아지는 빗방울은 어떻게 표현할 수 있을까?
   • 하수구로 흘러내려가는 빗방울은 어떻게 표현할 수 있을까?

5. 비의 다양한 소리를 OHP필름지에 네임펜으로 표현해 본다.

6. OHP필름지에 표현한 비의 소리를 친구들에게 소개해 본다.
   • 비의 어떤 소리를 표현한 것이니?

(계속)

참고사항	• 빗방울을 신체로 표현할 때 다양한 색깔의 스카프를 제공하여 유아가 풍부하게 표현해 볼 수 있도록 한다. • 실험을 할 때 끓인 물 사용에 주의한다. • OHP 필름지에 표현한 비의 소리를 친구들에게 소개할 때 언어로 다양하게 표현할 수 있도록 한다.
확장활동	• 눈을 감고 친구들이 표현한 비의 소리에 대한 이야기를 듣고 그림으로 표현해 본다.

● 참고문헌 ●

문헌

국립특수교육원(2009). 특수교육학용어사전. 하우.

권영례·이순형(2003). 유아수학교육. 한국방송통신대학교출판부.

김경미·김현주·송연숙(2010). 현장중심 유아과학교육: 3차 표준보육과정과 3~5세 누리과정 연계. 창지사.

김영민 외(2014). 과학교육학의 세계. 북스힐.

민선혜·임승렬·김효생(2008). 0~3세 영유아를 위한 몬테소리교육의 이론과 실제. 양서원.

박경희·이성숙(2003). 몬테소리교육. 정민사.

박숙희·염명숙·이경희(2000). 교육방법 및 교육공학. 학지사.

보건복지부(2014). 2014 어린이집 평가인증(40인 이상 어린이집). 보건복지부.

보건복지부·교육부(2013). 3~5세 연령별 누리과정 교사용 지침서. 보건복지부·교육부.

보건복지부·교육부(2013). 3~5세 연령별 누리과정 해설서. 보건복지부·교육부.

보건복지부·교육부(2012). 5세 누리과정 해설서. 보건복지부·교육부.

보건복지부·육아정책연구소(2013). 0~2세 연령별 표준보육과정 교사용 지침서. 보건복지부.

보건복지부·육아정책연구소(2013). 제3차 어린이집 표준보육과정 교사용 지침서. 보건복지부.

보건복지부·육아정책연구소(2013). 제3차 어린이집 표준보육과정 해설서. 보건복지부.

서울대학교 교육연구소(2011). 교육학용어사전. 하우동설.

육아정책개발센터(2008a). 0세 보육프로그램. 보건복지가족부.

육아정책개발센터(2008b). 1세 보육프로그램. 보건복지가족부.

육아정책개발센터(2008c). 2세 보육프로그램. 보건복지가족부.

육아정책개발센터(2008d). 3세 보육프로그램. 보건복지가족부.

육아정책개발센터(2008e). 4세 보육프로그램. 보건복지가족부.

육아정책개발센터(2008f). 5세 보육프로그램. 보건복지가족부.

윤애희·김온기·이혜경(2002). 사고 과정을 중심으로 한 유아 수·과학 교육. 창지사.

이경우·조부경·김정준(1999). 구성주의 이론에 기초한 유아과학교육. 양서원.

이경우·홍혜경·신은수·진명희(1997). 유아수학교육의 이론과 실제. 창지사.

이순형 외(2000). 어린이를 위한 주제탐구표현활동. 창지사.

이순형 외(2007). 보육과정(제2판). 학지사.

이순형 외(2007). 영유아 교수방법. 학지사.

이순형·김지현(2010). 영유아 과학교육활동의 실제. 학지사.

이홍우(1988). 부르너(Bruner) 지식의 구조. 교육과학사.

조부경 외(2012). 예비교사와 현직교사를 위한 유아과학교육(제3판). 양서원.

조성자(1997). 마리아 몬테소리의 자유개념과 자유작업의 원리. 중앙적성출판사.

조성자(1998). 마리아 몬테소리의 우주교육: 인간의 잠재능력을 어떻게 개발할 것인가. 중앙적성출판사.

조성자·박성은·오정숙·최선희(2003). 몬테소리 유아교육의 철학적 이론과 실제. 창지사.

조옥희·권영자(2001). 3, 4, 5세 유아를 위한 몬테소리 유아교육. 중앙적성출판사.

한국교육심리학회(2000). 교육심리학용어사전. 하우동설.

한유미(2007). 영유아 수과학 교육. 창지사.

한유미(2009). 유아 수학 교육. 창지사.

홍혜경(2009). 유아수학능력의 발달과 교육. 양서원.

AAAS(1989). *Science for all Americans*: A project 2061 report on literacy goals in science, mathematics and technology: Washington, DC: Author.

Andrews, A. G. & Trafton, P. R.(2002). *Math stories from a kindergarten classroom.*

Atkinson, S. & Fleer, M.(1995). *Science with reason.* Portsmouth, NH: Heinemann.

Baillargeon, R.(1991). Reasoning about the height and location of hidden object in 4.5~6.5 month-old infants. *Cognition*, 38, pp.13~42.

Baillargeon, R.(1986). Representing the existence and the location of hidden objects: Object Permanence in 6- and 8-month-old infants. *Cognition*, 23, pp.21~41.

Baillargeon, R.(1994). How do infants learn about the physical world? *Current Directions in Psychological Science*, 3, pp.133~140.

Baillargeon, R.(2004). Infants' physical worlds. *Current Directions in Psychological Science*, 13, pp.89~94.

Bandura, A., Barbaranelli, C., Carprara, G. & Pastorelli, C.(2001). Self-efficacy beliefs as shapers of children's aspirations and career trajectories. *Child Development*, 72, pp.187~206.

Beckschneider, A. G., Shatz, M. & Gelman, S. A.(1993). Preschoolers' ability to distinguish living kinds as a function of regrowth. *Child Development*, 64(4), pp.1242~1257.

Bruner, J.(1996). *The culture of education.* Cambridge, Mass: Harvard University Press.

Carey, S.(1985). *Conceptual change in childhood.* Cambridge, MA: MIT Press.

Chaille, C. & Britain, L.(1997). *The young child as a scientist: A constructivist approach to early childhood science education.* NY: Harper Collins.

Chaille, C. & Britain, L.(1997). *The young children as scientist: A constructivist approach to early childhood science education(2nd ed.).* NY: Longman.

Charlesworth, R. & Lind, K.(2012). *Math and science for young children(7th ed.).* Belmont, CA: Wadsworth, Cengage Learning.

Cohen, L. B. & Cashon, C. H.(2006). Infant cognition. In W. Damon, R. M. Lerner (Series Eds.), D. Kuhn & R. Siegler(Vol. Eds.), *Handbook of child psychology:* Vol. 1. Cognition, perception, and language(6th ed.). NY: Wiley.

De Lima Moteiro, M. T., Gatista, S. M., Mendes, S. M. P., Rodriguess, E. C. & Teixeira, E.(1993). *The child's view of the world:* The origin of moon, sun, and stars. ERIC Documents, ED pp.375~952.

D. G. Singer, R. M. Golinkoff, and K. Hirsh—Pasek(Eds.), *Play=Learning:* How play motives and enbances children's cognitive and social—emotional growth. NY: Oxford University Press.

Duschl, R. A., Schweingruber, H. A. & Shouse, A. W.(2007). *Taking science to school: Learning and teaching science in grades K-8.* Washington, DC: National Academy Press.

Flavell, J. H., Miller, P. H. & Miller, S. A.(2002). *Cognitive development(4th).* Prentice—Hall.

Friedman, L.(1994, April). *The role of spatial skill in gender differences in mathematics: Meta-analytic evidence.* Paper presented at the annual meeting of the AERA, New Orleans, LA.

Gardner, H.(2006). *Multiple Intelligences: New Horizons in theory and Practice.* BasicBooks.

Gelman, R.(1990). First principles organize attention to and learning about relevant data: Number and the animate—inanimate distinction. *Cognitive Science,* 14, pp.79~106.

Gelman, S. A. & Gottfried, B. M.(1996). Children's causal explanations of animate and inanimate motion. *Child Development,* 67(5), pp.1970~1987.

Gelman, S. A. & Markman, E. M. (1986). Categories and induction in young children. *Cognition,* 23, pp.183~209.

Ginsburg, H. P. & Opper, S.(3rd, 1988). *Piaget's theory of intellectual development.* Prentice Hall.

Ginsburg, H. P.(2006). *Mathematical play and playful mathematics:* A guide for early education. In

Harlan, J. D. & Rivkin, M. S.(2000). *Science experience for the early childhood years*: An integrated approach. Englewood Cliffs, NJ: Merrill Prentice Hall.

Harlan, J. D. & Rivkin, M. S.(2004). *Science experiences for the early childhood years*: An integrated affective approach(8th ed.). Upper Saddle River, NJ: Merrill/Prentice Hall.

Harlen, W.(2000). *Teaching, learning & assessing science*. London: Paul Chapman Publishing. pp.5~12.

Hatano, G. & Inagaki, K(1996). Cognitive and cultural factors in the acquisition of intuitive biology. In D. R. Olson & N. Torrance(Eds.), *The handbook of education and human development*: New models of learning, teaching, and schooling. Cambridge, MA: Blackwell.

Inagaki, K. & Hatano, G.(2002). Young children's spontaneous personification as analogy. *Child Development*, 58, pp.1013~1020.

Jipson, J. L. & Callanan, M. A.(2003). Mother-child conversation and children's understanding of biological and nonbiological changes in size. *Child Development*, 74, pp.629~644.

Jones, I., Lake, V. E. & Lin, M.(2008). Early Childhood Science Process Skills: Social and Developmental Considerations. In O. N. Saracho & B. Spodek(Eds.), *Contemporary perspectives on Science and Technology in Early Childhood Education*. Charlotte, NC: Information Age Publishing Inc. pp.17~40.

Kamii, C. K.(1985). *Young children reinvent arithmetic*; Implications of Piaget's theory. New York: Teachers College Press.

Kilmer, S. J. & Hofman, H.(1995). Transforming science curriculum. In S. Bredekamp & Rosegrant, T.(Eds.). *Reaching potentials*: Transforming early childhood curriculum and assessment, Vol. 2. Washington, DC: NAEYC, pp.43~63.

Leslie, A. M.(1984). Spatiotemporal continuity and the perception of causality in infants. *Perception*, 13, pp.287~305.

Martin, D. J.(1997). *Elementary science method*: A constructivist approach. NY: Delmar Publishers.

Nakazawa, C. & Takahira, S., Muramatsu, Y., Kawano, G., Fugiwara, C., Takahashi, M.(2001, April). *Gender issues in mathematics, science, and technology*. Paper presented at the annual meeting of the AERA, Seattle, WA.

National Association for the Education of Young Children(2003). *Early childhood curriculum, assessment and program evaluation.* Washinton DC: NAEYC.

National Research Council(1996). *The national science education standards.* Washington, D.C.: National Academy Press.

National Research Council(2001). *Classroom assesment and national education standards.* Washington, D.C.: National Academy Press.

Piaget(1973). *The children's conception of the world.* St. Albans Hertfordshire, England: Paladin.

Piaget(1952). *The child's conception of number*(C. Gattegno & F. M. Hodgson, Trans.). London: Routledge & Kagan Paul.

Piaget(1930). *The child's conception of the physical casuality.* London: Kegan Paul, Trench & Trubner.

Povinelli, D. J.(2003). *Folk physics for apes.* Oxford University Press.

Rakison, D. & Poulin−Dubois, D.(2001). Developmental origin of the animate−inanimate distinction. *Psychological Bulletin*, 127, pp.209~228.

Richards, D. D. & Siegler, R. S.(1984). The effects of task requirements on children's life judgements. *Child Development*, 55(5), pp.1687~1696.

Seefeldt, C.(2005). *How to work with standards in the early childhood classroom.* NY: Teachers College Press.

Seefeldt, C. & Galper, A.(2011). *Active experiences for active children: Science.* (3rd Ed.). Upper Saddle River, NJ: Pearson.

Seefeldt, C., Galper, A. & Jones, I.(2012). *Active experiences for active children*: Science. NY: Pearson.

Settlage, J. & Southerland, S. A.(2007). *Teaching science to every child*: Using culture as a starting point. London: Routledge.

Shaw, J. & Blake, S.(1998). *Mathematics for young children.* Upper Saddle River, NJ: Prentice−Hall.

Sime, M.(1973). *A child's eye view*: Piaget for young parents and teachers.

Singer, D. G. & Revenson, T. A.(2005). *Piaget Primer: How a child thinks*(2nd ed). Plume.

Smith, S. S.(2013). *Early childhood mathematics*(5th Ed.). Upper Saddle River, NJ: Pearson.

Spelke, E. S.(1994). Initial knowledge: Six suggestions. *Cognition*, 50, pp.431~445.

Spelke, E. S., Breinlinger, K., Macomber, J. & Jacobson, K.(1992). Origins of knowledge. *Psychological Review*, 99, pp.605~632.

Springer, K.(1996). Young children's understanding of a biological basis for parent−

offspring relations. *Child Development*, 67, pp.2841~2856.

Trundle, K. C. & Troland, T. H.(2005). The moon in children's literature. *Science & Children*, 43, pp.40~43.

Woodard, C. & Davitt, R.(1987). *Physical science in early childhood*. Charles C Thomas Publisher.

논문

강민정·권용주·정완호(2004). 생물과 비생물의 구분에 대해서 유아들이 생각하는 바탕 개념 연구. 한국생물교육학회지, 32(3), pp.256~266.

곽향림(1998). 피아제의 구성주의 이론이 유아과학교육에 주는 시사점. 유아교육학논집, 2(2), pp.185~216.

김경아·이현진·김영숙 (2006). 심리, 물리, 생물 현상에 대한 아동의 지식 발달. 한국심리학회지: 발달, 19(1), pp.1~27.

김다래(2013). 협동학습을 통한 동물 기르기 활동이 유아의 환경 친화적 태도와 친사회적 행동에 미치는 영향. 중앙대학교 석사학위논문.

김숙자·박현진(2007). 프뢰벨과 몬테소리의 교육이론에 관한 소고. 미래유아교육학회지, 14(4), pp.605~635.

김신옥(2004). 유아의 분류개념 발달에 관한 연구. 영유아교육연구, 7, pp.5~23.

김영두(2004). 몬테소리 우주교육론을 기저로 한 초등학교 환경교육 프로그램 개발을 위한 기초연구. 열린교육연구, 12(1), pp.51~73.

김진욱·이순형(2007). 과제 영역 및 과제 지시 방법에 따른 3, 4, 5세 유아의 대상내부추론. 인간발달연구, 14(4), pp.1~20.

김태희·김명희(2003). 프로젝트 스펙트럼을 적용한 유아 인지능력 및 학습양식 평가. 아동학회지, 24(6), pp.47~60.

김희영(2014). 유아 생명과학개념 검사도구 개발연구. 전남대학교 대학원 박사학위청구논문.

노보람(2014). 3, 4, 5세 유아의 생명현상 인지 및 추론. 서울대학교 석사학위논문.

박윤현(2013). 과제 종류에 따른 3, 4, 5세 유아의 주의집중과 수인지 과제 수행. 서울대학교 석사학위논문.

박현경(1999). 유아의 분류개념발달에 관한 연구. 충남대학교 석사학위논문.

변은희(2005). 생물지식의 발달: 생물/무생물 구분과 인과기제. 한국심리학회지: 발달, 18(2), pp.41~62.

안지영·최미숙(2014). 예술적 경험을 통한 유아과학프로그램 개발 및 효과. 유아교육학논집, 18(4), pp.431-455.

유윤영(2011). 지식구성의 특정 영역적 관점에서 본 영유아기 생물이론 발달에 대한 논의. 한국보육학회지. 11(2), pp.173-196.

이경민(2013). 유아과학교육의 방향과 과제. 교육논총, 33(1), pp.161~189.

이경민(2001). 상호작용적 교수법에 의한 과학교육이 유아의 과학적 개념·탐구능력·태도에 미치는 효과. 유아교육연구, 21(4), pp.261~283.

이경희·정완호·정진수(1995). 한국 유치원 및 초등학교 저학년 아동들의 생명개념에 관한 연구. 한국과학교육학회지, 15(1), pp.126~131.

이정화·한희승(2010). 악기를 활용한 음악·과학 통합활동이 유아의 음악적 개념 및 과학적 과정기술에 미치는 영향. 아동학회지, 31(1), pp.283~300.

조부월·이영석(2004). DAIM-S 수업절차 모형이 유아의 과학적 과정기능과 과학적 태도에 미치는 효과. 교육학연구, 42(3), pp.451~489.

Burkam, D. T., Lee, V. E. & Smerdon, B. A.(1997). Gender and science learning early in high school: Subject matter and laboratory experiences. *American Educational Research Journal*, 34, pp.297~331.

Eimas, P. D. & Quinn, P. C.(1994). Studies on the formation of perceptually-based basic-level categories in young infants. *Journal of Experimental Child Psychology*, 58, pp.428~431.

Penner, A. M.(2003). International gender X item difficulty interaction in mathematics and science achievement tests. *Journal of Educational Psychology*, 95, pp.650~655.

Rauscher, F.(1997). Music training causes long-term enhancement of preschool children's spatial-temporal reasoning. *Neurological Research*, 19. pp.2~8.

● 찾아보기 ●

●저자소개 ●

이순형
서울대학교 대학원 아동학전공 박사
한국아동학회, 인간발달학회 회장
서울대학교 생활과학대학 어린이집 원장
현재 서울대학교 아동가족학과 교수

권혜진
서울대학교 대학원 아동학전공 박사
서울대학교 생활과학대학 어린이집 부원장
현재 나사렛대학교 아동학과 교수

권기남
서울대학교 대학원 아동학전공 박사
서울대학교 생활과학대학 어린이집 부원장
SK하이닉스 어린이집 원장
국민체육진흥공단 어린이집 원장
현재 오산대학교 아동보육과 교수

김혜라
서울대학교 대학원 아동학전공 박사
전 서울대학교 생활과학어린이집 원감
현재 대덕대학교 유아교육과 교수

최나야
서울대학교 대학원 아동학전공 박사
현재 가톨릭대학교 아동학전공 교수

김지현
서울대학교 대학원 아동학전공 박사
SK하이닉스 어린이집 원장
국민체육진흥공단 어린이집 원장
서울대학교 생활과학대학 어린이집 원장
대구가톨릭대학교 아동학과 교수
현재 명지대학교 아동학과 교수

김은영
서울대학교 대학원 아동학전공 박사
서울대학교 생활과학대학 어린이집 과학특별활동 교사
현재 서울대학교 학부모정책연구센터 연구교수

안혜령
서울대학교 대학원 아동학전공 박사수료
서울대학교 생활과학대학 느티나무 어린이집 원장
현재 서울법원 어린이집 원장

조우미
서울대학교 생활과학 어린이집 특별활동 교사
SK하이닉스 어린이집 교사
국민체육진흥공단 어린이집 원감
현재 서울대학교 대학원 아동학전공 박사수료

영유아 과학지도

2015년 3월 6일 초판 인쇄 | 2015년 3월 13일 초판 발행

지은이 이순형 외 | **펴낸이** 류제동 | **펴낸곳 교문사**

편집부장 모은영 | **책임진행** 김소영 | **디자인** 김재은 | **본문편집** 북큐브

제작 김선형 | **홍보** 김미선 | **영업** 이진석·정용섭 | **출력** 현대미디어 | **인쇄** 삼신인쇄 | **제본** 한진제본

주소 (413-120) 경기도 파주시 문발로 116 | **전화** 031-955-6111 | **팩스** 031-955-0955

홈페이지 www.kyomunsa.co.kr | **E-mail** webmaster@kyomunsa.co.kr

등록 1960. 10. 28. 제406-2006-000035호

ISBN 978-89-363-1463-7(93370) | **값** 19,000원